Alexander Glück

Des ambitionierten Anfängers

Handbuch für die Ukulele

für Rechts- und Linkshänder

mit Rechercheunterstützung von Laurin Glück

agenda

Alexander Glück

Des ambitionierten Anfängers

Handbuch für die Ukulele

für Rechts- und Linkshänder

mit Rechercheunterstützung von Laurin Glück

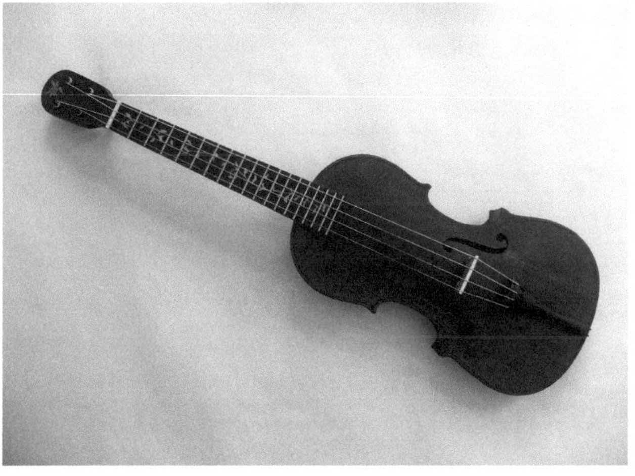

agenda Verlag
Münster
2023

Bibliografische Information der Deutschen Nationalbibliothek
Die Deutsche Nationalbibliothek verzeichnet diese Publikation in der Deutschen Nationalbibliografie; detaillierte bibliografische Daten sind im Internet über http://dnb.dnb.de abrufbar.

Drubbel 4, D-48143 Münster
Tel. +49-(0)251-799610
info@agenda-verlag.de, www.agenda-verlag.de

Umschlagbild: Dina Mukhutdinova / photocase.de

Druck und Bindung: TOTEM, Inowroclaw, Polen

ISBN 978-3-89688-788-7

für Heike und Laurin

Inhalt

Vorwort

Dieses Buch ist entstanden, weil wir uns bei den vielen Fragen, die sich rund um die Ukulele ergeben, nicht mit halben Antworten zufriedengeben wollten. Warum sind die Dinge so eingerichtet, wie sie es sind? Wieso trifft der Hals mancher Ukulelen am 12. Bund auf den Korpus und bei anderen am 14.? Wie wirkt sich die Lackierung auf den Klang aus? Wie kann man auf diesem Instrument „richtig" musizieren und wie macht man es richtig? Wie kann man die Anordnung der Töne auf dem Griffbrett begreifen? Welche echten Vorteile (abgesehen vom „Hawaii-Klang") hat die hohe vierte Saite gegenüber der tiefen und umgekehrt? Warum gibt es verschiedene Größen, obwohl drei davon gleich gestimmt werden?

Wenn Sie solche Fragen in einem durchschnittlichen Musikgeschäft stellen, bekommen Sie meistens nur schwammige Antworten, die darüber hinwegtäuschen sollen, daß der hinterm Tresen das auch nicht genau weiß. Dann gibt es Fragen, zu denen Sie zwar eine Antwort bekommen, die Sie allerdings nicht viel schlauer macht, weil sie zu theoretisch ausfällt. Fragen wie diese: Wieso passen bestimmte Akkorde besonders gut zusammen? Oder: Wieso sollte man die Intonation eher am 1./13. Bund als am 0./12. Bund prüfen? Und wie „dramatisch" ist eine falsche Intonation denn wirklich?

Man kann das alles herausfinden, und genau das haben wir, der Verfasser und sein Sohn, gemacht. Es wurde eine spannende Recherche, und all ihre Ergebnisse, die wir teilweise erst jenseits des Tellerrands fanden, können Sie hier nachlesen.

Die Frage mit der größten Tragweite ist vielleicht die: Warum hat sich die Gitarre als universelles Saiteninstrument durchgesetzt und nicht die leichter zu erlernende und doch nicht minder anspruchsvolle Ukulele oder einer ihrer größeren Verwandten? Bei den Mundharmonikas war es schließlich auch das schlichte Richter-Modell und keines der größeren Tremolo- oder Oktav-Modelle. Wenn heute die – aufgrund ihrer universellen Einsatzmöglichkeiten – weltweit überaus populäre Gitarre als Standard-Musikinstrument angesehen wird, dann ist das auch das Ergebnis von Zufällen. Denn statt dieser bundierten Kastenhalslaute mit sechs Saiten hätte sich auch eine mit fünf, acht oder vier durchsetzen können.

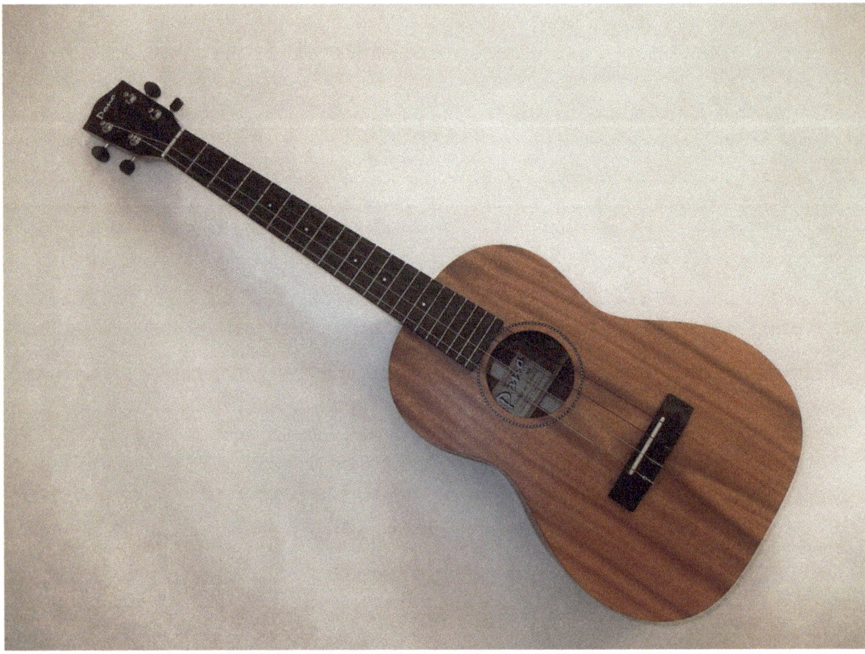

Vier Saiten erscheinen auf jeden Fall demjenigen akzeptabel, der sich mit der Gitarre schwertut oder sich aus irgendwelchen Gründen nicht die Mühe aufladen will, auf ihr spielen zu lernen. Man muß nicht Gitarre spielen können, ebenso wenig wie Harfe, Querflöte oder Fagott. Aber wer ein Zupfinstrument beherrscht, kann damit sehr viel machen – in allen Musikstilen und Gefühlsstimmungen. Es gibt in allen Kulturkreisen der Welt Zupfinstrumente. Sie sind sehr verschieden gebaut und haben mal mehr und mal weniger viele Saiten, die wiederum nach verschiedenen Systemen gestimmt sind und auf verschiedene Arten zum Klingen gebracht werden. Unter diesen vielen Instrumenten scheinen jene mit vier Saiten besonders sinnvoll zu sein, denn die Hand, mit der man die Akkorde greift, hat dafür ebenfalls vier Finger frei, während der Daumen für das Halten zuständig ist. Ein weiterer Vorteil dieser Instrumente gegenüber der Gitarre besteht darin, daß im Regelfall bei Akkorden alle Saiten verwendet werden und nicht nur eine Auswahl. Vier Saiten bedeuten gegenüber sechs eine Verminderung des spieltechnischen Aufwands um ein Drittel, weswegen der Einstieg auf diesen Instrumenten erheblich leichter und schneller geht.

Gitarristen mögen darin eine gewisse Schlichtheit erkennen, aber davon lassen sich die Ukulelespieler nicht verdrießen. Die Herausforderung liegt ja gerade darin, diesem kleineren, bescheidenen Instrument in etwa die gleiche Musik zu entlocken, für die bei einer Gitarre um die Hälfte mehr Saiten aufgezogen sind. Wenn man jemanden trifft, der das Einradfahren übt, wird man ihm auch nicht raten, sich ein „richtiges" Fahrrad zu kaufen. Er tut das, weil er es tun will, und er will es, weil es für ihn eine Herausforderung ist, die er beim Fahrradfahren nicht findet. Einige der großen Gitarristen haben auf einer Zigarrenkisten-Gitarre begonnen, oft nur mit drei Saiten. Technisches Können zeigt sich zwar darin, sechs Saiten im Griff zu haben, aber Meisterschaft kann man auch dadurch erreichen, daß man mit vier sein Auslangen findet. Sie erkennen an diesen Überlegungen schon den grundlegenden Fehler, die Ukulele an der Gitarre zu messen – denn sie ist ein anderes Instrument mit einer anderen Geschichte, beide haben lediglich gemeinsame Vorfahren.

Die Ukulele ist ein fröhliches Instrument und erlaubt eine etwas entspanntere Herangehensweise, auch wenn es wichtig ist, regelmäßig zu üben und zu lernen. Aber indem sie gerade am Anfang „leicht" ist, macht sie eben auch von Anfang an mehr Spaß. Deshalb ist es sehr wahrscheinlich, daß man am Ball bleibt und dann auch Fortschritte macht. Mein Sohn und ich haben beispielsweise in nicht einmal elf Monaten zwar nur eine Handvoll Akkorde gelernt (weil wir nur selten welche benutzen), dazu aber ein kleines Repertoire klassischer Stücke aufgebaut und bereits mit den schwierigen zweistimmigen Arrangements von James Hill begonnen. Dafür hat es gereicht, sich jeden Tag (wenige Aussetzer ausgenommen) durchschnittlich eine Stunde mit diesem Instrument zu beschäftigen. Dabei ist es entscheidend, einen wie auch immer gearteten Anspruch an das eigene Spiel zu verfolgen. Es ist ein Unterschied, ob man wirklich vorankommen will oder nicht. Und wenn man vorankommen will, ist es wesentlich, ob man die richtigen Wege und Türen findet.

Das Internet ist voll mit Hinweisen für Anfänger, die teilweise nicht sehr hilfreich sind. Beispielsweise ist es unzweckmäßig, dem Neuling eine bestimmte Ukulelengröße als die richtige zu empfehlen. Es gibt immerhin fünf Größen (Sopranino, Sopran, Konzert, Tenor, Bariton) und dazu noch drei Varianten (Taropatch, Achtsaitige und Baß), und das hat vor allem historische Gründe, unabhängig von persönlichen Vorlieben, die immer auch sehr viel mit dem beabsichtigten Musikstil zu tun haben.

Ein weiterer Fehler mancher Anleiter besteht darin, dem Anfänger nur ganz leichte Kost zumuten zu wollen, also ein paar Akkorde, ein paar Schlagtechniken und nicht viel mehr. Das mag für denjenigen, der sich mit diesem Stil bescheidet, einen guten Anfang darstellen, aber es impliziert, daß dieses Instrument nicht zu sehr viel mehr taugt. Dabei liegt sein besonderer Reiz gerade im feinen Melodiespiel.

Wir haben für dieses Buch all die Fragen behandelt, die für uns in der ersten Zeit mit der Ukulele besonders wichtig waren und die wir auch aus Neugier klären wollten. Der Grundgedanke ist dabei, daß dieses Buch vermitteln soll, wie vielfältig die Möglichkeiten auf diesem Instrument sind und wie leicht man sie sich erschließen kann, wenn man mit etwas Eifer bei der Sache ist und sich in die für einen selbst richtige Richtung bewegt. Das Buch soll kein Lehrbuch sein, sondern ein Wegweiser und Ratgeber. Das Spielen zu erlernen, kann Ihnen niemand abnehmen. Je mehr Sie lernen und üben, desto schneller kommen Sie voran. Gute Lehrer zeigen Ihnen, wie das geht. Und dieses Buch vermittelt Ihnen die nötige Orientierung für Ihre persönlichen Weichenstellungen, damit Sie über den leichten Anfang hinaus Ihre Möglichkeiten auf diesem Instrument ausloten und vervollkommnen können.

Einleitung

Ernest Ka'ai: Die Ukulele (1916)

Dieses charmante Instrument mit seinem süßen Ton wird von jedem Hawaiianer sehr geliebt. In ihren süßesten Melodien und der Hula(Tanz)-Musik spielt die Ukulele eine wichtige Rolle, meist als Begleitung. Obwohl darauf Solos und Auswahlstücke gespielt werden können, ebenso faszinierende auskomponierte Stimmen und dergleichen, liegt die wahre Schönheit der Instrumente doch im sanfte Streichen über die Saiten, bei dem ihre flüssigen Töne klar und deutlich erklingen.

Der Name „Ukulele" ist die Benennung für das Instrument und bedeutet „hüpfender Floh", da das sanfte Streichen oder das schnelle Springen der Finger von einem Ende des Instruments zum anderen sehr bezeichnend für den Floh ist; daher der Name.

Die Ukulele ist also keine Erfindung, sondern eine Kreation. Wie Sie leicht sehen können, zeigt sich in ihren Formen ein perfektes Abbild der alten spanischen Gitarre, jedoch in der Größe verkleinert. Der gebürtige Hawaiianer nahm sich jedoch schnell ihrer an und gab ihr ihren Namen, weil er spürte, wie gut sie sich mit seinen einfachen und klagenden Weisen verbinden ließ. Es wird größtenteils aus Koa oder Kou hergestellt, einer Mahagoniart, die nur auf den Inseln wächst.

Die Möglichkeiten der Ukulele sind unbegrenzt, denn sie kann die schwierigste komponierte Musik ebenso begleiten wie die einfachen Edelsteine der Musik. Und für jeden, der sie lernt, übertrifft das Vergnügen, das die Ukulele schon nach ein paar Wochen Unterricht mit sich bringt, das von jedem anderen Instrument in einem Jahr bei weitem.

Jetzt hören wir von der Musik Hawaiis und ihrem Instrument, der Ukulele, die offenbar nur wenige Jahre alt ist und von Tag zu Tag in der Popularität wächst. Sie wird von Menschen fast aller Völker der Welt gesungen und gespielt. Besucher der Inseln sind nicht nur von der herrlichen Landschaft und dem Klima begeistert, sondern auch von der wunderschönen Musik, wie sie von den Hawaiianern zum Ausdruck gebracht wird, und als Andenken an ihre Reisen finden sie nichts Passenderes als eine hawaiianische Ukulele.

(Ernest Ka'ai, The Ukulele and how it's played, Honolulu 1916)

Samantha Muir: Warum ich Ukulele spiele

Als ich 2012 meine erste Ukulele kaufte, hatte ich keine Ahnung von der Reise, die in diesem Augenblick begann. Bis zu diesem Moment hatte ich die Ukulele eher als Spielzeug oder Comedy-Requisite denn als Instrument betrachtet. Die einzigen zwei Personen, die ich mit der Ukulele in Verbindung brachte, waren Tiny Tim und George Formby: nicht gerade inspirierende Vorbilder für einen klassischen Musiker. Ich sollte erwähnen, daß ich klassische Gitarre am Royal College of Music in London studiert habe und danach mit dem Madeline Walton Guitar Prize ausgezeichnet wurde. Seit 1996 bin ich ein professioneller klassischer Gitarrist, der in Australien, Spanien und Großbritannien auftritt und unterrichtet. Als ich 2012 anfing Ukulele zu spielen, dachten Freunde und Kollegen, ich sei etwas durchgeknallt, aber die Ukulele zu spielen, war kein Gegenmittel gegen eine Midlife-Crisis. Ich habe nicht nach einer Alternative zur Gitarre gesucht. Anfangs war ich nur neugierig. Ziemlich bald war ich überwältigt. Jetzt ist es eine Leidenschaft.

Sich für die Ukulele einzusetzen, ist eine große Aufgabe mit einer steilen Lernkurve. Als ich 2012 meine erste Ukulele kaufte, war mir nichts darüber bekannt, nicht einmal hinsichtlich der verschiedenen Größen. Das Musikgeschäft in meiner Stadt hatte eine Auswahl an Sopran-Ukulelen, und nachdem ich ein paar davon gespielt hatte, entschied ich mich für eine Tanglewood. Ich war fasziniert von dem schönen, harfenartigen Klang und fand die rückläufige Stimmung[1] interessant. Ich hatte mein Leben damit verbracht, eine linear gestimmte Gitarre mit sechs Saiten zu spielen, also war eine rückläufig gestimmte Ukulele mit vier Saiten ein völlig neues Konzept. Die Ukulele erschien mir schrullig, rätselhaft und manchmal geradezu verwirrend. Seien wir ehrlich: Die zweithöchste Saite als vierte Saite zu haben, ist ziemlich seltsam!

Um mehr über meine Neuanschaffung zu erfahren, suchte ich im Internet nach Noten. Anfangs konnte ich jedoch nur endlose Akkordblätter für Songs und endlose YouTube-Tutorials finden, in denen das Akkordschlagen erklärt wird. Mir war noch nicht klar, was ich mit meiner Ukulele machen wollte, aber ganz sicher nicht Strummen. Das Spielen einfacher Arpeggios (gebrochener Akkorde) war eingeschränkt, aber lohnend. Nach meiner Überzeugung steckte mehr in der Ukulele als nur Strummen. Die klassische Seite der Ukulele galt es erst noch zu entdecken, und mit ihr Vertreter wie John King, Tony Mizen, Rob MacKillop, Herman Vandecauter und Wilfried Welti.

Das Interessanteste, das mir in den Videos über das Akkordspiel auffiel, waren die von einigen Leuten gespielten, größeren Ukulelen. Meine Ukulele war eine Sopran. Zuerst war ich ziemlich begeistert von der Aussicht auf eine Ukulelen-Familie. Aber auf allen drei Größen – Sopran, Konzert und Tenor – wird dieselbe Standardstimmung GCEA mit hohem g verwendet.[2] Dies kommt mir noch immer sehr seltsam vor. Was bringt es, Instrumente verschiedener Größe zu verwenden, wenn sie immer die gleiche Stimmung haben? Gut, es gibt subtile Unterschiede in der Klangfarbe, aber … das ist alles? Geht man in der Geschichte zurück, um Vergleiche anzustellen, findet man sowohl die Laute als auch die Renaissance-Gitarre in verschiedenen Größen. Aber unterschiedlich große Instrumente hatten auch unterschiedliche Stimmungen. Kleinere Instrumente hatten eine höhere Tonlage als größere. Dies ermöglicht eine größere Bandbreite beim Consort-Spiel, in Ensembles oder beim Begleiten eines Sängers.

1 Auf nicht-lineare (rückläufige) Stimmung wird an anderer Stelle im Buch genauer eingegangen.
2 Gelegentlich wird die rückläufige Stimmung durch einen Kleinbuchstaben angezeigt (gCEA).

Wenn man darüber nachdenkt, erfüllen unterschiedlich große Instrumente mit unterschiedlichen Stimmungen einen musikalischen Zweck. Dennoch verwenden die gängigsten Größen der Ukulele – Sopran, Konzert und Tenor – die gleiche Standardstimmung GCEA.

Eine Ausnahme stellt natürlich die immer beliebter werdende Bariton-Ukulele dar. Sie hat eine andere Stimmung. Die Bariton ist größer als die Tenor-Ukulele und hat die gleiche Stimmung wie die obersten vier Saiten der Gitarre: DGHE. Na bitte! Aber Moment: Es gibt einen Trend, sie in GCEA-Stimmung zu spielen. Die einzige Abweichung zur Standardstimmung ist die Verwendung einer vierten Saite mit niedrigem G (es sei denn, man bevorzugt ein hohes g). Die lineare Stimmung mit tiefem G ist auch nicht auf die Baritonukulele beschränkt, sie ist bei Ukulelen aller Größen beliebt.

Ein Vorteil des tiefen Gs ist, daß der Tonumfang des Instruments erweitert wird, um ein paar besonders tiefe Töne bereitzustellen. In einer Gruppensituation wären diese tiefen Töne von Vorteil, aber als Solist, Arrangeur und Komponist bevorzuge ich das hohe g. Die Ukulele ist von Natur aus ein Instrument mit wiedereintretender Stimmung. Wiedereintretende Stimmung verleiht der Ukulele ihren einzigartigen und typischen Klang. Ich bin zwar nicht gegen eine tiefe G-Stimmung, aber die Verwendung einer linearen Stimmung verändert die Natur des Instruments. Wie James Tyler in „A Guide to Playing the Baroque Guitar“ betont, sind Akkorde auf einem wiedereintretend gestimmten Instrument eher „Klangblöcke“ als klar definierte harmonische Abfolgen. Ich liebe auch die Möglichkeiten des Campanella-Spiels mit hohem g – etwas, worüber ich gleich sprechen werde.

Eine meiner Lieblings-Ukulelen ist eine 5-saitige Tenor von DJ Morgan, die sowohl ein hohes g als auch ein tiefes G hat. Die beiden Saiten werden gleichzeitig oder „als eine“ angeschlagen, wodurch eine Oktave erklingt. Ich finde dieses Instrument ideal für das Spielen von Renaissancemusik.

Die vier Hauptgrößen der Ukulele sind Sopran, Konzert, Tenor und Bariton. Nur die Bariton hat eine andere Stimmung (es sei denn, sie hat sie nicht). Die einzige Variation ist die Verwendung einer vierten Saite mit tiefem G im Gegensatz zu einem wiedereintretenden hohen g. Generell gilt: gleiche Stimmungen, aber Instrumente unterschiedlicher Größe. Einige Spieler stimmen ihre Ukulelen einen Ton höher auf ADF#H, aber die GCEA-Stimmung bleibt sehr weit verbreitet. Einige Spieler haben wie ich in letzter Zeit mit alternativen Stimmungen experimentiert.

Wenn also alle Ukulelen die gleiche Stimmung haben, warum entscheiden sich die Leute dafür, Instrumente unterschiedlicher Größe zu spielen? Das ist eine Frage, die Sie niemals in einem Ukulele-Forum stellen sollten! Wenn Sie die groben Details lesen möchten, empfehle ich diesen informativen Artikel von Barry Maz von Gotaukulele.com.[3] Ich werde nicht einmal versuchen, die Frage nach der Größe zu beantworten. Es genügt zu sagen, daß es Ukulelen wie Schuhe in verschiedenen Größen gibt. Ich erkläre Ihnen viel lieber, was ich an der Sopran liebe.

Die Leute sagen oft, daß sie die Sopran zu klein finden, aber ich habe wirklich kein Problem mit der Größe. Aus meiner Sicht macht gerade das kleine Griffbrett die Sopran so attraktiv. Ich liebe es, im Campanella-Stil zu spielen. Dies ist eine barocke Gitarrentechnik, die John King in seinen Arrangements verwendet hat. Die melodischen Noten werden über die Saiten gelegt, was einen Klang wie „kleine Glocken" erzeugt. Campanella-Noten klingen in einer Flut von Konsonanzen und Dissonanzen aufeinander und übereinander und schaffen so interessante harmonische Nuancen. Diese Technik ist besonders effektiv bei rückläufig gestimmten Instrumenten, und das ist der perfekte Grund, die vierte Saite mit hohem g zu verwenden.[4]

Die Ukulele hat mehr mit der fünfchörigen Barockgitarre und der vierchö-

3 http://www.gotaukulele.com/2017/05/a-word-of-support-for-humble-soprano.html

4 Campanella funktioniert auf Sopran- und Konzertukulelen besonders gut, weil die Bundabstände kleiner sind und man deshalb die benötigten Töne leichter erreicht.

rigen Renaissancegitarre gemeinsam als mit der modernen Gitarre. Diese alten Instrumente waren auch deutlich kleiner als die moderne Gitarre. Sobald Sie diese Ähnlichkeit erkennen, öffnet sich eine Welt voller Möglichkeiten und Sie finden mehrere hundert Jahre Musik, die es zu erforschen gilt. Wer hat gesagt, daß die Ukulele begrenzt ist?

Das Soprangriffbrett erfordert Präzision. Die Bünde sind eng beieinander, je höher Sie spielen, desto enger wird es. Die Gitarre mit ihrem größeren Griffbrett hat eine größere Zielfläche. Wenn Sie nicht genau an der richtigen Stelle landen, können Sie das recht gut korrigieren. Bei der Sopranukulele hat man diesen Luxus nicht. Wenn Sie falsch landen, spielen Sie einen falschen Ton – Schummeln ausgeschlossen.

Bald bemerkte ich meinen Bedarf an mehr als zwölf Bünden auf der Sopranukulele, also bestellte ich eine mit fünfzehn Bünden von Liam Kirby. Sie eröffnet mir einen vollen Zwei-Oktaven-Bereich – C bis C. Mein ursprünglicher Grund für die zusätzlichen Bünde war, dieses Präludium von Bach[5] spielen zu können, ohne die letzten Takte eine Oktave höher zu setzen, aber ich habe die höheren Bünde auch in meinen eigenen Kompositionen verwendet.

Anfangs war mein größtes Problem, die Sopranukulele zu halten. Ich bin es gewohnt, klassische Gitarre zu spielen, die von den Beinen und dem Körper fixiert wird. Die Arme und Hände können sich völlig frei um das Instrument herum bewegen. Dies ist ergonomisch, musikalisch und technisch sehr wichtig. Ein Instrument kann nur in einer stabilen Haltung gut gespielt werden. Das Problem, auf das ich mit der Sopranukulele stieß, bestand darin, daß sie sich so gut halten läßt wie ein nasser Fisch. Ich suchte also eine Möglichkeit, das Instrument zu stabilisieren und gleichzeitig meine Arme und Hände frei zu halten.

Hierfür habe ich verschiedene Stützen ausprobiert, darunter eine Gitarren-

---

5 BWV 1007

stütze, die man mit Saugnäpfen an der Ukulele befestigt. Da sie eigentlich für eine Gitarre gedacht war, konnte ich nur einen Saugnapf verwenden, der Rest war zu groß. Das hielt aber nicht. Und das brachte mich fast zur Verzweiflung. Irgendwann gab ich diesen Versuch auf und benutzte einen Gurt. (Oha! Sie glauben gar nicht, wie emotional die Menschen beim Thema Gurte werden können. Dies ist ein weiteres Thema, das Sie in Ukulele-Foren vermeiden sollten!) Der Gurt ist mit zwei Knöpfen an der Ukulele befestigt, einer am Ende und einer am Übergang zum Hals. Nach vielen Versuchen erwies sich ein breiter, gepolsterter Riemen als der beste. Dadurch kann man die Ukulele in eine sichere, stabile Position bringen, dadurch sind meine Arme und Hände ganz frei. Ich kann im Stehen oder im Sitzen spielen (nur nicht im Kopfstand). Die Verwendung eines Gurtes gibt mir musikalische Freiheit.

Eines meiner Ziele war es, die Möglichkeiten der Ukulele zu erforschen und zu entwickeln. Ich habe Werke von Bach, Sor, Giuliani, Carulli, Carcassi, Tarrega, Le Roy und Ferrer arrangiert. 2015 wurde ich von Schott beauftragt, ein Buch mit 35 schottischen Volksweisen zu arrangieren. Ich habe zahlreiche andere traditionelle und volkstümliche Melodien arrangiert. Die Anpassung dieser Musik an die Ukulele macht Spaß und ist eine Herausforderung. Es hat mir auch klargemacht, wie vielseitig eine Ukulele sein kann. Jake Shimabukuros CD „Nashville Sessions“ brachte die Ukulele auf eine neue Ebene der Kreativität und Experimentierfreude und bewies, daß die ganzen Möglichkeiten der Ukulele nur durch die Schaffung neuer Werke für das Instrument ausgeschöpft werden können.

Im Oktober 2017 wurde ich in das Postgraduierten-Forschungsprogramm (PhD) an der University of Surrey, Guildford, UK, aufgenommen. Der Titel meines Forschungsprojekts lautet „Neue Werke für klassische Ukulele“. Meine Forschung ist sowohl praktisch als auch theoretisch. Neben der Erforschung der Geschichte des Instruments habe ich ein Portfolio neuer Werke erstellt, das Arrangements, Kompositionen, Kollaborationen mit anderen Komponisten und didaktisches Material beinhaltet. Das primäre Ziel meines Portfolios ist es, das Potential der Ukulele als zeitgenössisches klassisches Instrument aufzuzeigen. Ein weiteres Ziel ist es, die Zukunft der klassischen Ukulele zu sichern, indem Material auf allen Ebenen erstellt und durch Workshops und Tutorials sowohl live als auch online aktiv mit der Ukulelen-Gemeinschaft zusammengearbeitet wird. Während innerhalb der Ukulelen-Szene viel Interesse und Enthusiasmus für die klassische Ukulele besteht, muß die Ukulele von der klassischen Musikszene erst noch akzeptiert werden. Um das Profil der Ukulele zu schärfen, habe ich zahlreiche Vorträge über klassische Ukulele bei Veranstaltungen wie dem International Guitar Research Centre, dem Dublin Guitar Symposium, 21st Century Guitar, der European Guitar Teachers Association, der Guitar Foundation of America und dem Kolloquium für Gitarrenforschung am Sidney Sussex College, Cambridge, gehalten.

Seit 2017 werden viele meiner neuen Arbeiten von Les Productions d'Oz veröffentlicht. Dazu gehören 12 Progressive Studies, Variations on the Dowie Dens of Yarrow, 21 Studies, 100 Arpeggios, 12 Progressive Lessons by Sor, The Falling Rain, The Classical Ukulele Method, 12 Traditional Tunes, A Conspiracy of Ravens, Mercurius Suite und 22 Stücke von Renaissance bis Spätklassik. Meine Stücke wurden auch von Donald Bousted und Giovanni Albini aufgenommen.

Ich habe auch mit mehreren Komponisten zusammengearbeitet, darunter Loretta Notareschi, Choan Gálvez, David John Roche, Dimitri van Halderen, Tom Armstrong und Milton Mermikides.

Warum die Ukulele „ernst" genommen werden muß

Die Ukulele ist zugänglich, tragbar und erschwinglich. Es ist das ideale Instrument für Kinder und Erwachsene. Es ist ein sehr geselliges Instrument, bei dem sich viele Menschen lokalen Ukulele-Clubs und -Gruppen anschließen, um mitzusingen. Dies ist zwar sehr beliebt und eine der Hauptattraktionen der Ukulele, aber es ist nur eine Seite der Geschichte. Viele Schulen entscheiden sich jetzt für die Ukulele anstelle der Blockflöte als erstes Instrument für Kinder. Einer der Vorteile einer Ukulele ist, daß ein Kind gleichzeitig singen und spielen kann. Mit drei oder vier Akkorden können sie Hunderte von Liedern singen und begleiten. Das ist in Ordnung, aber technisch einschränkend. Das wirkliche Potential der Ukulele besteht darin, sie als Werkzeug zu verwenden, um Kindern und Erwachsenen beizubringen, wie man Musik liest und die grundlegenden Konzepte von Harmonie (Akkorden), Melodie (Stimmung) und Rhythmus versteht. Die Ukulele ist das perfekte Instrument zum Vermitteln von Musikkompetenz und kann eine solide musikalische Grundlage für andere Instrumente wie die Gitarre bieten.

In den letzten zehn Jahren habe ich einige große Veränderungen in der Ukulelen-Szene gesehen; vor allem das wachsende Interesse an klassischer Ukulele und Zupftechniken. Dies spiegelt sich vielleicht am besten in der Fülle an Material wider, das jetzt in gedruckter oder digitaler Form von Arrangeuren und Komponisten aus der ganzen Welt erhältlich ist. Meine Website enthält jetzt eine Liste klassischer und Fingerstyle-Veröffentlichungen. Obwohl die Liste nicht endgültig ist, ist sie umfassend und wird ständig aktualisiert, sobald neues Material verfügbar wird. Als ich anfing Ukulele zu spielen, hatte ich Mühe, ein geeignetes Repertoire zu finden, daher hoffe ich, daß die Liste eine nützliche Ressource für neue Spieler oder diejenigen ist, die daran interessiert sind, ihr Repertoire zu erweitern.

Wie wird man Ukulelenspieler?

Vielleicht sollte man zuerst fragen, warum jemand die Ukulele lernen will – für so manchen ist sie ein Symbol für eine glückliche, entspannte Lebenshaltung. Wenn Sie zu denjenigen gehören, die das über die Ukulele erreichen wollen, dann halten Sie bitte einen Moment inne: Dieses Instrument kann Ihnen zwar einen Südsee-Anstrich geben, es macht sie aber nicht automatisch glücklich oder entspannt. Ebenso wenig ist die Ukulelen-Szene wirklich überall so lieb und freundlich, wie es behauptet wird – so mancher hängt sein Hawaii-Gefühl ziemlich schnell an den Nagel. Man kann auch mit der Ukulele schlecht gelaunt sein, es ist erlaubt und völlig in Ordnung. Wenn Sie dieses Instrument kennenlernen wollen, sollten Sie diese Südsee-Klischees möglichst schnell über Bord werfen. Die Ukulele kann jeden bereichern und erfüllen, entspannen und glücklich machen, wie wohl jedes andere Instrument auch. Aber ein Abonnement auf Dauerlächeln bekommen Sie damit nicht. Als Mitteleuropäer ohne innere Beziehung zum polynesischen Lebensgefühl tut man gut daran, sich mit der Ukulele in der Hand nicht für einen Hawaiianer zu halten. Vielleicht haben Sie damit aber am Anfang ein bißchen mehr zu lachen als die Zeitgenossen, die sich mit den Hürden bei schwierigeren Instrumenten plagen. Und Ihr Publikum wird angesichts der sehr bald sehr gut klingenden Akkorde auch gerne mehr hören wollen. Das sind gewichtige Vorzüge.

Damit sind wir beim zweiten uralten Klischee: Die Ukulele wird nämlich aufgrund ihrer kleinen Abmessungen unter allen Musikinstrumenten am meisten unterschätzt. Wer sie spielt, übt sich in Untertreibung. Das trifft auch für große Altmeister wie den Schauspieler George Formby zu, der gerne leicht bemitleidenswerte, aber gewitzte Antihelden verkörperte. Die Ukulele sieht zwar klein aus, sie bietet aber große Herausforderungen. Das sollte uns dazu anregen, uns sehr ernsthaft mit ihr zu befassen.

Die Ukulele gehört nicht zu den Instrumenten, zu denen in vielen Städten eine fundierte Musikausbildung angeboten wird, wie es zum Beispiel bei Klavier, Gitarre oder Geige der Fall ist. Für solche Instrumente kann man sich einfach in der nächsten Musikschule anmelden, es gibt ernsthafte Lehrwerke und eine solide Perspektive für die spätere Praxis. Um als Ukulelenschüler in die höheren Bereiche vorzustoßen, wird man wahrscheinlich weite Strecken fahren oder vielleicht Fernunterricht erwägen müssen. Daraus ergibt sich, daß man dieses Instrument von der verfügbaren Unterrichtstiefe her nicht genauso gut erlernen kann wie etwa klassische Gitarre, wenn sich auch viele theoretische und praktische Elemente des Gitarrenunterrichts auf die Ukulele übertragen lassen. Möglicherweise kann man einen guten Lehrer finden, doch wird dieser wahrscheinlich von der Gitarre kommen, wenn er nicht Autodidakt ist. Kurzum: Um das Erlernen der Ukulele muß man sich als Schüler selbst kümmern, man hat sich vieles alleine zusammenzusuchen, es können sich Fehler verfestigen und man wird vielleicht eines Tages feststellen, daß man auf diesem Instrument nicht so weit gekommen ist, wie man auf einem anderen Instrument mit fachkundiger Anleitung hätte kommen können.

Es gibt aber überall auf der Welt hervorragend gute Ukulelenspieler, und die meisten von ihnen hatten auch keine Musikschule in der Nähe, die Ukulele als Unterrichtsfach angeboten hätte. Wenn man bei diesem Instrument am Anfang steht, sollte man es sich nicht zum Ziel machen, damit in ein Klassikensemble aufgenommen zu werden. Musikalität und musikalische Praxis finden nicht nur unter den Händen introvertierter Könner statt, sondern überall und in jeder Kombination: alleine, in der Gruppe, mit oder ohne Publikum, auf Reisen, bei Festen oder einfach zwischendurch, auch alleine auf einem Berg oder am Strand. Die Ukulele eröffnet einen vergleichsweise einfachen Zugang zur eigenen Musikalität, der nicht durch technische Hürden verstellt ist. Damit kann man seinen Alltag auf jeden Fall verschönern und bereichern, und schon das ist für sich genommen eine Menge wert. Für Kinder und Jugendliche ergibt sich dadurch die Möglichkeit einer musikalischen Vorbereitung, an die man später eine ernstere musikalische Ausbildung anhängen kann. Man kann sich ebenso dafür entscheiden, bei den vier Saiten zu bleiben und sich engagiert um das eigene Fortkommen zu bemühen. Für denjenigen, dem es damit ernst ist, gibt es im Internet sehr gute Anleitungen und Hilfestellungen auf jedem Niveau.

Hierbei kann es sich als etwas verwirrend erweisen, daß die Ukulele heute auf die verschiedensten Arten und in etlichen Stilen gespielt wird: Rock, Blues, irische oder mittelalterliche Musik, Weihnachts- oder Volkslieder, Pop, Jazz usw. werden mal rhythmisch geschlagen (gestrummt), mal Saite für Saite gezupft. Die Ukulele kann auch etwa so gespielt werden, wie man es von der klassischen Gitarre kennt. Der Anfänger sollte zunächst überlegen, in welchen dieser Welten er unterwegs sein möchte, und er sollte auch nachhören, wie die großen Musiker der Frühzeit dieses Instrument verwendet haben. George Formby beispielsweise hat es nicht gezupft, sondern die Akkorde in sehr virtuoser Weise geschlagen. Roy Smeck wurde durch unglaublich schnelle und komplizierte Spieltechniken berühmt. Auf den frühesten Aufnahmen hört man die Ukulele meist als Rhythmusinstrument, wogegen man die Melodien und Effekte der Gitarre überließ – auch wenn Ernest Ka'ai schon ab 1906 die Grundlagen des virtuosen Chord-Melody-Spiels publizierte. Traditionell betrachtet, ist die „wahre“ Ukulele die kleine Sopran, und traditionell hat man dieses Instrument zunächst überwiegend für schnelles Strummen verwendet, worin auch Ka'ai ihre wahre Schönheit sieht. Wer „Ukulele lernen“ will, der findet genau hier sein Arbeitsfeld. Aber die Dinge haben sich weiterentwickelt, also gibt es heute rund um die Ukulele sehr viele herausfordernde Lerngebiete, aus denen man sich heraussuchen kann, was einem liegt und was man machen möchte.

Die Frage ist also, was einem wichtig ist und was nicht. Im Zusammenhang mit dieser Frage ergibt sich die Gefahr, Dinge zu vernachlässigen, die man doch später brauchen wird. Beispielsweise stehen für uns Tabulaturen gut arrangierter Stücke im Vordergrund, weshalb wir Akkorde und Tonleitern vernachlässigen. Die sind aber für das Verständnis der harmonischen Beziehungen auf dem Griffbrett sehr wichtig, weshalb man sie nicht überspringen sollte. Andere Spieler begnügen sich vielleicht mit Akkorden, dafür lernen sie keine Zupfmuster, weil sie ihnen zu schwierig oder unnötig vorkommen. Wenn Meister wie Wilfried Welti dazu raten, beim Üben vor allem zu spielen und eher nicht so viele rein technisch-mechanische Abläufe zu üben, dann ist das zwar völlig richtig, weil das Musikmachen eine erfüllende Art ist, sich (im doppelten Sinne) spielerisch weiterzuentwickeln. Aber das verleitet eben auch dazu, die technischen Übungen zu vernachlässigen, und das macht sich irgendwann bemerkbar. Die Mischung macht's: Bei der Zusammenstellung des eigenen Lernprogramms kann man die verschiedenen Elemente klug kombinieren und zu Beginn erstmal etwas spielen, was man bereits kann, danach ein paar neue Stücke üben und dazwischen ein paar technische Übungen einbauen. Zum Ende wird wieder etwas aus dem Repertoire gespielt, dadurch bekommt die Stunde einen runden Abschluß. Im Rahmen eigener Lernprojekte kann man davon natürlich auch abweichen und dann zum Beispiel eine ganze Woche lang nur an einem einzigen neuen Stück arbeiten oder seine Technik verbessern. Entscheidend ist, daß man den Überblick behält und sich um eine sinnvolle Zusammenstellung seiner Lernarbeit kümmert.

Noch ein Wort zur Selbstbeurteilung. Man kann viele Jahre lang intensiv üben und wird doch immer jemanden finden, der deutlich besser ist als man selbst. Man findet aber auch immer einen schlechteren Spieler. Die Frage, wo man sich auf der Weltrangliste befindet, ist sinnlos. Was zählt, ist die Freude, die man sich selbst und anderen bereitet. Die stellt sich vor allem dann ein, wenn man bemerkt, daß man heute besser spielt als gestern. Gerade bei neu gelernten Liedern sind die eigenen Fortschritte deutlich spürbar. Dies und der Spaß an der Sache, der einen zum Weitermachen anspornt, belohnen einen für die Mühen, die man dafür auf sich nimmt.

Dieses Buch ist kein Lehrbuch, es bringt Ihnen weder Schlag- und Zupftechniken noch Notenlesen oder Lieder bei. Es bietet Ihnen etwas anderes, nämlich Antworten auf die vielen Fragen, die sich aus der Beschäftigung mit diesem Instrument ergeben. Es erklärt zum Beispiel die Zusammenhänge zwischen Saiten, Stimmung und Kompensation, die Vor- und Nachteile verschiedener Größen und Besaitungen, die verschiedenen Spieltechniken, es bringt aber auch Licht in das ewige Lieblingsthema der Internetforen, nämlich der Hölzer. Ist Laminat immer schlecht und ist es überhaupt Laminat? Wann ist es sinnvoll, Gitarrensaiten zu verwenden? Welche Luftfeuchtigkeit ist ideal? Das Buch bringt Ihnen einen Überblick über gute und weniger gute Hersteller und Händler, erklärt Ihnen die richtige Lagerung und Pflege des Instruments und orientiert Sie darüber, wie Sie Ihren eigenen Entwicklungsweg finden und weitergehen können. Als Handbuch erklärt es Ihnen alles, was seine beiden Autoren in anderthalb Jahren wissen wollten und dann auch herausgefunden haben – kompakt, auf Augenhöhe, ohne daß Sie das Gefühl bekommen, jemand würde sich zu ihnen herablassen. Sie finden auch gute Hinweise über den Sinn und Zweck von Musiknoten und eine Einschätzung darüber, ob Notenkenntnisse dafür ausschlaggebend sind, wie weit Sie es auf der Ukulele bringen können.

Es gibt eine Menge Online-Kurse und Lehrbücher, in denen dem Anfänger „das Ukulelespielen“ beigebracht wird. All diese Angebote gehen von dem einen grundlegenden Fehler aus, ein Lernprogramm nach den Vorstellungen des Lehrers zu vermitteln, das der Schüler durchlaufen muß. Dabei lernt er vieles, darunter aber auch eine Menge Inhalte, die ihn nicht interessieren und die er nicht gebrauchen kann. Viel wichtiger ist es, sich in der frühen Phase seines Lernens sehr gründlich mit der Frage auseinanderzusetzen, wohin man sich eigentlich entwickeln will. Möchten Sie im Stil der klassischen Gitarre spielen? Gefällt Ihnen eher Countrymusik, Bluegrass oder die harte Rhythmik der Musik von Johnny Cash? Geht es Ihnen mehr um Popmusik oder um schlichte Weisen der Romantik? Wenn Sie eine Stunde lang Schlagmuster üben, können Sie in dieser Stunde keine Zupfmuster üben. Wir wollen ein selektives Lernen propagieren, weil wir es hier mit einem unglaublich vielseitigen Instrument zu tun haben, mit dem man sich auch leicht verzetteln kann.

Das Buch unterscheidet sich damit grundlegend von vielen Anfänger-Büchern, in denen oft nur ein erster Zugang vermittelt wird, die dabei aber viele Fragen unbeantwortet lassen. Nicht jeder Ukulelen-Anfänger ist erpicht darauf, irgendeinen selbst gesungenen Folksong mit ein paar Akkorden beschrummeln zu können. Uns hat das eigentlich überhaupt nicht gereizt, aber wie kann man als Anfänger ein schönes Lied mit Melodie und Akkorden auf der Ukulele spielen? Noch dazu ohne Notenkenntnisse? Wenn Profis ein Buch für Anfänger schreiben, dann packen sie da nicht unbedingt die Informationen mit hinein, die nach ihrer Ansicht erst für den Fortgeschrittenen relevant sind. Wenn nun ein Anfänger unbedingt „Waltzing Matilda“ oder „Tango Argentin“ in Chord-Melody-Spielweise lernen will, dann liegt sein erstes Problem darin, dafür eine kompetente und doch verständliche Anleitung zu finden. In unserem Buch erfahren Sie, wie das alles geht, was Sie dafür tun müssen und vor allem, wo Sie die dafür benötigten Anleitungen finden, wo es die besten Spielvorlagen gibt und wie Sie ihre Spieltechnik so weiterentwickeln können, daß Sie bald ein hübsches Repertoire spielen können.

Sie finden Ihre Ziele am ehesten, indem Sie Musiker beobachten, wenn sie Ukulele oder Gitarre spielen. Begeben Sie sich auf Recherche ins Internet, auf Youtube gibt es definitiv alle Stile, alle Techniken und jedes spielerische Niveau zu sehen. So können Sie herausfinden, wohin Sie gehen wollen, und wenn Sie das wissen, suchen Sie sich die Meister, die Sie auf diesem Weg weiterbringen. Wir stellen Ihnen deshalb auch die Lehrer vor, die uns mit ihren kostenlosen Anleitungen im Internet besonders überzeugt haben. Wir haben in dem Kapitel über empfehlenswerte Lehrer verschiedene Leute zusammengestellt, die sich nicht nur hinsichtlich ihres Stils und ihrer Virtuosität unterscheiden, sondern gerade auch in ihrer persönlichen Ausstrahlung und in ihrer Herangehensweise. So können Sie sich auch dahin orientieren, wo für Sie sozusagen die Chemie stimmt. Jeder von ihnen kann Sie definitiv sehr stark bei Ihrer Entwicklung unterstützen, aber klar ist auch, daß Ihnen manche mehr liegen als andere. Folgen Sie Ihrem Gefühl, Sie können sich die anderen auch später noch ansehen.

Das Buch geht auf die Besonderheiten ein, die für Linkshänder wichtig sind. Wie sich jeder Linkshänder denken kann, gehen diese weit über die reine Spielhaltung und Akkorddarstellung hinaus und reichen bis zu den Sattelschlitzen und der Position des Koffergriffs. Bei Instrumenten mit Stegkompensation ist die Frage der Linkshändigkeit sogar wesentlich für die Kaufentscheidung.

Zugang ohne Notenkenntnisse – trotzdem ambitioniert

Um Musik „richtig“ zu lernen und ganz zu verstehen, braucht man auf jeden Fall Notenkenntnisse – sagen die Menschen, die sie bereits haben und nun an alle anderen die Forderung stellen, sie sich ebenfalls anzueignen. Auch wenn das für die mittlere musikalische Flughöhe nicht unbedingt allgemeingültig ist, ist es doch im Kern richtig: Musiknoten sind die Schrift, in der sich dem gut ausgebildeten Musiker die inneren Bezüge des Werks offenbaren. Viele Zusammenhänge in der Musik können wahrscheinlich nur von demjenigen richtig verstanden werden, der Noten lesen kann. Es ist aber nicht die Grundvoraussetzung für Musikalität und nicht die Grundbedingung zum Musizieren, und so manchem hat das Notenlernen die Freude am Lernen eines Instruments gründlich versalzen.

Noten zu lernen, gelingt nicht jedem, denn es hängt nicht nur mit dem Verständnis für eine ziemlich unlogische Abstraktion zusammen, sondern auch mit Lernwillen, Zeit und Fleiß. Um die Sache kurz zu machen: Wenn Sie vorhaben, Stücke auf verschiedenen Instrumenten zu spielen, oder wenn Sie klassische Stücke vollständig durchdringen wollen, dann brauchen Sie irgendwann Notenkenntnisse. Wenn Sie mit anderen Leuten zusammen musizieren wollen, sind Notenkenntnisse ab einem gewissen Niveau unverzichtbar. Und sie erleichtern es Ihnen sehr, die Zusammenhänge zwischen den Tönen und Akkorden zu verstehen.

Aber man kann ohne Notenkenntnisse nicht nur frei spielen, sondern auch vorhandene Stücke nachspielen, vor allem alleine, aber durchaus auch mit anderen. Notenkenntnisse sind nicht zwingend erforderlich, wenn man sich ambitioniert weiterentwickeln will. Da sie von allen „ernsthaften" Musikern etwas bierernst als wesentliche Voraussetzung für das höhere musikalische Können angesehen werden, sollte man sich ihnen aber auch nicht verweigern und es zumindest einmal versuchen. Es gibt dafür gute Trainingsprogramme fürs Smartphone, mit denen man immer mal zwischendurch eine Weile Noten lernen kann. Das kann aber auch später erfolgen, wenn man den musikalischen Einstieg bereits geschafft hat – dann hat man vielleicht auch einen guten Grund dazu, wogegen das Notenlernen am Beginn des musikalischen Weges frustrierend und hinderlich ist.

Für unser Instrument gibt es zwei „Schriften", nämlich die bekannten Musiknoten und die Tabulatur. Während die Notenschrift genau festlegt, welche Tonhöhe und Dauer ein bestimmter Ton hat, gibt die Tabulatur genau an, wo und wie lange man den Ton auf dem Instrument spielt. Ändert sich die Stimmung der Saite, so kommt auch ein anderer Ton heraus. Das ist ein kleines Andenken an die ganz alten Zeiten, in denen man die höchste Saite so hoch spannte, „wie sie es leiden mag". Brauchen wir beim Solospiel eine präzise, definierte Tonhöhe und ist es wirklich relevant, ob wir von einem Kammerton A mit 440 Hz oder 435 Hz aus stimmen? Wenn wir die Dinge radikal vereinfachen, dann ergeben sich Melodie und Akkorde nicht aus präzisen Frequenzen, sondern aus den Verhältnissen der Töne zueinander. Das eine Instrument klingt höher, das andere klingt tiefer, genau wie bei den Mundharmonikas. Und allein das ist ein wichtiges Argument gegen die Notenschrift, die definierte Tonhöhen festschreibt. Noch wichtiger: Mit Tabulaturen können Sie Spielweisen erreichen, die Ihnen mit der Notenschrift nicht zugänglich sind. Sie sind der Notenschrift nicht wegen ihrer Einfachheit überlegen, sondern aufgrund ihrer höheren Präzision.

Die Ukulele, ein unterschätztes Instrument

„Ukulele klingt ja immer etwas dürftig", meint Arne, der selbst Gitarre spielt. In Internetforen passiert es zuweilen, daß Gitarrenspieler einen Ukulelen-Neuling mit dem Rat abfertigen, er solle doch gleich Gitarre lernen. Und so mancher Witzbold, der im Fernsehen, auf Kinderfesten oder im Zirkus mit einer Ukulele aufgetreten ist, hat auch seinen Beitrag dazu geleistet, daß diesem Instrument heute das Image des Unzulänglichen anhaftet: die Ukulele, das lächerliche Instrument der Clowns, das Spielzeug für Nicht-Könner.

Man kann die Ukulele aber auch ganz anders betrachten: Sie geht auf alte und ehrwürdige portugiesische Volksinstrumente zurück, ist mit ihren vier Saiten an die Anatomie der Hand weitaus besser angepaßt als die Gitarre (weswegen man auf ihr im Gegensatz zur Gitarre meistens alle Saiten benutzt und nicht nur einige) und bietet bei guter Bauweise auch eine hinreichende Klangfülle. Vergleichen wir sie einmal mit der Geige: Die hat auch nur vier Saiten und genießt in den Konzertsälen der Welt höchstes Ansehen – auch dann, wenn sie gezupft wird, so etwa bei der Pizzicato-Polka von Johann und Josef Strauss. Dann klingt sie stumpf und in Arnes Sinne „dürftig“. Wäre die Anzahl der Saiten das maßgebliche Kriterium für den Rang eines Musikinstruments, dann könnten die Gitarristen mit ihren läppischen sechs Saiten einpacken, sobald eine Kantele, eine Zither oder eine Harfe ins Spiel kommt. Den Anspruch bestimmt nicht das Instrument allein. Bei einigen kommt man schneller über die Anfänge hinaus, aber das bedeutet nicht, daß es mit ihnen immer schlicht und einfach bleibt.

Selbst die Sopranino, die kleinste unter den Ukulelen, kann höchst virtuos gespielt werden, wie ein beeindruckendes Video[6] zeigt. Dabei ist auch klar, daß die Ukulele eine Menge ihrer Ausstrahlung aus ihren bescheidenen Maßen bezieht. Sie wirkt schlicht, und wer sie spielt, drückt damit Bescheidenheit aus, nicht selten auch ein gutes Maß an Selbstironie: Man nimmt sich selbst nicht zu ernst, und doch musiziert man auf hohem Niveau.

Ja, aber die Ukulele kann auch gar nicht so tief klingen, könnten die Gitarristen jetzt einwenden. Gut, aber eine Gitarre klingt auch nicht so tief wie ein Baß, und der ist immer noch höher als eine Kirchenorgel. Und bei den meisten Ukulelen wird der Tonumfang dann noch zusätzlich dadurch verkleinert, daß die tiefste Saite um eine Oktave höher gestimmt wird, wodurch sie dann den zweithöchsten Ton hat. Es ist eben ein kleines Instrument mit hellem Klang, und es gibt zahllose Lieder und Stücke, für die genau das vorteilhaft ist. Sie braucht nicht tief zu klingen, wenn sie nur gut klingt.

Die entscheidende Frage ist eben nicht, wie anspruchsvoll das Instrument ist, sondern der Spieler. Ein gutes Beispiel dafür ist die Mundharmonika, ursprünglich entwickelt als Billig-Instrument für die Hosentasche, damit jedermann ein bißchen musizieren kann – nichts Ernstes eben. Aber die-

---

6 https://youtu.be/uT4IuNy4C5A

ses kleine, schlichte Instrument hat sich in vielen Musikrichtungen behauptet, auf ihm wurde anspruchsvolle klassische Musik interpretiert und die größten Meister können darauf sogar chromatisch spielen, obwohl die dafür nötigen Halbtöne darin eigentlich gar nicht vorgesehen sind. Ukulelen gibt es in fünf Standardgrößen, sie lassen sich auf verschiedene Arten stimmen und in vielen Techniken spielen. Da sie vergleichsweise klein sind, nimmt man sie auch dann mit, wenn man eine Gitarre zuhause lassen würde, und das bescheidene Erscheinungsbild schafft Vertrauen, wo eine klobige Gitarre eher abschrecken könnte. Und noch etwas kommt hinzu: Wer eine beeindruckende Gitarre auspackt, muß auch liefern. Wer aber eine Ukulele zur Hand nimmt, der überrascht wahrscheinlich dadurch, daß er aus ihr mehr herausholt, als man erwartet. Das alles macht die Ukulele zu einem ungemein sympathischen Instrument.

Der begnadete Ukulelenspieler James Hill wurde in „Songlines“ mit den Worten beschrieben, er gebe der Ukulele ihre Würde zurück, ohne sich dabei selbst zu ernst zu nehmen. Er spielt mehrere Stimmen synchron auf einer Ukulele und man meint dabei eine ganze Band zu hören. Wer mit Anspruch auf dieses Instrument zugeht, wer es damit ernst meint, der öffnet sich damit die Tür zu einer musikalischen Welt, in der die Grenzen des Erreichbaren eher nicht vom Gerät, sondern von den eigenen Fähigkeiten vorgegeben werden. Und genau damit reiht sich die Ukulele vollkommen gleichwertig unter alle anderen, ernsthaft gespielten Musikinstrumente ein.

Es scheint, als würde die Ukulele dem allzu ernsten Getue mancher Gitarristen etwas wohltuend Entspannendes entgegensetzen, nämlich Humor und Leichtigkeit. Natürlich muß man sich mit einer Gitarre mehr anstrengen, wenn man über die ersten Hürden kommen will. Für viele ist sie schwieriger, und man kann auch irgendwie die Gitarristen verstehen, die nach Jahren harten Übens ein bißchen abschätzig auf die Ukulelenspieler hinabblicken, die nach wenigen Monaten auch schon allerhand spielen können. Weil die Ukulele am Anfang leichter zu lernen ist, wird sie auch von vielen Leuten gespielt, die zur Gitarre keinen Zugang gefunden haben und auf ihr wohl auch nicht weit gekommen wären. Das spricht aber nicht gegen unser Instrument, sondern dafür.

Es gibt jedoch gravierende Vorteile des Vier-Saiten-Systems, die auch manchem Gitarristen einleuchten, wie der folgende, hier übersetzt wiedergegebene Foreneintrag zeigt:

„Ich habe zuerst Ukulele gespielt … und ich spiele auch Gitarre. Nachdem ich mich mit Gitarren beschäftigt hatte, bekam ich das Gefühl, daß sich Baritonukulelen für mich erübrigen würden, da eine Gitarre dasselbe ist, nur mit einem größeren Korpus und zwei zusätzlichen Baßsaiten. Dies führt zu einem volleren Klang, der sich zur üblichen Begleitung besser eignet. Als ich jedoch ein Lied übte, um das mich ein guter Freund für seine Hochzeit gebeten hatte, machte ich eine interessante Entdeckung: Ich spiele das Lied viel besser auf einer Baritonukulele als auf der Gitarre. Entgegen meiner vorherigen Logik trugen weniger Saiten dem Lied mehr Würze und einen lebhafteren Rhythmus ein als mehr Saiten!

Dies brachte mich wieder dazu, viersaitige Instrumente in Situationen zu verwenden, in denen ich sonst eine Gitarre herumschleppen würde (z. B. bei Gottesdiensten in der Kirche). Es veranlaßte mich, nach einer neuen Baritonukulele zu suchen, mit besonderem Interesse an Pono. Dabei stieß ich auf die Pono Nui (BN-1) – eine Bariton-Ukulelenstimmung (DGHE) auf einem Hals und Korpus in der Größe einer Gitarre („Tenorgitarre“, Mensur 585 mm). Zuvor hatte ich dieses Instrument als „sinnlos“ abgetan. Ich hatte das Gefühl, daß eine klassische Gitarre einem Instrument dieser Größe und Preislage überlegen wäre. Aber jetzt habe ich meine Meinung geändert. Auf meiner Baritonukulele kann ich mehr machen als auf einer klassischen Gitarre. Weniger Saiten lassen meine Instrumentalsoli sauberer klingen und es gibt meiner Begleitung ein großartiges Funkeln, das sich im Zusammenspiel bemerkbar macht. Es spricht mich an, weil es die Spielbarkeit einer Ukulele mit den klanglichen Vorteile einer Gitarre verbindet, ohne übermäßig groß zu sein. Jede Aufnahme, die ich davon finde, zeigt einen erstaunlichen Ton, der mich sehr beeindruckt."[7]

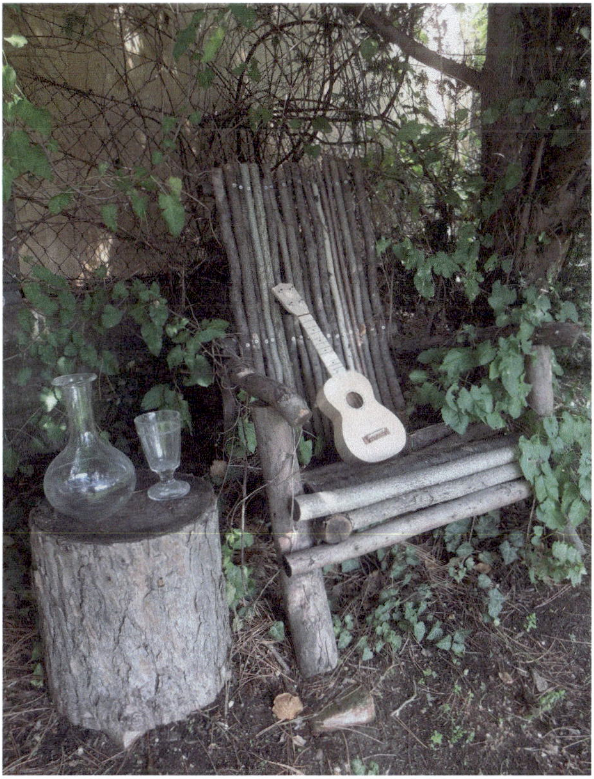

Und jemand anderes schreibt: „Mit vier Saiten kann ich Akkordfolgen in jeder Tonart spielen, da es viel einfacher ist, Barré-Akkorde auf dem ganzen Griffbrett zu spielen. Als Rhythmusspieler kann ich den Gitarrenpart in traditionellen Jazz- oder Swing-Bands so ausfüllen, wie ich es mit einer sechssaitigen Gitarre nie könnte. Es ist auch einfacher, solo zu spielen oder Gesang zu begleiten."

Trotzdem fällt einem auch mit der Ukulele eben nicht alles von selbst in

7 https://forum.ukuleleunderground.com/index.php?threads/thoughts-on-the-pono-nui-big-baritone.119216/

den Schoß. Wer mit der Koordination seiner Hände Schwierigkeiten hat, wird sich auch hier ein Weilchen plagen müssen. Wer einfach nur ein bißchen was zur Gesangsbegleitung sucht, der wird mit der Ukulele schnell fertig sein in dem Sinne, daß er dann alles hat, was er braucht: Schrumm, schrumm und fertig. Das geht zwar, aber eigentlich geht noch viel mehr. Schauen Sie sich im Internet nach Vorbildern um und Sie werden sehen, welche großartigen Möglichkeiten Ihnen dieses Instrument bietet, wenn sie bereit sind, sich damit intensiv zu beschäftigen.

Die Geschichte der Ukulele und die Sache mit dem „Aloha"

Wenn es um die Geschichte der Ukulele geht, lesen Sie überall die mehr oder weniger gleiche Geschichte von portugiesischen Einwanderern, die in der guten alten Zeit auf Hawaii vom Schiff stiegen und ihre Instrumente auspackten. Diese Geschichte ist wohl wahr, aber sie wird meistens falsch erzählt, nämlich mit dem typischen Unterton einer etwas irrealen Sehnsucht nach Südseeflair und einer coolen Zeit im Inselparadies. Dieser Kitsch wurde von den US-Amerikanern regelrecht betoniert, er äußert sich seit Jahrzehnten auch in leicht anzüglichen Liedtexten und sentimental überfrachteten Kinofilmen.

Das Instrument bietet eine ideale Projektionsfläche: Nicht-Hawaiianer sprechen sich untereinander mit „Aloha" an oder sagen Wörter wie „mahalo", ohne voraussetzen zu können, daß der andere ihre Bedeutung kennt. Ukulelenspieler gelten als friedlich und fröhlich, man wird schnell geduzt. Nichts gegen freundschaftliche Umgangsformen, wo sie angebracht sind, aber in dieser stereotypen Grinserei äußert sich vor allem die verzweifelte Suche nach einer besseren Welt. Wir stimmen mit Barry Maz überein, der in einem Essay über die Zwangsfreundlichkeit in der Ukulelen-Gemeinschaft zu dem Ergebnis kommt, daß die Menschen letztlich überall freundlich und unfreundlich sein können und daß die Ukulele auch nur ein Musikinstrument ist, nicht mehr und nicht weniger. Er berichtet von Ereignissen in einschlägigen Online-Foren, die schnell und deutlich belegen, daß man in diesen Kreisen gar nicht immer so liebevoll miteinander umgeht, wie allgemein angenommen wird. Und man kann auch bei dem einen oder anderen Händler schnell die Erfahrung machen, daß sich das vermeintlich so entspannte Lebensgefühl Hawaiis in dieser Branche auch gar nicht konsequent ausgebreitet hat. Wenn Sie an dieser Stelle Enttäuschung spüren, dann fragen Sie sich doch einmal selbst, was Sie mit diesem Instrument verbinden. Und behalten Sie immer im Hinterkopf, daß wir alle wahrscheinlich nur deshalb Kenntnis von diesem Instrument bekommen haben, weil es zusammen mit der verkitschten Hawaii-Romantik von den Amerikanern weltweit popularisiert worden ist.

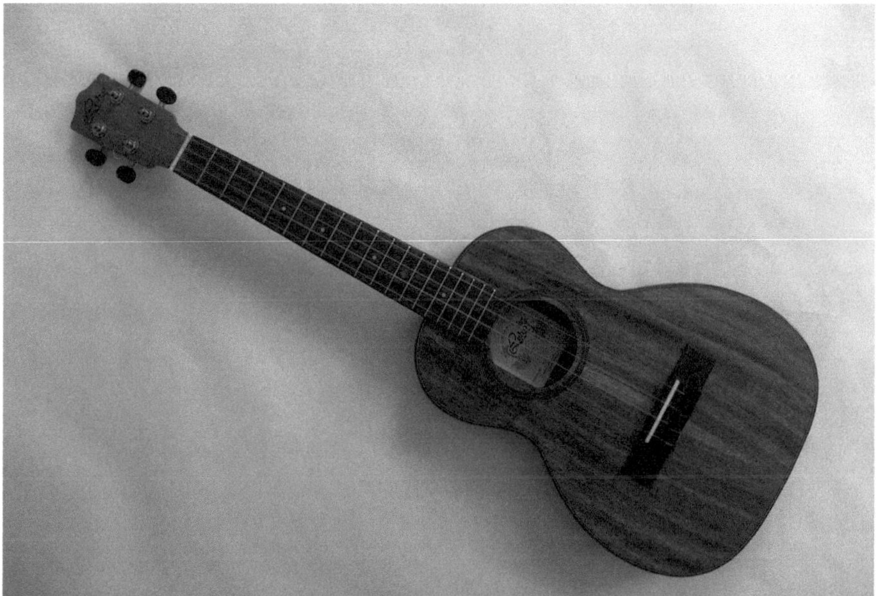

Die Entstehungslegende ist mit João Fernandez verbunden, der 1879 von Madeira die Braguinha mitbrachte, bei der es sich um eine Variante des Cavaquinho handelte, zwei kleine Saiteninstrumente in Gitarrenform. Das Cavaquinho erfreut sich unter anderem in der brasilianischen Musik großer Beliebtheit und weist eine im Zusammenhang mit der Ukulele sehr wichtige Besonderheit auf: Es wird nämlich mit Stahlsaiten gespielt, was bei herkömmlichen Ukulelen nicht möglich ist. Wenn man also den speziellen, interessanten Klang von Stahlsaiten auf einem Instrument spielen möchte, das einer Ukulele sehr nahesteht, dann besorgt man sich am besten ein Cavaquinho (die brasilianische Variante). Normalerweise ist dessen Stimmlage deutlich höher, aber man kann es mit dickeren Saiten bespannen und dadurch die Tonlage nach unten anpassen.

Auf Hawaii wurde das neue Instrument, nun von drei entpflichteten Feldarbeitern nachgebaut, bald populär und wurde erst dort als Ukulele bezeichnet. Ungefähr ab 1889 produzierte Manuel Nunes, der offizielle Erfinder der Hawaiiukulele, dieses Instrument in einer eigenen Fabrik. Seine Erzeugnisse erlangten international Bekanntheit. 1898 wurde Hawaii durch die USA annektiert, seit 1959 gilt es als Gliedstaat der USA, was mit einer starken Amerikanisierung einherging. Die Amerikaner entdeckten die Ukulele für sich und verbreiteten sie – unter anderem im Rahmen ihrer Kriegshandlungen – im pazifischen Raum, aber natürlich auch in ihrem Land, von wo aus sie dann wieder Europa erreichte. Auch wenn die Ukulele heute sofort mit Hawaii assoziiert wird, sollte man nicht vergessen, daß ihre Geschichte auf der Insel vergleichsweise kurz ist und ihre Wurzeln in Europa liegen. Sie ist stilistisch anpassungsfähig, aber sie breitete sich eben nicht nur als Botin der Völkerfreundschaft aus, sondern zu einem guten Teil auch als Begleiterin von Aggression und Fremdbestimmung. Man sollte das im Hinterkopf behalten, wenn man andere Leute leichtfertig mit „Aloha" grüßt. Am Ende des Buches gibt es einen kleinen Überblick über die Situation Hawaiis und seiner Unabhängigkeitsbestrebungen.

Allerdings ist die Ukulele nicht nur mit dem Cavaquinho verwandt, sondern auch mit einigen anderen Instrumenten, zum Beispiel der Wandergitarre. Sie hatte sich in Deutschland um 1910 als Masseninstrument verbreitet und wurde üblicherweise als Begleitinstrument in Schlagtechnik gespielt. Die Folge ihrer Verbreitung war nicht unbedingt die Virtuosität der Spieler, auf jeden Fall aber die Etablierung der Gitarre als Standardinstrument in der musikalischen Praxis weiter Bevölkerungskreise. Die Verminderung der Saitenzahl von sechs auf vier war zwar schon mit der

Entwicklung der portugiesischen Volksmusikinstrumente erfolgt, die bis heute überwiegend zur einfachen Akkordbegleitung verwendet werden und allesamt bauartbedingt deutliche klangliche Einschränkungen haben. Eine „richtige“ Gitarre mit vier Saiten kam jedoch erst in den zwanziger Jahren mit der Tenorgitarre auf. Dies ging mit Veränderungen in den Unterhaltungsorchestern einher. Weil viele Banjospieler zur Gitarre wechselten, konzipierten die Hersteller eine Gitarre mit vier Saiten, die zunächst als Rhythmus- und Begleitinstrument eingesetzt wurde. Spätere Modelle wurden für die Anforderungen des Melodiespiels verbessert. Bei dieser Entwicklung wurden die Tenorgitarren auch größer. In Deutschland wurde dieses Instrument vor allem durch Peter Kraus popularisiert. Seit den sechziger Jahren ist es weitgehend verschwunden, taucht aber heute ab und zu als Spezialität auf.

Wenn man sich von der Ukulele aus der Tenorgitarre zuwenden will, ist Folgendes zu beachten: Der Korpus ist deutlich größer, außerdem ist der Hals länger, folglich stehen die Bünde weiter auseinander. Der Hals ist außerdem eher schmal. Dies alles kann mit bedeutenden Umstellungsschwierigkeiten einhergehen. Andererseits kann eine Tenorgitarre aber auch eine Lösung sein, wenn man die Platzverhältnisse auf der Ukulele als zu eng empfindet. Wer bereits an eine größere Gitarre gewöhnt ist, der kann sich auf eine Tenorgitarre leichter einstellen als auf eine Ukulele. Beim Kauf älterer Instrumente sollte man auf die Marken Framus und ESTE (Felix Stärke) achten und natürlich genau prüfen, ob das Instrument keine Defekte aufweist.

Wer sich mit dem kräftigen, durchsetzungsstarken Ton des Banjos befassen will, kann dies auch von der Ukulele aus erreichen, denn es gibt eine Mischform mit der Bezeichnung „Banjolele“. Im Vergleich zum Banjo ist sie zuweilen kürzer und weist vier Saiten auf, wogegen es auch Banjos mit fünf Saiten gibt. In Innenräumen kann der harte Klang dieser Instrumente unter Umständen etwas penetrant wirken, sie sind also mehr für den Einsatz im Freien geeignet. Möglicherweise sind sie für zarte, romantische Stücke nicht die optimale Wahl.

Im Norden Südamerikas sowie Puerto Rico ist außerdem ein Instrument namens „Cuatro" gebräuchlich, das der Ukulele ebenfalls sehr ähnlich, dabei aber vergleichsweise groß ist. Auch dieses Instrument wird weitgehend durch Schlagen gespielt und kaum gezupft. Seine Besonderheit liegt darin, daß nicht die vierte Saite eine Oktave höher gestimmt wird, sondern die erste Saite eine Oktave tiefer. Daraus ergibt sich wieder eine ganz andere Klangcharakteristik. Man kann aber auch ein Cuatro linear stimmen, um es so zu spielen wie eine Baritonukulele. Es gibt auch Abwandlungen der Ukulele und einiger ihrer Verwandter, bei denen die Saitenzahl verdoppelt ist, um dadurch einen volleren, interessanteren Klang zu erzielen. Der Anfänger und mäßig Fortgeschrittene sollte sich an solche Instrumente vorläufig nicht heranwagen, weil sie seinen Lernfortschritt einschränken können. Es ist auf jeden Fall besser, sich zunächst auf den gegebenen vier Saiten zu verbessern. Allerdings kann man natürlich achtsaitige Instrumente auch nur mit vier Saiten spielen und zu einem späteren Zeitpunkt auf acht Saiten erweitern.

Musikalische Zielbestimmung

Will ich den Arbeitstag am Abend mit ein paar Akkorden ausklingen lassen oder will ich intensiv Lieder erarbeiten? Diese Frage sollte man sich idealerweise vor dem Kauf der ersten Ukulele stellen, da sie über die Qualität, die Größe und den Preis des Instruments entscheiden wird. Ernsthafte Spieler und solche, die sich nicht sicher sind, sollten mindestens in der unteren Mittelklasse einsteigen, eher darüber. Wer hier zu sehr spart, bekommt eine billige, schlecht eingestellte Ukulele und wird nicht lange Freude daran haben. Die Verkaufsplattformen im Internet sind voll mit Angeboten à la „Ukulele mit Lernheft und CD", und sie kommen alle von Leuten, die damit einfach nicht zurechtgekommen sind. Das kann am Instrument liegen oder auch am Spieler. Aber man wird mit einem schlechten Instrument immer sehr schnell an die Grenzen seiner Möglichkeiten stoßen.

Was ist möglich? Vom Akkordschlagen bis zu komplizierten Zupfsätzen

Anfänger beschränken sich häufig auf das reine Akkordspiel, oder vielmehr werden sie darauf beschränkt. C-Dur, G-Dur, E-Dur, rhythmisch aus dem Handgelenk über die Saiten geschlagen, und das war's. Das kann man so machen, es ist aber auf die Dauer etwas anspruchslos und wird den großartigen Möglichkeiten dieses Instruments nicht gerecht, die man sich eigentlich sehr gut und schnell erschließen kann. Zu diesen Möglichkeiten gehören auch die sehr ambitionierten, teilweise historischen Schlagmuster, unter denen insbesondere die kleineren Ukulelen regelrecht singen. Natürlich „reicht" das einfache Schrummen im Lagerfeuerstil erst einmal, man kann damit seinen eigenen Gesang begleiten, sich also auch schon musikalisch ausdrücken, und dann soll ja das Begleitinstrument auch nicht im Vordergrund stehen. Es gibt aber auch viele Menschen, die anderen ihren Gesang eher nicht zumuten wollen und sich aus weiser Bescheidenheit ganz auf das Spielen des Instruments konzentrieren. Sie lassen das Lied für sich allein erklingen. Egal, ob man nun singen kann oder nicht, man umgeht dadurch jedenfalls Passungsprobleme und bekommt auch keine Schwierigkeiten mit der Koordination von Spiel und Gesang. Dafür stehen verschiedene Spieltechniken zur Verfügung, mit denen man den Ausdruck des jeweiligen Stückes deutlich verändern kann. Das Schöne ist, daß man sich nicht auf eine Hauptrichtung festzulegen braucht, auch wenn man nach und nach eine Neigung entwickelt. Uns hat es jedenfalls sehr geholfen, daß wir schon früh auf die Möglichkeiten des Chord-Melody-Spiels gestoßen sind. Aber der Reihe nach:

Die vier Saiten der Ukulele sind so eingerichtet, daß man darauf relativ einfach eine große Menge von Akkorden greifen kann. Ein Akkord ist der Zusammenklang mehrerer passender Töne, im Grunde ist jeder Akkord eine Art Schnappschuß aus einer Tonart, zum Beispiel C-Dur. Bestimmte Akkorde passen sehr gut zu bestimmten Melodietönen und auch zu anderen Akkorden. Auf diese Weise kann man sie zur Begleitung verwenden.

Gleichzeitig enthalten die Akkorde aber auch jeweils vier (selten auch nur drei) Einzeltöne, die wiederum für das Melodiespiel genutzt werden können.

Der Anfänger erfreut sich also daran, fünf, sechs gute Akkorde spielen zu können, und er fügt sie zu einem Stück zusammen, das er dann in wechselnder Abwandlung stundenlang spielen kann – nebenbei eine sehr gute Übung. Dazu kann man singen oder es lassen. Und es gibt für das Akkordspiel mehrere Möglichkeiten: Man kann auf verschiedene Weise über die Saiten streichen, abwärts oder aufwärts, schneller oder langsamer, in sich wiederholenden Mustern und mit dem gleichzeitigen Zupfen aller Saiten. Hierdurch lassen sich auch Rhythmen in die Melodie bringen, zum Beispiel mit dem abwechselnden Spielen der tiefen und der hohen Saiten ein Walzertakt mit wechselndem Baß. Das kann man alles sehr schnell erreichen.

Die nächste Stufe erreicht man, indem man nicht die Saiten schlägt (also überstreicht), sondern nacheinander einzeln zupft. Hierfür sollte man sich von Beginn an angewöhnen, daß grundsätzlich die ersten vier Finger der Spielhand für die zugehörigen Saiten reserviert sind, der Daumen spielt also die oberste Saite, der Zeigefinger die nächste usw., und der kleine Finger kann sich als Abstützung auf der Schalldecke nützlich machen. Für das Spielen der Einzeltöne gibt es eine Reihe von Mustern, leicht zu finden unter der englischen Bezeichnung „picking pattern“. Es gibt ziemlich viele solcher Muster, so etwa aus der Countrymusik, und es lohnt sich aus mindestens zwei Gründen, sich damit genauer zu befassen: Erstens kommt man dadurch schon als Anfänger zu einem überraschend attraktiven ersten Repertoire und zweitens ist das Spielen solcher Zupfmuster eine besonders gute Übung für die Spielhand und für das eigene Rhythmusgefühl. Das kann man immer wieder zwischendurch machen, es klingt fast immer gut und bringt einen wirklich weiter. Viele Lieder können bereits sehr reizvoll vorgetragen werden, wenn man die Akkordtöne einzeln zupft, statt sie komplett abzuwischen.

Es ist klar, daß die Ukulele mit ihren vier Saiten etwas eingeschränkte Möglichkeiten bietet, und der Reiz liegt unter anderem darin, aus diesen Möglichkeiten möglichst viel herauszuholen. Deshalb hat man Methoden entwickelt, mit denen man innerhalb eines Liedes Melodie und Akkorde so zusammenfügen kann, daß sie sich gegenseitig ergänzen. Das kann man leicht selbst ausprobieren, indem man einfach einmal drei oder vier Akkorde hernimmt, die gut zusammenpassen, und dann mal streicht, mal zupft oder auch nur einzelne Töne des Akkords spielt. Man kann sogar mitten im Zupfmuster den Akkord wechseln und so etwa mit G-Dur anfangen und mit C-Dur herauskommen. Diese Spielweise eignet sich hervorragend, wenn man einfach ein bißchen improvisieren will. Es gibt aber auch eine Menge Musikstücke, die bereits für diese Technik – sie wird allgemein „Chord-Melody", zuweilen auch „Fingerstyle" genannt – arrangiert sind, und es lohnt sich extrem, wenn Sie sich mal das eine oder andere genauer ansehen. Diese Technik öffnet Ihnen auch das Tor zur klassischen Musik: Brahms, Bach, Schumann, Beethoven und viele andere große Meister haben Stücke geschrieben, die man sehr gut und überzeugend auf der Ukulele spielen kann. Und dann zeigt sich auch sehr schnell, daß das Klischee vom Simpel-Instrument einfach falsch ist. Wenn man auf einer guten Ukulele ein schönes, klares Stück aus der Renaissance oder Romantik sauber vorträgt, klingt es wahrscheinlich immer so, als wäre das Stück für dieses Instrument geschrieben worden.

Auch dies kann auf unterschiedlichem Niveau erfolgen. Man kann nämlich dieselbe Melodie auf verschiedene Arten spielen. Dabei ist es einfacher, eher auf der Saite zu bleiben, auf der man gerade ist. Aber es ist schöner (und manchmal schwieriger), jeden neuen Ton immer auf einer anderen Saite zu spielen. Vielleicht haben Sie sich bereits gefragt, wieso dies in manchen Tabulaturen so vorgesehen ist. Diese Einzelton-Spielweise heißt „Campanella" (italienisch für „Glöckchen"). Bei ihr kommt es darauf an, zwei aufeinanderfolgende Noten nie auf derselben Saite zu spielen. Der Effekt besteht, vergleichbar mit dem Klang einer Harfe, in einem längeren Ausklingen jedes gespielten Tons, was zu schönen Obertönen und Harmonien führt. Hierfür eignen sich Instrumente mit längerem Nachklang

(„Sustain“) besonders gut. Der Spieler kann die Wirkung dieser Spielweise noch verbessern, indem er besonders sauber spielt. Campanella ist ein langer, aber lohnender Weg zur Meisterschaft. Nebenbei: Sie können gute Arrangements (Tabulaturen) unter anderem daran erkennen, daß in ihnen die Campanella-Technik angewendet wurde. Wo auf derselben Linie mehrere Zahlen aufgefädelt sind, ist dies nicht der Fall.

Der Pionier auf diesem Gebiet ist unstrittig John King, der uns hochwertige Arrangements hinterlassen hat. Er begann diese Arbeit etwa 1985 und bemerkte dabei, daß die als Campanella bekannte barocke Gitarrentechnik hervorragend an die wiedereintretende Stimmung der Ukulele angepaßt werden konnte. Seine Einspielungen zeigen die Ukulele als anspruchsvolles, klassisches Instrument. Bei Flea Market Music ist sein Arbeitsheft „The Classical Ukulele“ erschienen, mit dem er allen, die klassisch spielen, den Weg gewiesen hat, unter anderem Samantha Muir.

Campanella ist sicher die komplexeste und schwierigste Art, Ukulele zu spielen, weil es kontraintuitiv ist: Werden die Noten höher, so werden sie trotzdem auch an tieferen Stellen gespielt. Während man bei herkömmlichen Arrangements an der Tabulatur erkennen kann, wohin die Melodie ungefähr geht, ist das bei Campanella-Arrangements nicht zu sehen. Solche Arrangements stellen sehr hohe Ansprüche an beide Hände. Hier zeigt sich der wichtige Vorteil der Tabulatur, die exakte Position anzugeben, an der eine Note zu spielen ist. Bei dieser Spielweise geht es darum, jeden Ton auf eine andere Saite zu legen. Dadurch können die Töne nachklingen. Die Arrangements gehen mit großen Dehnungen und Sprüngen über das ganze Griffbrett einher. Das ist der Grund, warum die großen Meister unserer Zeit praktisch immer die Soprangröße verwenden: Sie ist besser für diese Technik geeignet.

Für den Campanella-Effekt ist nicht nur die Verteilung der Töne über alle Saiten entscheidend, sondern auch die Grifftechnik. Denn sobald die Greifhand losläßt, verstummt der Ton. Jeder Griff muß deshalb möglichst lange gehalten werden. Wer Campanella spielen möchte, muß sich um höchste Präzision bemühen, insbesondere beim Greifen. Übrigens klingen die Noten dann oft länger, als es ihrem Notenwert entspricht. Das ist zu vernachlässigen, weil dieses Nachklingen leiser wird und die nächste Note in den Vordergrund tritt. Campanella ist nicht mit Arpeggios zu verwechseln: Bei diesen handelt es sich um gebrochene Akkorde, bei Campanella hingegen um einen Arrangementstil bzw. um eine Spieltechnik.

Es gibt auch noch eine andere Möglichkeit, eine Melodie mit größerer Wirkung zu spielen. Wir werden im Zusammenhang mit den Ukulelengrößen auch das Taropatch vorstellen, eine achtsaitige, doppelchörige Konzertukulele. Auf ihr erklingt jeder Ton zweimal genau gleich, was dem Vortrag eine immense Klangwirkung verleiht. Melodien aus Einzeltönen und bestimmten Akkorden kann man auch auf einer viersaitigen Ukulele quasi doppelchörig spielen, wenn man sich klarmacht, daß fast jeder Ton auf der Ukulele mehrfach vorkommt. So klingt zum Beispiel die erste Saite im dritten Bund genauso wie die vierte Saite im fünften Bund. Manchmal liegen diese Paare sehr weit auseinander (1./3. Saite: 9 Bünde), aber es lassen sich immer Paare finden, die sich leicht gleichzeitig greifen und zupfen lassen:

- 1./2. Saite: + 5 Bünde
- 1./4. Saite: + 2 Bünde
- 2./3. Saite: + 4 Bünde
- 2./4. Saite: – 3 Bünde

Mit diesem Schlüssel lassen sich Melodien doppelchörig spielen. Der Effekt ist – bei Melodietönen – der gleiche wie beim Taropatch, allerdings erfordert diese Spielweise einige Übung, mit der Sie ganz nebenbei das Griffbrett Ihres Instruments besser kennenlernen. Sinnvollerweise notiert man die zusätzlichen Töne direkt in der Tabulatur. Dieser doppelchörige Effekt wird übrigens bei der rückläufigen Stimmung auch in etlichen Akkorden genutzt, in denen zweimal derselbe Ton erklingt. Das trägt einiges zum typischen Klang dieser Stimmung bei.

Man kann das gezupfte Spiel aber auch in eine andere Richtung weiterentwickeln, indem man nämlich die parallel zur Melodie gespielte Begleitung weiter ausbaut. Dann hat man nicht mehr da und dort im Lied einen Akkord, sondern eine neben der Melodie rhythmisch mitlaufende Folge aus Begleitakkorden. Da sich diese Akkorde nicht immer nur mit den Melodietönen abwechseln, sondern gelegentlich mit ihnen zusammenfallen, gibt es in solchen Stücken Stellen, an denen man statt des vorherzusehenden Begleitakkords einen Spezialakkord spielen muß, der aus dem Begleitakkord und der Melodienote besteht. Das hört sich schwierig an, und das ist es auch, aber das Ergebnis ist außerordentlich beeindruckend. Diese Technik wurde von dem Virtuosen James Hill entwickelt und kann in seinem Heft „Duets for One“ erlernt werden, das fünfzehn richtig starke Arrangements enthält, darunter das wunderschöne „Plaisir d’Amour“. Sollten sich Anfänger an so etwas heranwagen? Unbedingt, wenn sie zuversichtlich sind und wenn sie sich darauf einstellen können, daß sie für jedes Stück eine ganze Weile brauchen werden. Wer als Anfänger das Heft nicht nach einer Woche wieder verkauft hat, der weiß dann auch, daß er am Ball bleiben wird. Mit James Hill sind wir bereits ganz oben angekommen, was die spielerisch-technischen Möglichkeiten mit der Ukulele betrifft. Das muß nicht jeder machen, vor allem wird es auch nicht jeder wollen, aber unsere Übersicht hat doch ganz gut gezeigt, daß man von „sehr leicht“ bis „sehr schwierig“ ganz viele Bereiche hat, auf denen jeder seine gewünschte Flughöhe finden kann.

Dabei sollte man sich auch immer wieder selbst fragen, was man eigentlich mit der Ukulele machen will, welches Ziel man also vor Augen hat. Richtig entwickeln kann man sich nur, wenn man das Ziel nicht aus den Augen verliert und nicht in eine Richtung abdriftet, die vielleicht einfacher ist, aber ursprünglich gar nicht geplant war. Dazu sollten sowohl die zu lernenden Lieder als auch die Instrumente an die eigenen Fähigkeiten angepaßt, aber auch so gewählt werden, daß man lange damit arbeiten kann.

Die drei grundlegenden Spielweisen

Grundsätzlich unterscheidet man bei der Ukulele drei Spielweisen: Das Strumming (Schlagen), Chord-Melody und schließlich das Picking (Zupfen, Fingerspiel). Unter Strumming versteht man das Streichen von ganzen Akkorden, das meistens zur Liedbegleitung dient und relativ leicht zu erlernen ist. Diese Technik ist die bekannteste, die man auch aus Filmen kennt, und die sich zum Singen sehr gut eignet. Hierbei liegt die Herausforderung in der richtigen Anschlagtechnik, da diese zum Rhythmus passen muß. Bei der Gitarre werden häufig nur vier oder fünf Saiten angeschlagen. Diese Schwierigkeit entfällt bei der Ukulele, da praktisch immer alle Saiten gespielt werden. Es gibt überaus entwickelte Schlagtechniken, die mit ihrem treibenden Rhythmus und dem dabei erzeugten Klangteppich ungemein attraktiv klingen, vor allem dann, wenn auch das Instrument gut und resonant ist. Unsere Empfehlung lautet: Wenn Sie sich mit dieser Technik befassen wollen, dann seien Sie immer neugierig. Versuchen Sie sich weiterzuentwickeln, bleiben Sie keinesfalls beim ewigen „Island Strum" stehen. Es gibt auch großartige historische Schlagmuster, mit denen die älteren Stücke authentischer klingen.

Die erste Methode, mit der wir uns intensiver befaßt haben, war Chord-Melody. Bei dieser Technik werden Einzeltöne mit Akkorden oder Doppel- und Dreifachtönen kombiniert. Mit den Einzeltönen wird hauptsächlich die Melodie gespielt und die Akkorde stehen meistens an einer bestimmten Stelle eines Taktes, zum Beispiel auf dem ersten und dem dritten Schlag. Das gibt dem Lied mehr Rhythmus und Klangfülle. Eine sehr schöne Chord-Melody-Version des Liedes „Waltzing Matilda" gibt es von Mike Lynch.[8]

Eine Erweiterung für fortgeschrittene Spieler stellt eine Methode des Kanadiers James Hill dar, bei der zwischen den Melodietönen mithilfe von Akkorden gleichzeitig eine Begleitung gespielt wird. Das klingt dann so,

8 https://www.youtube.com/watch?v=9uFqWq9-bMQ

als würden zwei oder drei Ukulelen gleichzeitig spielen, erfordert aber viel Übung und ein gutes Taktgefühl, um den Rhythmus halten zu können. Wenn man es beherrscht, klingt es unglaublich gut. Wir haben uns das Lernheft „Jumpin' Jim's Ukulele Masters: James Hill – Duets for One" besorgt und konnten das erste Lied „Freight Train" schon nach einigen Tagen relativ gut spielen. Die restlichen 14 nach Schwierigkeitsgrad geordneten Lieder in dem Heft wie beispielsweise „Georgia on My Mind" bieten reichhaltigen Lernstoff für mehrere Jahre. Mit der Chord-Melody-Technik können Sie jede Menge schöner Stücke auf ganz verschiedenen Schwierigkeitsniveaus spielen.

Nun fehlt noch das Picking, also das Einzeltonspiel von bestimmten Melodien oder mit Zupfmustern, das unter den drei erwähnten Methoden eine sehr anspruchsvolle sein kann. Besonders bei kleineren Ukulelen oder Banjolelen mit wenig Nachklang ist bei Einzeltönen ein relativ schnelles Spiel erforderlich, um ein gutes Ergebnis zu erzielen. Das Lied könnte sonst etwas leer wirken. Klassisch wird jedem der vier spielenden Finger eine Saite zugeordnet. Dieses System kann aber auch abgewandelt werden. Wird beispielsweise nur mit den drei höchsten Saiten gespielt, kann auf den Ringfinger verzichtet werden. Werden auf eine Saite viele schnelle Töne hintereinander gespielt, ist es mit nur einem Finger ebenfalls etwas mühsam. In diesen Bereich gehört auch die klassische Musikliteratur von Komponisten wie Fernando Sor oder Ferdinando Carulli, die für die Ukulele adaptiert wurde, ebenso wie Musik der Renaissance. In diesen Bereichen liegen die größten spieltechnischen Herausforderungen, aber auch die höchsten Meriten, die man mit diesem Instrument erreichen kann.

Singen oder nicht?

Hier stellt sich für einen Anfänger erneut die Frage: Was will ich mit der Ukulele eigentlich machen?

Will ich meinen Gesang mit Akkorden begleiten, sollte ich mich von vornherein mehr auf Akkorde und Taktgefühl konzentrieren. Wir haben die Erfahrung gemacht, daß es für einen Anfänger sehr schwierig ist, beim

Singen mit der Ukulele nicht durcheinanderzukommen. Hier empfiehlt es sich, den Takt mit dem Fuß zu klopfen oder mit einem Metronom zu spielen.

Brauche ich einen Tonabnehmer?

Dieser Bereich kann eigentlich recht bündig abgehandelt werden. Grundsätzlich ist es mit gewissen Problemen verbunden, eine akustische Ukulele über einen Tonabnehmer zu verstärken. Alle Geräusche im Holzkorpus werden dabei verstärkt, außerdem kann es zu Rückkopplungen kommen. Billige Tonabnehmer liefern oft unbefriedigende Ergebnisse, außerdem ist die richtige Plazierung sehr wichtig. Aktive Tonabnehmer (also solche mit Vorverstärker) beheben manche Nachteile, jedoch nicht alle. Elektromagnetische Tonabnehmer benötigen Stahlsaiten, für die jedoch herkömmliche Ukulelen nicht ausgelegt sind. Daher ist der beste Rat, die Ukulele ganz normal zu spielen und über ein gutes Mikrophon aufzunehmen. Anders verhält es sich natürlich mit elektrischen Ukulelen, die man einfach mit dem Verstärker verbindet. Sie haben allerdings zwei Eigenschaften, die sie für eine rein akustische Spielweise nicht gut geeignet erscheinen lassen: Der Klang der Stahlsaiten ist „anders“, außerdem klingen sie ohne Verstärkung fast nach nichts.

Wir haben den Tonabnehmer ausprobiert, der unter der Bezeichnung Korg CM-300-BK als Zubehör zur Verwendung mit Stimmgeräten angeboten wird. Damit lassen sich die Vibrationen akustischer Instrumente abnehmen und in einen Verstärker einspeisen. Zum Ausprobieren haben wir den kleinen „Orange Crush mini“ hergenommen, falls die falsche Verwendung des Mikrophons zu irgendwelchen Schäden führen könnte. Wenn man die starke Verstärkung aller Nebengeräusche irgendwie in den Griff bekommt, ist der Effekt ganz erstaunlich: Mit nur dreiviertel aufgedrehter Verzerrung und fetziger Spielweise wird aus einer Sopranukulele von Brüko ein beeindruckendes Hardrock-Monster. Möglicherweise ist das ausbaufähig, aber für klassisch gezupfte Stücke sind die Nebengeräusche viel zu störend.

Spiele ich in einer Gruppe?

Hierbei ist es natürlich hilfreich, wenn sich das eigene Instrument gegenüber den anderen einigermaßen durchsetzen kann, also nicht untergeht. Außerdem sollte man seine Stücke beherrschen und vor allem den Takt halten können. Ganz wichtig für das Zusammenspiel ist jedoch eine gewisse Passungsfähigkeit der Instrumente. Hierzu muß man sich auf bestimmte Tonarten einigen und auch auf die A-Frequenz, nach der die Instrumente gestimmt werden. Saiteninstrumente können durch Umstimmen oder mit einem Kapodaster auf verschiedene Tonarten eingerichtet werden. Wenn es also zunächst schräg klingt, sollten sich die Gruppenmitglieder einmal zusammensetzen und sich über diese Dinge Klarheit verschaffen. Spielt man hingegen alleine, so ist es vollkommen egal, auf welche Tonhöhe man sein Instrument gestimmt hat.

2. Auswahl des Instruments

Die Hauptfrage: billig oder teuer?

Am Anfang war für uns die Sache klar: Um es einfach einmal auszuprobieren, waren möglichst günstige Instrumente zu kaufen. Diese lassen sich auf den üblichen Gebrauchtmärkten im Internet recht schnell und in nahezu jeder Menge finden. Dabei ist aber zu bedenken, daß all diese Dinger ja nicht ohne Grund dort verkauft werden. Es handelt sich dabei um all die Ukulelen, mit denen jemand nicht mehr spielen will, möglicherweise aufgrund größerer Qualitätsmängel. Darunter gibt es aber immer wieder auch bessere Exemplare bis in die gehobenen Preisklassen.

Ein gebrauchtes Instrument zu kaufen, ohne es ausprobiert zu haben, ist sehr riskant, weil man auch bei einem teureren Stück nicht davor gefeit ist, daß es Mängel aufweist – manche davon wirken sich gar nicht sofort aus, sondern werden erst nach Monaten oder Jahren bemerkt. Eine Ukulele mit verzogenem Hals kann man auch beim Neukauf vom Händler erwischen, und zwar ist das wahrscheinlicher, wenn er auf eine genauere Prüfung verzichtet. Wir gehen im Händler-Kapitel genauer darauf ein.

Wir haben zunächst APC gewählt, dann Cordoba und Leho, danach Pono, schließlich Kiwaya und für unterwegs Brüko. Fast jede war teurer als die davor, aber jede brachte auch eine so deutliche Verbesserung, daß sich der finanzielle Mehraufwand wirklich lohnte. Man kann eigentlich sagen, daß man wahrscheinlich jede Ukulele, bei der man aufgrund des günstigeren Preises einen Kompromiß eingeht, früher oder später gegen eine bessere austauschen wird. Dabei kommt das berüchtigte UAS (Ukulele Aquisition Syndrome, eine Art Kaufsucht, siehe späteres Kapitel) ins Spiel. Es gibt einige gute Gründe, warum man sich mehrere Ukulelen anschaffen möchte, aber solange Sie sich auf eine oder zwei konzentrieren wollen und absehbar bei der Sache bleiben, ist unser Rat: Investieren Sie von dem dafür verfügbaren Geld möglichst viel in den Kauf, greifen Sie also im Fall der Wahl und des Zweifelns immer zum teureren Instrument. Die Gründe dafür sind ganz klar:

- Eine teurere Ukulele ist meistens auch die bessere Ukulele und Sie haben bei jedem Üben und bei jedem Spielen jedes Mal mehr Freude damit als mit einer billigen.
- Nach dem Kauf ist vor dem Kauf: Wenn Sie noch Geld übrig haben, werden Sie sich eine weitere Ukulele zulegen wollen, aber fünf mittelmäßige sind nie besser als zwei gute.
- Zur guten Ukulele, in die Sie den ganzen verfügbaren Etat gesteckt haben, bauen Sie eher eine Beziehung auf als zu einem billigen Allerweltsinstrument.
- Eine teurere Ukulele ist werthaltig, man bekommt sein Investment im Falle eines Verkaufs zu einem guten Teil wieder zurück, in manchen Fällen kann man sogar Gewinn machen.
- Wenn Sie sich im Zweifel für das billigere Modell entscheiden, werden Sie sich das teurere wahrscheinlich später doch irgendwann kaufen.

Was heißt nun aber „möglichst viel Geld"? Das ist relativ. Die Unterschiede zwischen einer Ukulele für 2.000 Euro und einer für 500 Euro sind für Leute, die sich nicht als Profimusiker sehen, nicht zu hören und kaum zu verstehen. Die berühmten, irre teuren Instrumente aus Hawaii sind teilweise läßlicher verarbeitet als weitaus günstigere aus Europa oder Fernost. Auch für 250 Euro kann man eine sehr gute Ukulele bekommen und damit jahrzehntelang Freude haben, und sie kann einem selbst sogar besser gefallen als eine andere, die das Doppelte kostet. Mit dem Rat, möglichst viel zu bezahlen, ist also gemeint, daß man sich hier einer Anschaffung stellt, die ihre Bedeutung in den kommenden Jahren erweisen soll. Wenn man ein Drittel eines Monatslohns in diese Anschaffung investiert, ist sie sicher nicht überbezahlt, aber es kann auch weniger sein.

Behalten Sie dabei auch die Nebenanschaffungen im Blick. Brauchen Sie wirklich einen Koffer oder reicht vielleicht ein Wandhalter? Dann können Sie nämlich hundert Euro mehr in die Ukulele investieren und bekommen statt einer Kala für 300 Euro eine Pono für 400 Euro oder statt dieser eine Opio oder statt einer Opio eine Uluru, wobei man zwischen diesen vier Marken eigentlich nicht viel gewinnt: Für einen echten Unterschied muß man den Preis der Pono verdoppeln. Das können Sie durchaus als Faustregel nehmen: Von einer GEWA zur Cordoba mit Fichtendecke verdoppelt sich der Preis, von da aus zahlt man das Doppelte für eine massive Pono und dann wieder das Doppelte für eine massive Kiwaya. Und jedesmal erreicht man damit eine wirklich erkennbare Verbesserung hinsichtlich der verwendeten Materialien, der Bauart, der Einstellung und des Klangs. Der Preisunterschied zwischen gleichartigen Instrumenten wird durch Kleinigkeiten bestimmt und hängt auch stark von den Lohnkosten im jeweiligen Herstellungsland ab. Es gibt Ausnahmen, so hat eine Brüko eine wesentlich höhere Flughöhe als so manches Fernost-Modell zum gleichen Preis. Man bezahlt durchaus auch gerne für Handarbeit (Grenosi, Stoll, Bugle, Wunderkammer, Rob Collins, Antica Ukuleleria), weil sich daraus eine höhere persönliche Wertschätzung dem Instrument gegenüber ergibt.

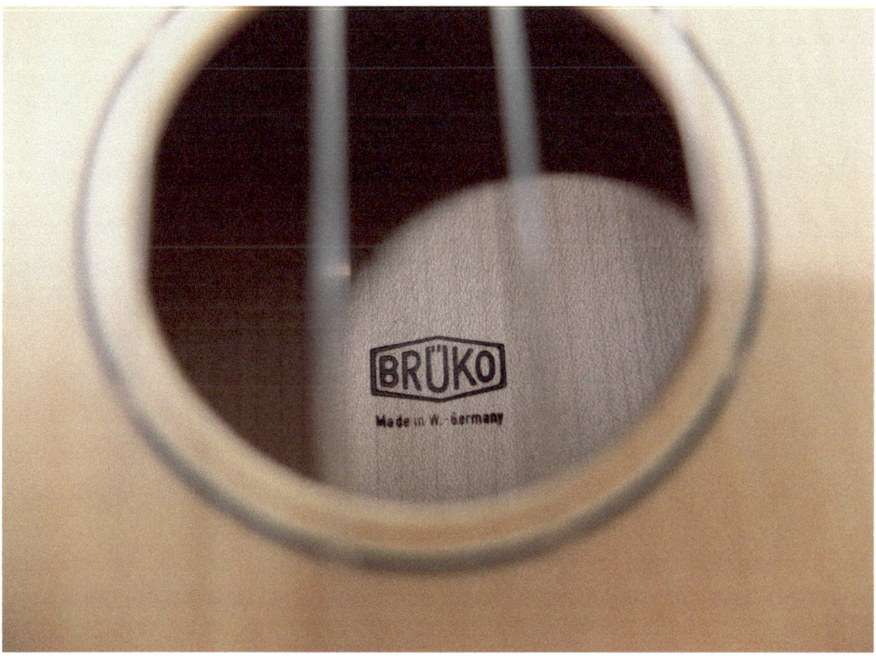

Was zeichnet eine teure Ukulele vor einer billigeren aus? Vom unteren zum mittleren Preisbereich wird die Verarbeitung sorgfältiger, es ist alles besser gemacht, es gibt weniger Klebstoffreste und glattere Kanten. Ab einem bestimmten Niveau ist aber in dieser Hinsicht nichts mehr zu gewinnen. Dann kommt ein Aspekt des Instrumentenbaus ins Spiel, der viel mit den Fähigkeiten des Herstellers zu tun hat und zuweilen mit Magie in Verbindung gebracht wird. Wenn man – wie wir – von den hohen Standards der Marke Pono überzeugt ist und glaubt, daß danach nicht mehr viel kommen kann, dann aber eine Ukulele aus der Einsteiger-Serie von Kiwaya (Famous FS-1) spielt, versteht man sofort, um was es geht. Die Pono ist gut, aber die Kiwaya hat einen unglaublich schönen und komplexen Klang, außerdem spielt sie sich nahezu von selbst. Beim Instrumentenbau kommt es auf viele Details an, auf verschiedene Eigenschaften der Hölzer und eine gute Konstruktion, leichte und doch feste Bauweise und gute Einstellung. Der Zauber eines wirklich guten Instruments kann nicht einfach so nachgebaut werden. Und darin liegt der Grund, warum manche Ukulelen, obwohl sie ganz gewöhnlich aussehen, sehr viel mehr kosten als andere. Unsere Empfehlung: Versuchen Sie unbedingt, in diesen Bereich zu kommen, Sie werden daraus sehr viel Zufriedenheit beziehen und Ihr Instrument nie mehr hergeben wollen. Es ist allemal besser als das Ansammeln mittelmäßiger Instrumente.

Mit dieser Mehrausgabe kommen Sie also von jedem Punkt aus immer ein Stück höher, oft auch hinsichtlich der Qualität des Instruments. Brauchen Sie wirklich zwei oder drei Instrumente oder konzentrieren Sie sich auf eines? Statt drei aus der Einstiegsklasse können Sie auch ein richtig gutes kaufen und statt drei Brükos eine von Christian Stoll. Nun sind allerdings Brüko-Ukulelen ebenfalls richtig gut und es soll hier nicht gesagt sein, daß es unbedingt immer teurer sein soll. Wir wollen Ihnen lediglich dazu raten, sich beim Kauf nicht in die Breite zu orientieren, sondern Ihre Mittel zu konzentrieren und dadurch das für Sie möglichst beste Instrument zu kaufen – auch noch aus einem weiteren Grund: Wenn Sie sich technisch weiterentwickeln, werden Sie spätestens nach einem Jahr die Freude an dem billigen Instrument verlieren, weil Ihnen seine Unzulänglichkeiten immer deutlicher auffallen. Auch aus diesem Grund sind die Handelsplätze im Internet voll davon. Wenn Sie gleich etwas Dauerhaftes kaufen, brauchen Sie später nicht zu wechseln und sind dann auch besser vertraut mit Ihrem Instrument. Noch etwas kommt hinzu, nämlich die dereinst auftretende Notwendigkeit, eine zweite Größe anzuschaffen. Dafür ist es dann hilfreich, wenn die erste bereits abgehakt ist.

Wir haben die Erfahrung gemacht, daß Ukulelen ab ungefähr 100 Euro sehr brauchbar sein können. Ab 250 Euro kann man ein schönes, gut klingendes Instrument bekommen und doch noch eine Macke oder Unsauberkeiten in der Lackierung finden. Eine Ukulele, an der gar nichts mehr auszusetzen ist, die sehr gut klingt und in allen Foren fast nur Lob einstreicht, gibt es ab etwa 400 Euro aufwärts. Deutlich höhere Preise können dann fällig werden, wenn das Instrument nicht aus einer Fabrik, sondern aus der Werkstatt eines Instrumentenbauers kommt – hier ist man schnell jenseits der 1000 Euro, und auch diese Investition kann sinnvoll und richtig sein, wenn man damit an „sein" Instrument kommt, mit dem man sozusagen zusammenwächst. Empfehlungen hierzu finden Sie in dem Hersteller-Kapitel etwas weiter unten.

Aber auch die Wahl einer sehr billigen Ukulele kann unter Umständen die richtige Entscheidung sein, wie Sie im folgenden Abschnitt erfahren.

Welche großen Vorteile eine billige Ukulele hat

Stellen Sie sich folgende Situation vor: Sie haben eine im Sinne des vorangegangenen Abschnitts teure Ukulele gekauft, sie macht Ihnen Freude und Sie wollen sie kaum aus der Hand legen. Doch nun wollen Sie verreisen, und zwar ins Salzburger Land, wo es oft regnerisch ist. Sie machen sich Gedanken, ob das teure Instrument das verträgt oder ob es vielleicht Schaden nimmt. Gleiches gilt für trockene Gegenden, hohe Sommertemperaturen und all das Unvorhergesehene, das auf Reisen eintreten kann – von der Abfertigung am Flughafen über das Gepäcknetz im Zug bis zum Zwischenfall auf einer Schiffsreise. Und schon bei einer einfachen Wanderung hat man mit einer „Ziegenspeck" wohl ein etwas mulmiges Gefühl.

Hier ist ein billiges Instrument ganz in seinem Element. Es gibt spezielle Ukulelen, die ganz oder teilweise aus Kunststoff bestehen und daher weitgehend unempfindlich gegenüber Nässe sind. Man kann aber auch eine beliebige Holz-Ukulele aus der Einstiegsklasse kaufen und, wenn man das für sinnvoll hält, mit Wetterschutzlack behandeln. Sollte diesem Instrument unterwegs etwas passieren, hält sich der Schaden in Grenzen.

Einerseits sorgt also die billige Ukulele dafür, daß man unterwegs überhaupt eine dabeihat, andererseits ist sie sozusagen die Versicherung des eigentlichen Instruments, das dann zuhause bleibt. Da sich die Ukulele vor allem für das Spielen in Geselligkeit empfiehlt, kann sich diese Versicherungslösung auch auf Parties, Klassenfahrten, Zeltlagern und vielen anderen Anlässen bewähren.

Doch auch diese billigere Ukulele sollte wenigstens die Mindeststandards erfüllen, sie darf also nicht schnarren, sollte eine brauchbare Intonation haben, die Stimmung halten und gut zu spielen sein. Akzeptable Plastik- oder Billigukulelen kann man neu für vierzig Euro bekommen, gebraucht für die Hälfte, so hat man für sein Geld etwas für unterwegs. Geben Sie sich aber bitte keinen Illusionen hin: Ukulelen aus Plastik klingen nach Plastik, außerdem sind sie von einer guten Einstellung recht weit entfernt. Unser Testmodell hat eine viel zu hohe Saitenlage, die man auch nicht verändern kann, außerdem einen sehr dicken Hals. Es ist nicht gut spielbar und klingt pappig und billig. In Situationen, zu denen man keine richtige Ukulele mitnehmen würde (Schipiste, Regen, Schwimmbad, Dusche usw.), ist das besser als nichts. Aber so ein Spaßinstrument kann eine richtige Ukulele eben nicht ersetzen. Ähnlich verhält es sich mit Billigprodukten aus Holz oder Laminat. Billig ist billig und klingt billig. Es gibt Ausnahmen, aber auch diese fallen im direkten Vergleich zu einem wirklich guten Instrument hörbar ab.

Übrigens wächst man gerade auf Reisen mit seinem Instrument zusammen, es gibt welche, die ihre Besitzer um die halbe Welt begleitet haben und bei denen sich dann niemand mehr fragt, ob ein paar Prozent mehr Luftfeuchtigkeit schädlich waren oder nicht. Die will man dann auch gar nicht mehr hergeben, eben weil man mit ihnen schon da und dort war. Und dieser Gedanke kann einen dann doch auch wieder zum etwas besseren Instrument führen, das vielleicht nach einigen Jahren im Wohnzimmer auch mit auf Reisen genommen wird und dann auch dort seine qualitativen Vorzüge ausspielen kann. Nach ein paar Jahren hat dann dieses hochwertige Stück vielleicht ein paar Schrammen, die es zuhause nicht bekommen hätte, aber es wird immer noch gut klingen. Wenn Sie eine gute Ukulele für unterwegs kaufen wollen, könnte eine aus Laminat für Sie geeignet sein, weil sie nicht so empfindlich gegenüber Schwankungen der Temperatur und der Luftfeuchtigkeit ist. Eine Brüko aus Massivholz ist robust genug, um unterwegs so einiges auszuhalten, sofern man sich damit keine Bälle zuschlägt. Wählen Sie als Begleitung für Ihre Fernreisen also lieber etwas Ordentliches. Die Reise-Ukulele sollte nicht zwingend ganz billig sein, sondern sie ist das Instrument, bei dem wir uns mit Kratzern und Dellen von Anfang an arrangieren können. Ich habe dafür eine gebrauchte Ohana SK-30L gekauft, eine Sopran-Ukulele mit Tenor-Hals.

Machen wir einen kleinen Ausflug in die Zeit des beginnenden 20. Jahrhunderts, als die „Klampfe“ der Wandervögel das Wanderinstrument schlechthin war. Das waren damals handgefertigte Wandergitarren aus den kleinen einschlägigen Manufakturen, und je stärker sich der Gebrauch „auf Fahrt“ in ihre Fichtendecken eingeschrieben hatte, desto höher war ihr Ansehen. Manche von ihnen wurden nach und nach mit bunten Bändern am Hals verziert, andere ertrugen den eher ruppigen Stil jener Fahrtenromantik, bei der man sie zuweilen sogar zum Wasserschöpfen verwendete. Und auf diesen hart beanspruchten Instrumenten wurde dann doch gerne gespielt und diese Musik hat man genossen. Heute werden Wandergitarren aus jener Zeit im Internet für Preise ab etwa 200 Euro aufwärts gehandelt.

Die Frage ist also, wie und für welche Zwecke man sich ausstattet und welche Vorstellungen man von der Erhaltung des Instruments hat.

Unsere musikalische Reise begann mit den einfachsten Bariton-Modellen der portugiesischen Marke APC aus massivem Akazienholz, über deren Fertigungsniveau allerhand zu berichten wäre, wenn man es nicht bei dem Hinweis belassen will, daß es bessere Ukulelen gibt. Um herauszufinden, ob eine wirklich kostengünstige Ukulele auch richtig gut sein kann, haben wir eine „Manoa Tenor K-TE" der deutschen Firma GEWA einem gründlichen Test unterzogen. Der Verkaufspreis beträgt 105 Euro, dafür bekommt man eine Ukulele aus Sapelliholz mit matter Lackierung, Griffbrett und Steg aus amerikanischem Walnußholz, Sattel und Stegeinlage aus Kunststoff, offenen Winkelmechaniken, Aquila-Besaitung (Super Nylgut) sowie eine gepolsterte Tasche. Mindestens Decke und Boden sind aus Sperrholz, möglicherweise auch die Zargen, die übrigens direkt, ohne verstärkenden Verbindungsstreifen, angeklebt sind. Man kann also deutlich erkennen, daß es sich um ein Sparmodell handelt, um ein billiges Instrument – allerdings im besten Sinn des Wortes.

Denn diese Ukulele hat ausgesprochen gute, kräftige Bünde, sie ist weitgehend oktavrein, läßt sich gut stimmen und macht beim Spielen einigen Spaß, unter anderem auch aufgrund ihres hellen, leichten Klangs mit ausreichendem Nachklang. Den Vergleich mit der APC braucht sie nicht zu scheuen. Gegen eine teure Markenukulele geht diese hier wahrscheinlich zügig ein, auch weil ihr die unverkennbare Ausstrahlung eines chinesischen Massenprodukts entströmt und sie daher nicht so richtig zum Lieblingsinstrument taugt. Aber als robuster Begleiter wird sie zweifellos häufiger dabei sein als das teurere Exemplar. Ihr Klang macht einiges her, gegenwärtig wirkt sie zwar in nicht-linearer (rückläufiger) Stimmung ein bißchen zaghaft, jedoch dürfte eine tiefe G-Saite Abhilfe schaffen. Was richtig gut funktioniert, ist das saubere Greifen von Akkorden aufgrund der ausgeprägten Bünde, wogegen die Instrumente von APC nur mit sehr dünnen Bünden bestückt sind. Auch fällt die Steigung der Stegeinlage auf, welche die Saitenlage zur G-Saite hin erhöht. Bei nicht-linearer (rückläufiger) Stimmung ist das Unsinn, aber falls man auf linear (mit tiefer G-Saite) umsteigt, erweist sich das als vorteilhaft.

Wenn Sie sich ein ähnliches Instrument mit etwas mehr Individualität ansehen wollen, empfiehlt sich dafür die Palau-Serie des deutschen Herstellers RISA. Diese Ukulelen werden in China auf recht hohem Niveau gefertigt und haben einen gewölbten Boden sowie auf der Schalldecke eine gelaserte Künstlerzeichnung. Und mit dem Kauf einer Palau-Ukulele unterstützen Sie ein Hilfsprojekt. Interessant sind auch die APC-Tenorukulelen aus Eukalyptus und Eiche: Sie machen mit ihrer hellen Farbe schon optisch einiges her und sind solide verarbeitet, wenn auch nicht auf kunsthandwerklichem Niveau. Da jedoch die Qualitätskontrolle bei APC nicht die ambitionierteste ist, verbindet sich mit dieser Marke ein gewisses Risiko. Überraschend gute, sehr günstige Ukulelen werden in verschiedenen Größen und Varianten unter der Bezeichnung X1 der Marke Enya angeboten. Diese Instrumente bestehen aus hochdichtem Laminat (HPL), wie es auch von der Firma Martin verwendet wird, und sie können es klanglich mit deutlich teureren aufnehmen. Hinzu kommt, daß dieses Material nicht so empfindlich gegenüber Witterungsschwankungen ist. Es gibt also durchaus interessante Möglichkeiten, sich mit bewußt begrenztem Mitteleinsatz eine ordentliche und brauchbare Ukulele zu kaufen.

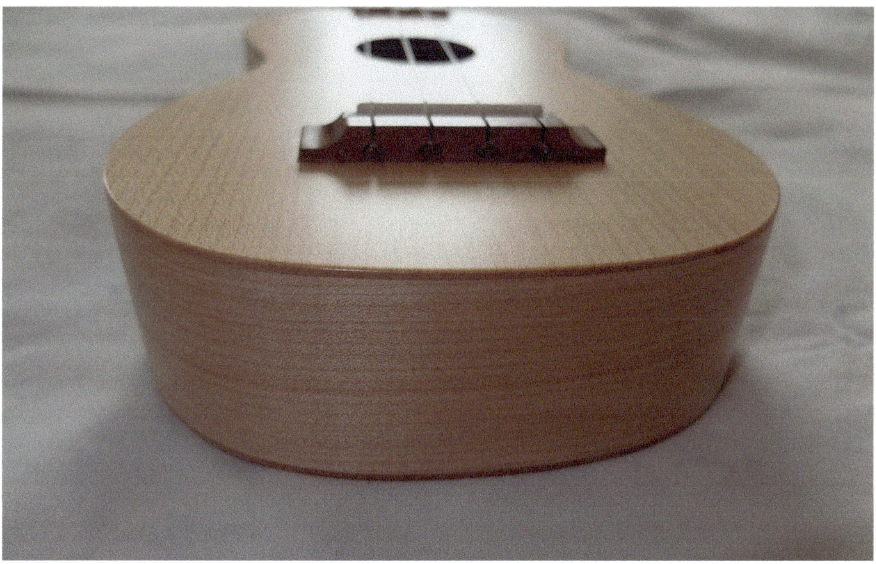

Welche Größe ist die richtige?

Um sich mit dieser Frage auseinanderzusetzen, sollte man das folgende Zitat von Samantha Muir kennen:

„Die Ukulele hat mehr mit der fünfchörigen Barockgitarre und der vierchörigen Renaissancegitarre gemeinsam als mit der modernen Gitarre. Diese alten Instrumente waren auch deutlich kleiner als die moderne Gitarre. Sobald Sie diese Ähnlichkeit erkennen, öffnet sich eine Welt voller Möglichkeiten und Sie finden mehrere hundert Jahre Musik, die es zu erforschen gilt. Wer hat gesagt, daß die Ukulele begrenzt ist?“[9]

Wir kannten diesen Zusammenhang nicht, und deshalb erschien es uns zunächst wenig plausibel, bei der Wahl der Ukulelengröße von der kleinen Sopran auszugehen, nur weil sie vermeintlich am weitesten verbreitet ist (und derjenige, der sie empfiehlt, so sehr an sie gewöhnt ist). Wir sahen das so: Dieses kleine Ding ist zwar die Ukulele „an sich“, es bringt aber alle Nachteile seiner kleinen Dimensionierung mit und wurde deshalb schon bald nach seiner Entstehung durch größere Varianten ergänzt: Sie klingt wie ein Eierschneider, das Griffbrett ist viel zu eng und Resonanz gibt es auch nicht. Rein vernunftmäßig sollte es doch richtig sein, am anderen Ende der Skala anzufangen – bei der Baritonukulele, die etwa so groß ist wie eine kleine Kindergitarre. Auf ihr kann man noch ernsthaft, also im Sinne der Gitarre, Musik machen (die Rede ist hier von gezupften ein- und mehrstimmigen Sätzen, „Fingerstyle“ und Arpeggios). Das geht auch noch auf der nächstkleineren Größe, der Tenorukulele, aber hier wird es bereits eng, wogegen manche Griffe jetzt sogar besser gehen, weil man die Finger nicht so ausstrecken muß. Noch kleiner ist die Konzertukulele, und ab hier, so meinten wir, werden die spieltechnischen Möglichkeiten immer weiter eingeschränkt. Wir werden gleich einräumen, daß dies ein Irrtum war.

9 https://iloveclassicalukulele.com/2018/01/13/why-i-play-the-ukulele

Vergleicht man die Baugrößen der Ukulelen mit denen der Konzertgitarren, so liegt schon die Bariton unterhalb der ½-Gitarre, die für Kinder im Alter von 5 bis 9 Jahren oder mit einer Körpergröße von 1,20 bis 1,40 m gedacht ist. Die Tenor ist deutlich kleiner als eine ¼-Gitarre (4 bis 7 Jahre) und Konzert, Sopran und Sopranino sind kleiner als eine 1/8-Gitarre. Das sind die Fakten. Aber wo liegt der Fehler?

Er liegt ganz einfach da, wo er auch liegen würde, wenn man David Garrett fragen würde, wieso er sich ein Miniatur-Cello an die Wange drückt. Es sind eben verschiedene Instrumente, sie werden auf verschiedene Arten gespielt und daher gelten auch unterschiedliche Regeln. Wenn man noch kurz beim Cello bleibt, gibt es eine Überraschung, mit der sich die verschiedenen Möglichkeiten mehrerer Baugrößen ganz gut zeigen lassen: Denn zur Zeit von Johann Sebastian Bach spielte man auch eine kleine Variante dieses Instruments, nämlich das Violoncello da spalla, und zwar umgehängt! In Johann Gottfried Walthers „Musicalischem Lexicon" von 1732 werden die Vorzüge erklärt: „… worauf man leichtere Arbeit als auf den großen Maschinen allerhand geschwinde Sachen, Variationes und Manieren machen kan; insbesonderheit hat die Viola di Spala oder Schulter-Viole einen großen Effect beim Accompagnement, weil sie starck durchschneiden und die Töne rein exprimiren kann. Sie wird am Bande an der Brust befestigt, und gleichsam auf die rechte Schulter geworfen, hat also nichts, das ihre Resonanz im Geringsten aufhält und verhindert …".[10]

Abgesehen von ihrer Wendigkeit und ihrem charakteristischen Klang haben die kleineren Bauformen der Ukulelen auch eine bestimmte, eigene Tradition. Es ist nicht falsch, sich ihnen von der Baritongröße her zu nähern, aber es ist in gewisser Weise ignorant. Aber ist dann die Soprangröße richtig? – Ebenso viel, ebenso wenig. Jede Größe hat auf der einen Seite Vorteile und auf der anderen Seite Nachteile. Die Aufgabe liegt darin, das zu wählen, was für einen selbst die besten Möglichkeiten bietet. Über kurz oder lang wird dann sicher noch eine weitere Größe hinzukommen.

---

10 https://www.concerti.de/vermischtes/violoncello-da-spalla-ein-cello-zum-umhaengen/

Aber welche? Samantha Muir hat die Frage, wieso es drei Größen gibt, die jedoch gleich gestimmt sind, als Tabu bezeichnet. Die Geschichte der Ukulele beginnt mit der Soprangröße, und später hat man größere Modelle mit mehr Klangvolumen und etwas großzügigeren Platzverhältnissen gebaut. Diese Entwicklung verlief parallel zur steigenden Nachfrage nach einer gewissen Lautstärke, schließlich gab es noch keine elektrische Verstärkung. Man sollte sich dabei auch vergegenwärtigen, daß die Ukulele zunächst und recht lange als Rhythmusinstrument verwendet wurde, genauso wie ihre Vorläufer Cavaquinho und Braguinha. Es ist eine naheliegende Annahme, daß die Entwicklung hin zu größeren Modellen auch mit dem Melodiespiel zu tun haben könnte (hierauf deutet die Bezeichnung „Tenor" hin, mit der ja nicht die Tonhöhe gemeint ist, da die kleineren Ukulelen „Standard" und „Konzert" hießen). Ernest Ka'ai, der bereits Anfang des 20. Jahrhunderts das virtuose Chord-Melody-Spiel unterrichtet und seine Grundlagen publiziert hat, riet dringend davon ab, den Ukulelenhals auf die Handfläche oder in den Bogen zwischen Daumen und Zeigefinger zu legen. Wir erklären weiter unten, was daran schlecht ist. Die richtige Spielhaltung ist aber nur möglich, wenn der Spieler den Hals seines Instruments nicht festzuhalten braucht. Dafür muß er die Ukulele auf der anderen Seite, am Korpus, mit dem Arm einklemmen, und dies geht mit manchen Baugrößen besser als mit anderen. Die Wahl der richtigen Größe ist daher auch für das Erreichen der richtigen Spielhaltung wesentlich.

Weil landläufig mit der Ukulele die kleine Sopranukulele assoziiert wird, orientieren sich viele bei ihren ersten Erkundungen an ihr. Neulingen wird häufig zur Soprangröße geraten, weil sie vermeintlich am weitesten verbreitet ist. Von der Bariton-Größe mit ihrer etwas suspekten Stimmung wird Anfängern sogar abgeraten. Das hängt mit dem „Ukulelenklang" zusammen, und von Sopran bis Bariton nimmt er deutlich ab, während gleichzeitig der gitarrenähnliche Klang zunimmt. Wer die Ukulele kennt und empfehlen will, der orientiert sich an ihren tradierten Eigenschaften, und zu denen gehört es eben nicht, den Klang einer Gitarre nachzubilden. Wenn man die Dinge jedoch von der Gitarre her angeht, kommt man zu einem ganz anderen Ergebnis, und deshalb raten gerade Lehrer, die selbst eigentlich Gitarrenspieler sind, eher zur Tenorgröße. In Ukulelenforen kann man lesen, daß auch Spieler, die zunächst zu Tenor tendierten, mittlerweile die Konzertgröße bevorzugen und empfehlen. Auf die deutlichen Unterschiede in der Saitenspannung wird dabei nicht hingewiesen, aber sie sind entscheidend dafür, wie gut der Einstieg auf dem Instrument gelingt. Die kleine Sopran-Ukulele hat die geringste Spannung, sie spielt sich deshalb am angenehmsten. Auch wir kamen über die großen Modelle (zuerst Bariton, dann Tenor) zur Ukulele, die aber etwas anderes ist als eine kleine Ersatzgitarre, nämlich ein eigenständiges Instrument mit besonderen Vorzügen, die man am ehesten in der Konzert- und der Soprangröße findet. Probieren Sie irgendeinen klassischen Zupfsatz aus und Sie werden die kurzen Wege auf dem Griffbrett nicht mehr missen wollen.

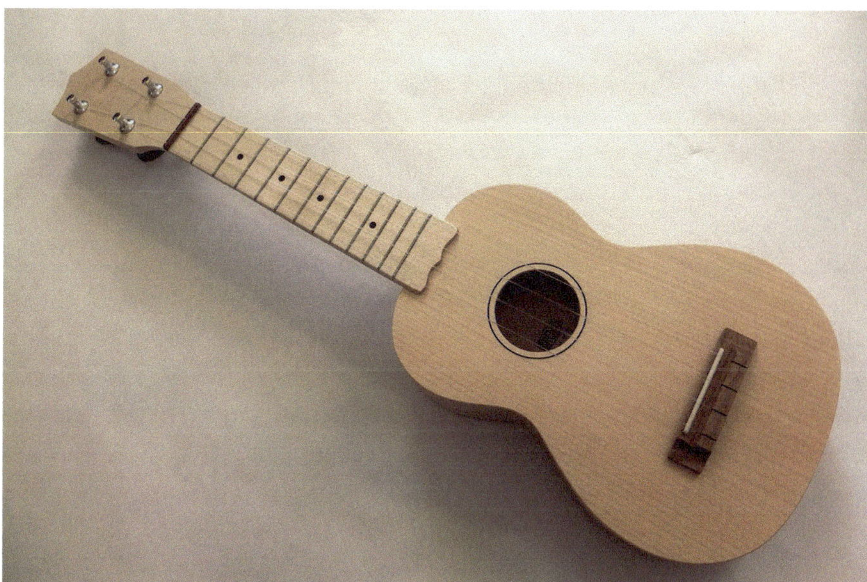

Mit jeder Verkleinerung wird alles ein bißchen enger. Manche Akkorde lassen sich dann schwieriger greifen, andere hingegen leichter. Wie auf der übrigens äußerst lesenswerten Seite www.gotaukulele.com erklärt wird, ist die Verkleinerung der Bundabstände kein wesentliches Hindernis. Weit wichtiger ist die Sattelbreite. Wenn das Griffbrett also einigermaßen breit bleibt, dann passen auch bei der Soprangröße alle Finger an ihren Platz. Das leuchtet ein, weil es ja auch bei größeren Varianten in den höheren Lagen engere Bundabstände gibt und sich darüber auch niemand beschwert. Außerdem müssen ja nicht alle benötigten Finger zwischen die Bundstäbchen gesetzt werden, sondern können, wenn man etwa im sechsten Bund greift, gut und gerne über den fünften Bund hinausragen. Für manche Akkorde, vor allem solche mit vier Fingern, wird man sich eine neue Griffweise angewöhnen. Wer von der längeren Mensur kommt, wird es sehr schätzen, daß jetzt die Wege sehr viel kürzer sind. In diesem Zusammenhang spielt also die Breite des Sattels eine wichtige Rolle. Ob man die Akkorde sauber greifen kann und insgesamt genug Platz hat, hängt eher davon als vom Bundabstand ab. Bei der Sopranukulele muß man präzise und sauber greifen, sonst landet man im falschen Bund.

Zweitens ist für einen runden, vollen Klang eine bestimmte Größe des Resonanzkörpers maßgeblich. Daher wird der Klang einfacher und billiger Ukulelen bei abnehmender Korpusgröße immer schwächer und dürftiger. Es ist überhaupt nicht nachvollziehbar, wieso man sich über die Klangeigenschaften von Saiten und Lackschichten die Köpfe heiß redet, dabei aber gar nicht merkt, welche Einschränkungen man sich mit der Wahl eines kleinen Ukulelenmodells eingehandelt hat. In den Foren wird dieser Klang als „ukelig“ bezeichnet, aber manchmal ist das nur eine Beschönigung für diesen pappigen Ton ohne Tiefe, der erheblich dazu beigetragen hat, daß dieses Instrument oft nicht für voll genommen wird. Schon zwischen der Bariton- und der Tenorgröße sind die Unterschiede ganz deutlich zu erkennen. Den „echten“ Ukulelenklang bei der Soprangröße gibt es aber doch – und hier zeigt sich, was man in der höheren Preisklasse bekommt. Die Ukulelen der japanischen Marke Kiwaya zählen zu den besten überhaupt, sie sind sehr leicht und resonant, dabei auch perfekt eingestellt. Wenn man auf ihnen irgendeine Schlagtechnik ausprobiert, bekommt man sofort einen lebhaften Eindruck davon, was für ein kräftiger, harmonischer Gesang aus so einem Instrument kommen kann. Und den gibt es auch in weniger herausfordernden Preislagen, wenn man sich die

Mühe macht, ein paar gute Marken zu vergleichen. Sehr gut klingen die deutlich günstigeren Millar-Ukulelen aus Taiwan.

Wer noch einen Schritt weitergeht, landet bei der Tenorgitarre. Sie ist etwa so groß wie eine ¾-Konzertgitarre, hat aber nur vier Saiten und kann deshalb so gestimmt und gespielt werden wie eine Ukulele. Allerdings stehen ihre Bünde am Halsende noch weiter auseinander und das Griffbrett ist bei manchen Modellen auffallend schmal, weshalb man sie vor der Anschaffung unbedingt gründlich ausprobieren sollte. Interessante Exemplare, die sich in etwa wie eine Bariton spielen lassen, sind von Pono unter der Bezeichnung BN-1 in verschiedenen Holzkombinationen erhältlich. Sie dürften auch für Gitarristen ziemlich interessant sein. Anfänger, die nicht unbedingt die Klangfülle so eines großen Instruments brauchen, können sich aber das Geld sparen.

Unter den Ukulelen ist die Soprangröße der traditionelle Klassiker, die Ukulele schlechthin. Das heißt allerdings nicht, daß jeder hier beginnen sollte. Es kommt immer darauf an, wie man mit den eigenen Händen auf dem Griffbrett zurechtkommt. Wer die Konzertgitarre gewohnt ist, der wird wahrscheinlich mit der Baritongröße gut zurechtkommen. Neben der Dimensionierung ist auch die Saitenspannung ein ganz wichtiger Punkt. Die Greifhand muß die Saiten niederdrücken, der Kraftaufwand ist bei kleineren Bundabständen etwas höher als bei größeren. Bei höherer Saitenspannung ist das Drücken etwas beschwerlicher, vor allem am Anfang, und Anfänger drücken meist auch zu fest. Viele Hersteller bieten die gleichen Saiten für Konzert- und Sopran-Ukulelen an, auch Tenorsaiten unterscheiden sich kaum davon. Weil auf einer kleineren Ukulele die Mensur kürzer ist, kann die gewünschte Tonhöhe nur mit geringerer Spannung erreicht werden. Tatsächlich ist der Saitenzug bei der Tenor annähernd doppelt so hoch wie bei der Sopran. Die höhere Spannung ist bei den größeren Modellen wichtig für Klang und Spielbarkeit, aber sie verlangt dem Spieler eine Eingewöhnung ab, die auf der Soprangröße viel angenehmer ist. Das ist das wichtigste Argument für die Sopran-Ukulele! Aber gehen wir sie einmal der Reihe nach durch:

Die kleine Sopran kennt man auf Hawaii landläufig als „Standardukulele", und damit begann die Geschichte dieses Instruments gegen Ende des 19. Jahrhunderts. Ihre kleine Dimensionierung ist gewöhnungsbedürftig, gestimmt wird sie traditionell rückläufig auf ADF#H (D-Stimmung) oder GCEA (C-Stimmung). Ihre Mensurlänge beträgt 350 mm. Eine kleinere Variante ist die Sopranino mit 280 mm.

„Für mich muß eine Sopranukulele ein paar Dinge tun, die über das reine Spielen hinausgehen", schreibt Barry Maz auf www.gotaukulele.com über die Martin S1. „Sie sollten hell, bissig, druckvoll sein und fast bellen. Traditionell ist die Sopran eher ein rhythmisches Instrument und sie braucht Biß, damit das gelingt. Wenn Sie ein nudelndes, melodisch weiches Instrument wollen, sollten Sie meiner Ansicht nach eine Tenor wählen. Eine Sopran sollte einem wie eine Ohrfeige ins Gesicht gehen!"[11] Der Vorteil der kleineren Version zeigt sich also vor allem beim Akkordschlagen und rhythmischen Begleiten, und da fallen einfache, billige Ukulelen schnell ab. Auch Melodien und komplexe Zupfsätze können auf der Sopran gut gespielt werden.

Die Vorteile:
- eigenständiges Instrument in klassischer Dimensionierung
- typischer Klang
- alle Akkorde sind leicht zu erreichen
- Saitenspannung ist angenehm für die Greifhand

Die Nachteile:
- für viele sind die Platzverhältnisse etwas eng
- kaum mehr als 12 Bünde
- der hohe und luftige Klang eignet sich nicht für alles
- die kleine Größe wirkt zuweilen etwas unernst
- nicht gut zu halten

---

11 https://www.gotaukulele.com/2017/04/martin-s1-soprano-ukulele-review.html

Die Konzertukulele tauchte erst deutlich später auf, als sich bereits große Firmen des Ukulelenbaus angenommen hatten. Die Firma Martin baute Konzertukulelen ab 1925 – wie es dazu kam, lesen Sie etwas weiter unten. Mit einer Mensurlänge von 385 mm und etwas größerem Korpus bietet sie dem Spieler etwas mehr Bequemlichkeit und dem Publikum etwas mehr klangliche Fülle. Wenn auf der etwas längeren Mensur mehr Bünde untergebracht werden, ergibt sich daraus auch eine Erweiterung des Tonumfangs und damit der spielerischen Möglichkeiten. Dies dürfte diesem Modell den Namen Konzert eingetragen haben. Diese Baugröße ist bei den Qualitätsherstellern die beliebteste. Zuweilen wird die Konzertgröße als „Kompromiß“ zwischen Sopran und Tenor bezeichnet, was aber an der Sache völlig vorbeigeht. Tatsächlich gab es zunächst die Soprangröße und dann das größere Modell, die Konzert. Tenor kam später.

Die Vorteile:

- „größere“ Standardukulele und damit auch noch klassisch mit typischem Klang
- mehr Platz, auch komplexe Akkorde sind gut zu erreichen
- manche Modelle haben einige Bünde mehr
- vollerer Klang, die „bessere“ Standardukulele

Die Nachteile:

- für manche Spieler noch immer zu eng
- die Größe wirkt optisch auch noch bescheiden
- die Greifhand spürt die höhere Saitenspannung
- nicht gut zu halten

Sopran und Konzert, die „eigentlichen“ Ukulelen, überzeugen durch eine besondere Klangcharakteristik, die man bei den größeren Modellen nicht mehr findet. Sie fordern mehr Präzision beim Greifen der Akkorde, belohnen den Spieler dafür aber mit der leichten Erreichbarkeit bestimmter Akkorde, für die man auf den längeren Mensuren ganz schön die Finger spreizen muß. Wenn Sie wirklich Ukulele lernen wollen: Hic Rhodos, hic salta!

Noch etwas später, Ende der zwanziger Jahre, tauchte die Tenorukulele auf, ihre Mensurlänge beträgt 430 mm. Bei ihrer Entstehung kann der Wunsch der Spieler nach „etwas mehr“ eine Rolle gespielt haben, auf der technischen Seite liegt aber ihr besonderer Vorteil darin, daß sie linear in GCEA gestimmt werden konnte, also mit tiefer G-Saite. Damit wurde der Ukulelen-Pfad verlassen und die Verbindung zur Gitarre hergestellt. Wer Gitarre spielen konnte, konnte damit ganz einfach umsteigen.

Die Vorteile:
- Tenor wird von einigen als „am ehesten Instrument“ bewertet
- großzügige Platzverhältnisse mit ausreichend vielen Bünden
- soliderer Klang
- kann gut gehalten werden
- angenehme Größe
- kann auch linear gestimmt werden
- guter Kompromiß für das Melodiespiel

Die Nachteile:
- klanglich eher Gitarre als Ukulele
- zum Rhythmusspiel weniger gut geeignet als die kleineren Ukulelen (kein Biß)
- spürbar hohe Saitenspannung

Die Baritonukulele schließlich tauchte in den vierziger Jahren auf, sie geht eigentlich eher auf die (viersaitige) Tenorgitarre als auf die Ukulele zurück, mit der sie auch klanglich nicht mehr viel gemein hat. Ihre Stimmung in DGHA entspricht den Diskantsaiten der Gitarre. Ihre Mensurlänge beträgt 515 mm. Für diejenigen, die sich an kleinere Ukulelen gewöhnt haben, ist sie zunächst etwas groß, aber gegenüber einer Gitarre ist sie ziemlich klein. Sie hat etwa das Format einer handlichen Wander- oder einer Kindergitarre, man kann sie gut halten und ihr Griffbrett macht kleineren und größeren Händen keine Schwierigkeiten. Durch den ausreichend dimensionierten Korpus und ihre nicht zu kurze Mensur entwickelt sie einen wunderbar vollen und differenzierten Klang, selbst billigere Baritonukulelen haben in dieser Hinsicht einen deutlichen Vorteil gegenüber kleineren Modellen. Wer die etwas tiefere Stimmung nicht möchte, kann sich andere Saiten besorgen und der Ukulele damit den Klang einer Tenor-Größe verleihen, auch in nicht-linearer (rückläufiger) Stimmung. Noch höher wird der Klang durch die Verwendung eines Kapodasters. Eine Baritonukulele kann das Instrument zum Lernen und Spielen sein, man kann sie für jeden musikalischen Zweck einsetzen, auf Reisen mitnehmen oder neue Musikideen darauf entwickeln. Im Ensemble wird eine Bariton-Größe immer willkommen sein, weil sie nicht weit verbreitet ist. Wer kleinere Ukulelen gespielt hat, schreibt der Baritonukulele einen andersartigen Charakter zu. Sie steht tatsächlich der Gitarre näher als der Ukulele. Für klassische Zupfsätze ist sie nicht so recht geeignet, weil die Bünde arg weit auseinander liegen und die lineare Stimmung bestimmte Nachteile hat.

Die Vorteile:
• besonders voller und solider Klang
• für Gitarristen sofort spielbar
• abweichende Stimmung
• betontes Spiel
• gut zu halten
• die größeren Bundabstände sind in manchen Fällen vorteilhaft

Die Nachteile:
• „keine Ukulele"
• manche Akkorde sind schwierig zu greifen

Auch in anderer Hinsicht wurde die Ukulele weiterentwickelt. Traditionell ist sie ein Instrument, das mit Darmsaiten (oder später Nylon) bespannt wurde. Sie wurde so konstruiert, daß der Hals auf der Höhe des 12. Bundes am Korpus angesetzt ist und der Steg an der breitesten Stelle des unteren Korpusbogens liegt. Dort ist die Übertragung der Saitenschwingungen auf die Decke am besten, was zu einem kräftigen und ausgewogenen Klang führt. Doch weil Darmsaiten teuer waren, kamen einige Spieler auf die Idee, ihre Instrumente mit Draht zu bespannen, woraus sich ein ganz neuartiger Klang ergab. Die Stahlsaitengitarre war laut genug, eine Versetzung des Sattels in Richtung Schalloch zu verkraften, weshalb man nun den Hals um zwei Bünde „herausziehen“ konnte. Dadurch ließen sich höhere Töne erreichen und die Idee wurde auch für die Ukulele übernommen. Klanglich und optisch ist eine Ukulele mit Halsansatz am 12. Bund im Vorteil, spieltechnisch eine mit dem 14. Bund, allerdings ist dieser Unterschied nur sehr gering. Traditionalisten und Ästheten werden die ältere Variante vorziehen, allerdings trifft man meist auf Instrumente mit Ansatz am 14. Bund, auch im höheren Preisbereich. Übrigens können Sie mit diesem Thema jedem Händler auf den Zahn fühlen, denn wenn er sich auskennt, kann er Ihnen den Sachverhalt erklären.

Für welche Größe man sich entscheidet, hängt nicht nur mit der Mensurlänge zusammen, sondern vor allem mit der Breite des Griffbretts, denn sie ist ausschlaggebend für den Platz, den man beim Greifen hat. Auch das Halsprofil spielt dabei eine wichtige Rolle. Weil dies alles zur individuellen Hand und Spielweise passen muß, sollte man eine Ukulele vor dem Kauf wirklich eine Weile spielen. Daher ist der Weg zum örtlichen Musikgeschäft eigentlich unvermeidlich. Bei der Auswahl des Instruments sollten Sie stets auch die Breite und das Profil des Halses berücksichtigen. Eine Breite des Griffbretts von 3,5 bis 3,8 cm ist für die meisten Benutzer völlig in Ordnung. Es gibt auch Ukulelen mit etwas breiterem oder etwas schmalerem Griffbrett. Davor braucht man sich jedoch nicht zu scheuen, denn es kommt vor allem auf den Abstand der beiden äußeren Saiten zueinander an. Das heißt: Auf einem etwas schmalerem Griffbrett können die Saiten durchaus so verteilt sein, daß man darauf genauso spielen kann wie auf einem anderen, breiteren. Ein weiterer wichtiger Punkt ist die Form und Stärke des Halses. Hier gibt es verschiedene Formen, bei denen man mal mehr und mal weniger in der Hand hat. Manche Hälse sind relativ flach, andere etwas dicker. Darüber sollte man sich genau informieren und die Ukulele nach Möglichkeit vor dem Kauf ausprobieren. Allerdings lassen sich Halsprofile mit einer Schieblehre ausmessen, so daß man sie miteinander vergleichen kann. Es kann auch sehr helfen, den Händler darauf hinzuweisen, daß man mit einem bestimmten Modell gut zurechtkommt. Er kann dann wahrscheinlich sagen, welches Instrument ein ähnliches Halsprofil aufweist. Breite und Form des Halses sind sehr wichtig für ein gutes Voranschreiten beim Lernen des Instruments. Wenn der Hals nicht zur Hand paßt, gewöhnt man sich an eine falsche Haltung oder eine verkrampfte Spielweise.

Falls Sie einen Anstoß für Ihre Entscheidung bekommen möchten, so wäre unsere Empfehlung die Konzertgröße als Universalinstrument. Sie ist eine waschechte Ukulele, dabei etwas großzügiger geschnitten als die Sopran, und Sie werden dieses Modell immer wieder gebrauchen können. Wenn Sie hingegen eine einfacher zu spielende Gitarre suchen, dann wäre die Baritongröße passend, allerdings sind verschiedene Akkorde auf der Tenorgröße leichter zu greifen. Die Tenor bietet jenen, die sich mit klassischen Zupfsätzen befassen wollen, einen sehr guten Zugang. Sie klingt voll und resonant, und ihr Griffbrett ermöglicht ein schnelles und präzises Greifen. Sehr interessante Zwischengrößen werden mit der Bezeichnung „Longneck“ angeboten: Es gibt Sopran-Longneck mit Konzert- oder sogar Tenormensur (die erstaunliche Ohana SK-30L) und die Tenor-Ukulelen von Brüko haben in der Standardausführung einen Konzert-Korpus. Dadurch kommt man zu einem vielleicht vorteilhafteren Griffbrett, bleibt jedoch trotzdem bei der gewünschten kleineren Korpusgröße. Wer sich also zwischen etwas größeren Bundabständen wohler fühlt, braucht dafür nicht gleich das größere Modell zu wählen.

Interessante Sonderformen: Achtsaitige Ukulelen und Taropatch

„Profis“ werden uns widersprechen, wenn wir auch und gerade dem Einsteiger eine achtsaitige Ukulele nahelegen. Tatsächlich ist sie aber so begeisternd und vielseitig, daß man sie auch und gerade als Erstinstrument sehr gut verwenden kann. Denn beim Strummen vermitteln acht Saiten eine spektakuläre Tiefe und Fülle und das motiviert stark zum Weiterspielen. Puristen räumen mit Recht ein, daß man das Spiel auf der Ukulele zuerst einmal mit vier Saiten lernen sollte. Anfänger beklagen, daß die Doppelsaiten schwierig zu drücken sind und daß ihnen bald die Fingerkuppen wehtun. Das stimmt, und dafür nehmen wir einfach die anderen vier Saiten herunter und haben dann einen großzügigen Saitenabstand, mit dem die Griffe eben auch etwas leichter sind. Achtsaitige Ukulelen können außerdem in verschiedener Weise besaitet werden (linear, rückläufig, oktaviert oder doppelchörig). Man kann auch nur die vierte Saite oktavieren und die anderen einzeln lassen. Hier gibt es also zahlreiche Variationsmöglichkeiten für später.

Das Spielen auf Saitenpaaren anstelle einzelner Saiten ist Gewöhnungssache. Wichtig ist allerdings, sich Klarheit über die gewünschte Stimmung zu verschaffen und alle Saitenpaare wirklich sauber zu stimmen! Was die Größe betrifft, ist sowohl Konzert als auch Tenor absolut geeignet für Anfänger wie auch Fortgeschrittene. Schaffen Sie beispielsweise eine achtsaitige Tenorukulele wie das etwas weiter unten vorgestellte Modell V2-T8 von Baton Rouge an, so wäre später eine viersaitige Sopran eine sinnvolle Ergänzung (oder andersherum).

Achtsaitige Ukulelen kamen schon sehr früh in Gebrauch. Eine wirklich spannende und dabei traditionsreiche Sonderform der Ukulele ist das Taropatch. Der geheimnisvolle Name bedeutet „Taro-Beet“ und bezieht sich auf den auf Hawaii seit etwa tausend Jahren gebräuchlichen Anbau der Taropflanze (*Colocasia esculenta*). Die Bezeichnung dürfte auf die Verwendung dieses Instruments bei der Feldarbeit zurückgehen, denn es hat einen lauteren, volleren Ton und eignet sich deshalb für das Musizieren im Freien besser als die Soprangröße. Das Taropatch ist der älteste Abkömmling der Ukulele, es wurde bereits Ende des 19. Jahrhunderts hergestellt. Die Firma Martin baute solche Instrumente erstmals 1916, wenige Monate nach ihren ersten Sopranukulelen. Die Stimmung des Taropatch entspricht der einer Sopranukulele, allerdings sind alle Saiten gedoppelt, jedes dieser vier Paare klingt also doppelchörig. Das neue Instrument war auch etwas größer. Die Saitenpaare müssen sehr genau gestimmt werden, damit man den typischen doppelchörigen Klang erzielt – Abweichungen und Schwebetöne sind hier unerwünscht. Das Taropatch war mit acht herkömmlichen Geigenwirbeln ausgestattet, mit denen das exakte Stimmen sehr mühsam war. Man vermutet, daß es sich deshalb nicht durchgesetzt hat. Allerdings eröffnete es die Entwicklung einer anderen Variante, nämlich der Konzertukulele.

Schon ab 1919 baute Martin nämlich auf Kundenwunsch vierseitige Taropatches, und ab 1925 fanden sie sich auch offiziell im Produktprogramm dieses Herstellers – nun unter der Bezeichnung „Concert". Martin beschrieb dieses Instrument als „eine große Ukulele mit einem Ton von großer Tragweite".[12] Aber das Taropatch hat auch heute seine begeisterten Anhänger. Der ganz spezielle Klang dieses Instruments, hervorgerufen durch die doppelchörigen Saiten, hat seinen besonderen Reiz. Man kann darauf praktisch genauso spielen wie auf einer normalen Konzertukulele, nur drückt man jeweils ein Saitenpaar, wo man sonst nur eine Einzelsaite drücken würde. Alle Töne, Akkorde, Harmonien usw. bleiben gleich.

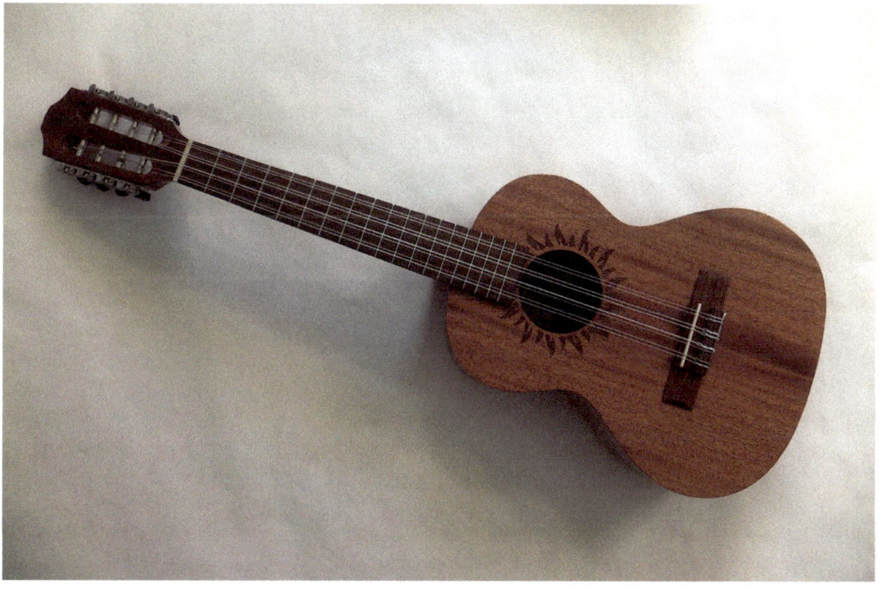

12 https://ukulelemagazine.com/stories/great-ukes-martin-taropatch

Eine Variation ist die achtsaitige Ukulele, die es heute in verschiedenen Größen gibt, nämlich Konzert, Tenor und Bariton. Sie ist genauso aufgebaut, allerdings sind die dritte und die vierte Saite oktaviert – lediglich die vierte Saite nach unten, die dritte hingegen nach oben. Das schafft ein gewisses Übergewicht der Höhen. Grundsätzlich kann man all diese Ukulelen auch wie ein Taropatch strikt doppelchörig besaiten. Hierfür sollte man jeweils exakt die gleichen Saiten verwenden, weil der besondere Reiz dieses Instruments in einem interferenzfreien Gleichklang der Saitenpaare liegt. Verschiedene Saiten haben meistens eine unterschiedliche Intonation, weswegen es dann beim Spielen in höheren Lagen zu unerwünschten Schwebetönen kommt. Achten Sie beim Kauf eines solchen Instruments auf möglichst gute Stimmechaniken! Man kann mit der Besaitung auch experimentieren, indem man jedes Saitenpaar zum Beispiel im Terzabstand stimmt.

Wir haben uns genauer mit der preisgünstigen achtsaitigen Tenorukulele „V2-T8 Sun“ der deutschen Marke Baton Rouge beschäftigt. Es lohnt sich sehr, sich im EU-Raum nach so etwas umzusehen, denn ein vergleichbares Instrument aus Großbritannien, Marke „Noah“, würde sich durch die Einfuhrabgaben extrem verteuern – zusätzlich zu dem Umstand, daß dieser Hersteller von Haus aus keine Mehrwertsteuer ausweist, die er beim Export in Abzug bringen könnte. Baton Rouge ist eine Marke, mit der das Ziel verfolgt wird, hochwertige Instrumente zu sehr günstigen Preisen anzubieten, und wenn man vom Preis auf die Qualität schließt, ist man hier definitiv auf dem Holzweg. Die Tenorgröße verbindet die Vorzüge der acht Saiten mit dem größeren Korpus und dadurch mit mehr Klangfülle, dabei sind die Platzverhältnisse auf dem Griffbrett dem einer Konzertukulele noch sehr ähnlich. Je nach Besaitung kann man damit, wie ab Werk, mit zwei gleichtönenden und zwei oktavierten Saitenpaaren spielen oder alles doppelchörig einrichten, wie es beim Taropatch der Fall ist.

Die Schalldecke ist dünn, fest und resonant, und daraus resultiert ein sehr üppiger, reicher Klangteppich, wobei Instrumente dieser Art vor allem beim Akkordschlagen in ihrem Element sind. Mit etwas Sorgfalt lassen sich die Saitenpaare aber auch zupfen. Immer werden dabei Töne erzeugt, die geradezu räumliche Tiefe mitbringen. Die Vorzüge des Campanella-Spiels lassen sich damit nochmals steigern. Es braucht nicht erwähnt zu werden, daß eine achtsaitige Tenorukulele natürlich auch lauter ist als eine herkömmliche, und sich dadurch auch für die Feldarbeit empfiehlt (Musikvorschlag: „Der fröhliche Landmann“ von Schumann). Wenn man einmal vergleicht, wieviel man für achtsaitige Tenorukulelen der Marken Kala, Lanikai, Noah oder – besonders teuer – Kiwaya anlegen muß, ist dieses Instrument ein echtes Schnäppchen. Der Witz daran: Denkbare materialbedingte Schwächen (Laminat) werden durch den geradezu korrumpierenden Klang der doppelchörigen Saiten einfach weggespült. Sympathisch ist auch, daß der Hersteller das Geld nicht in blinkenden Dekor steckt, sondern eben ins Instrument:

Das Griffbrett weist eine sehr feine konkave Wölbung auf, was man sonst oft erst in einer deutlich höheren Preisklasse bekommt. Die Bundstäbchen haben eine sehr feine radiale Wölbung, was ebenfalls bemerkenswert ist. Die Saitenlage ist sehr gut eingestellt, und offen gesagt: Das Instrument klingt aus der Schachtel heraus dermaßen gut, daß wir noch gar nicht auf die Idee gekommen sind, die Intonation zu überprüfen. Das paßt alles so, wie es ist. Die ganze Konstruktion wirkt sehr kompakt und solide, die Oberfläche ist völlig tadellos. Wir können dieses Instrument, gerade zu dem sehr günstigen Preis, uneingeschränkt empfehlen.

Damit gibt dieses Instrument ein beredtes Zeugnis von der Firmenphilosophie: Bereits in den frühen achtziger Jahren trug sich Gunther Reinhardt mit der Überlegung, wie er als Gitarrenlehrer seinen Schülern preiswerte, aber hochwertige Gitarren verschaffen könnte. Daraus entwickelte sich die Idee einer eigenen Gitarrenmarke. Innerhalb von zwei Jahrzehnten wurde daraus ein international tätiger Anbieter, der seine Instrumente in über 40 Länder verkauft. Bis heute besteht das Konzept darin, hochwertige und doch günstige Instrumente anzubieten. Damit richtet man sich bewußt an die Zielgruppe junger Musiker. Baton Rouge steht also ausdrücklich für Einsteigerinstrumente in dem Sinne, daß man für einen guten Einstieg eben auch ein gutes Instrument braucht.

Wer die Anschaffung eines Taropatch scheut, kann die doppelchörige Spielweise auch mit vier Saiten umsetzen, indem er einfach jeweils zwei gleiche Töne spielt. Das erfordert etwas Übung, klingt aber ebenfalls sehr reichhaltig. Mehr dazu lesen Sie im Kapitel über Spielweisen.

Die flache Bauart

Während herkömmliche Tenorukulelen manchmal wie ein Topf aussehen, kommen die flachen Modelle angenehm elegant daher. Wer im Internet mit dem Begriff „Thin-Line“ sucht, wird Instrumente finden, die nur noch halb so dick sind wie die üblichen. Bei ihnen wurde nicht nur der Korpus verkleinert, auch der Hals und die Kopfplatte wurden häufig angepaßt, um ein hübsches Gesamtbild zu erzeugen. Flache Ukulelen eignen sich sehr gut für die Reise, da sie im Auto oder Ferienquartier nur wenig Platz wegnehmen und selbst in einem großen Koffer oder Rucksack verstaut werden können. Auch auf einem Zeltlager oder einer Wanderung ist die flache Ukulele eine gute Wahl. Vorteilhaft – vor allem für Anfänger – ist auch, daß beide Hände näher am Körper sind, man sieht also mehr von dem, was gerade auf dem Instrument abläuft. Dem Spieler sollte aber bewußt sein, daß man etwas wenig in der Hand hat. Aus diesem Grund ist auch von flachen Sopranukulelen eher abzuraten. Im Endeffekt bleibt es aber Geschmackssache.

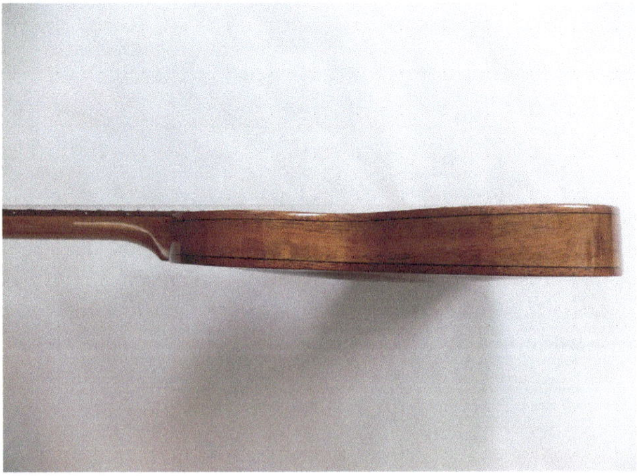

Kommen wir jetzt zu den klanglichen Eigenschaften, die eine flache Ukulele mit sich bringt. Erwähnenswert ist die Lautstärke, die im Vergleich zu herkömmlichen Ukulelen nicht irgendwie dumpf oder leiser, sondern voll und klar ist. Sie kommt allerdings mit etwas reduziertem Nachklang daher, was auf die schmälere Zarge zurückzuführen ist. Wir haben außerdem die Erfahrung gemacht, daß beispielsweise klassische Stücke, bei denen viele Einzeltöne gespielt werden, auf einer flachen Tenorukulele trotzdem – oder gerade wegen des reduzierten Nachklangs – sehr schön klingen. Mit den richtigen Saiten oder einer linearen Stimmung kann dem aber auch Abhilfe geschaffen werden, sodaß der Unterschied zur normalen Bauart nicht mehr hörbar ist.

Massivholz oder „Laminat"?

Teurere Ukulelen zeichnen sich auch dadurch aus, daß sie aus Massivholz gebaut sind. Etwas günstigere Ukulelen haben Böden und Zargen aus Laminat, bei noch billigeren ist auch die Schalldecke aus diesem Material. Die Wertschätzung, die man normalerweise dem Massivholz entgegenbringt, fußt auf der Vorstellung, daß Massivholz irgendwie besser sein muß, worauf ja schon diese Bezeichnung hindeutet. Außerdem leitet man gerne aus dem höheren Preis die Vorstellung klanglicher Vorzüge ab, was nicht ganz falsch, aber auch nicht zu generalisieren ist. Nicht zuletzt hat aber „Laminat" auch ein echtes Billig-Image, denn was wir landläufig darunter verstehen, kennen wir von billigen Fußböden und Küchenarbeitsplatten in Holzoptik. Dabei handelt es sich um ein sehr hartes Verbundmaterial aus Kunststoff mit einer darin eingebrachten bedruckten Papierschicht. Laminat ist sehr robust und pflegeleicht und wir wagen die Vermutung, daß sich daraus nicht die schlechtesten Schalldecken herstellen lassen sollten. Es gibt sehr gute Ukulelen von Firmen wie Martin oder Kiwaya, bei denen spezielle Laminate mit hervorragenden Eigenschaften verbaut werden. Hinzu kommt eine weitgehende Unempfindlichkeit gegenüber Witterungseinflüssen, was auf Reisen auch eine wichtige Eigenschaft ist.

Aber das, was man an einer Ukulele als Laminat bezeichnet, ist etwas anderes, nämlich Sperrholz, und so sollte es auch genannt werden. Manchmal werden solche Instrumente als „mit gesperrtem Boden" bezeichnet. Der Musiker und Händler Andreas David hat in seinem Verkaufsprogramm auch Ukulelen, die teilweise aus Laminat bestehen, und er sagt, daß es dann gut sein kann, wenn man es richtig macht. Damit ist vor allem gemeint, daß die hierfür zusammengeleimten dünnen Holzschichten sehr fest verpreßt werden. Sperrholz ist billiger als Massivholz, aufgrund der zueinander quer verlaufenden Faserrichtungen seiner einzelnen Schichten ist es viel unempfindlicher gegenüber Schwankungen der Luftfeuchtigkeit und der Temperatur. Einfaches, dickes Sperrholz hat nicht unbedingt klangliche Vorzüge. Bei den Zargen und Böden kann man das vernachlässigen, bei der Schalldecke kann sich so eine Platte durchaus ungünstig bemerkbar machen.

Aber Massivholz ist auch nicht automatisch die bessere Wahl. Das hat schon damit zu tun, daß viele der Hölzer, die für Schalldecken verwendet werden, strenggenommen gar nicht unter den Begriff „Klangholz" fallen. So gesehen, dürfte jenseits von Fichte und Zeder kaum noch etwas zu finden sein. Aber egal, aus Mahagoni, Akazie und Mango kann man wunderbare Ukulelen bauen, sogar Eichenholz wird dafür verwendet. Doch Holz ist nicht gleich Holz: Wie schnell oder langsam ist es gewachsen? Aus welchem Teil des Stammes kommt es? Ist es langsam getrocknet oder sehr schnell? Wird es mit Dampf und Druck in Form gepreßt oder wird seine Wölbung betulich herausgehobelt? Das sind alles Faktoren, die sich direkt auf den Klang auswirken, und deshalb klingt eine schlechte massive Fichtendecke nicht so gut wie eine gute Decke aus einem anderen Material. Es dürfte wichtiger sein, dem Hersteller vertrauen zu können, als dem Holz. Denn ein guter Instrumentenbauer hat ein Gefühl dafür, was die jeweilige Holzplatte bringen kann, und ambitionierte Werkstätten wie von Pono oder Brüko (um zwei ganz verschiedene zu nennen) wissen, wie man mit Holz umzugehen hat. Wenn eine billige Ukulele nur deshalb teurer wird, weil sie eine massive Fichtendecke hat, dann ist es immer noch eine billige Ukulele. Der Unterschied zwischen Handwerksarbeit und Fabrikproduktion wird hier ganz besonders deutlich: Der Handwerker arbeitet die Eigenschaften des Holzes heraus, während die Fabrik es auf standardisierte Eigenschaften hin zurichtet.

Die Frage, ob Massivholz oder nicht, muß im Zusammenhang mit dem Instrument als Ganzem gestellt werden. Beispielsweise sind die Ukulelen der portugiesischen Firma APC aus Massivholz, überwiegend aus Akazie, was besonders reizvoll ist, weil das Ukulelenholz schlechthin Koa ist, und Koa ist eine Akazienart. Aber die Ukulelen von APC verlieren einen guten Teil dieses Vorsprungs, weil sie recht kopflastig sein können und manchmal nachbearbeitet werden müssen. Ein von uns gekauftes Exemplar wies einen verzogenen Hals auf. Das kann ein Einzelfall sein, ist aber trotzdem ärgerlich. Stellt man eine Ukulele der Marken Kala oder Cordoba dagegen, bekommt man vielleicht mehr Laminat, aber möglicherweise bessere Qualität für sein Geld.

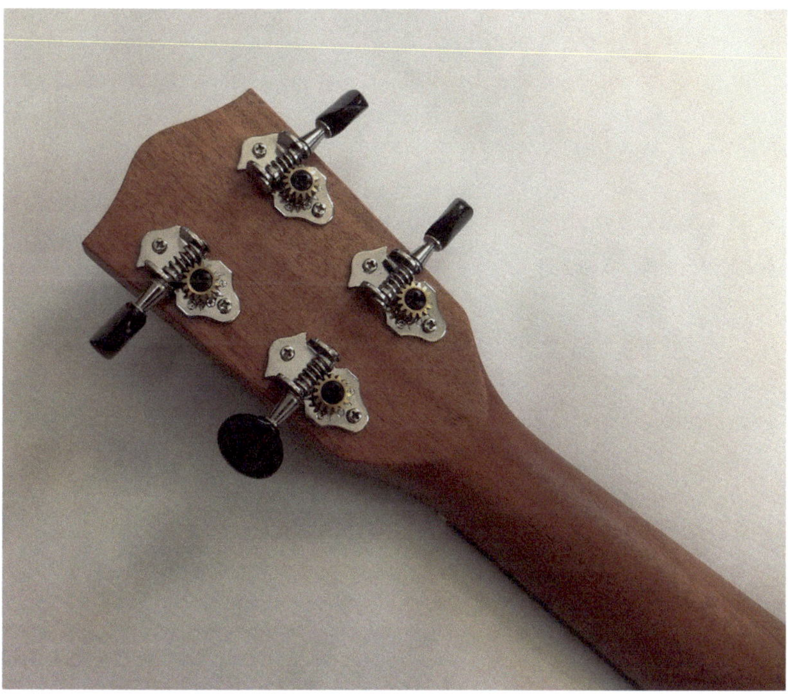

Ist die Holzart wichtig?

Nicht nur von den Herstellern wird eine Menge Tamtam wegen der verwendeten Holzarten gemacht, sondern fast noch mehr von den Benutzern selbst. Bei den schlichten Wandergitarren vor etwa hundert Jahren, die sich von ihrem Einsatzzweck her weitgehend mit unseren heutigen Ukulelen vergleichen lassen, war das eigentlich überhaupt kein Thema. Damals achtete man eher auf die Form und Größe, und für die Schalldecken setzten die Hersteller das dafür bewährte Holz ein – normalerweise Fichte. Heute entwickeln sich hitzige Diskussionen über Koa, Akazie, Mahagoni, Mango usw. Koa, einer auf Hawaii vorkommenden Akazienart, schreibt man den „typischen Ukulelenklang“ zu, dabei wird der viel mehr durch die Bauart und die spezielle, nicht-lineare (rückläufige) Besaitung der Instrumente erzeugt. Und dieses Holz wurde eben nur deshalb für Ukulelen verwendet, weil es zahlreich vorhanden war und sich ganz gut dafür eignete. Vielleicht auch, weil es das Klima auf Hawaii besser verträgt als Fichte, wer weiß. Das Thema kann man konsequent abkürzen: Als echtes Klangholz kann man strenggenommen nur Fichte ansprechen, danach kommt noch Zeder und das war’s eigentlich schon. Alle anderen Hölzer empfehlen sich vor allen durch ihre Optik. Wenn es um klangliche Eigenschaften geht, sind sie alle dem Fichtenholz unterlegen, und das sollte man auch deshalb bedenken, weil Ukulelen aufgrund ihrer oft recht kleinen Dimensionen sowieso klanglich herausgefordert sind.

Es gibt zwei Gründe, warum auch andere Schalldecken zu einem guten Klang führen können. Die wesentliche Voraussetzung dafür ist, daß das Instrument gut dimensioniert und geschickt gebaut ist, und der zweite Grund – eher eine fehlende Einschränkung – besteht darin, daß die Unterschiede im Klang zwischen den verschiedenen Hölzern eben auch nicht weltbewegend sind. Vor allem soll ja das Instrument schön und voll tönen und eine gewisse Resonanz aufweisen. Das ist prinzipiell mit allen möglichen Materialien denkbar, mal mehr und mal weniger. Das Nachklingen der Töne ist nicht unbedingt das wichtigste Kriterium, zuweilen ist etwas weniger davon sogar besser, weil dann Akkorde differenzierter wahrnehmbar sind. Ob jetzt eine Ukulele „wärmer“ oder „heller“ klingt, „direkter“ oder „runder“, ist eigentlich für den Amateur völlig unwesentlich. Denn weitaus entscheidender ist, ob die Intonation einigermaßen gut eingestellt ist, ob man die Töne richtig spielt, ob Tempo und Rhythmus passen, die Lautstärke gut und gleichmäßig ist und Fragen dieser Art. Deutliche Unterschiede ergeben sich auch durch die Verwendung verschiedener Saiten. Einerseits klingen auch sie „heller“ oder „wärmer“, andererseits machen sich umsponnene Saiten durch unangenehme Quietschgeräusche bemerkbar, die man dadurch vermeiden kann, daß man flach umsponnene Saiten verwendet.

Man kann also schon aus den Holzarten einer Ukulele wählen, aber man braucht sich dabei nicht von irgendwelchen Dogmen bezüglich des Klangverhaltens beeinflussen zu lassen. Man ist kein besserer Spieler, nur weil die Ukulele aus Koa besteht. Sie sollte vor allem gut verarbeitet, vernünftig besaitet und eingestellt sein und zum Spieler passen; dann kann man sich mit jeder anfreunden. Wenn man nun aber die Holzart nach rein geschmacklichen Gesichtspunkten aussucht, kann man sich auch leicht vom dramatischen Maserbild eines ansonsten schwachen Instruments blenden lassen. Das ist auch eine Frage der Einstellung. Dem einen ist Schönheit wichtig, aber wir alle wissen, daß Schönheit im Auge des Betrachters liegt. Die zum Teil irren Muster heutiger Ukulelen sind auf jeden Fall attraktiv und diese Instrumente können auch sehr gut klingen. Man kann aber auch den Standpunkt einnehmen, daß es bei der Ukulele in erster Linie um den guten Ton geht, und gerade deshalb zum möglichst schlichten, einfachen Exemplar greifen. Beispielsweise gibt es von Pono schöne Schattierungen und Flammen auf dem Korpus und dem Griffbrett, aber man kann auch ein Exemplar aus Mangoholz bekommen, dessen Oberfläche den Charme einer Korktafel hat. Ganz sicher wird man keinen Fehler machen, wenn man auf Gleichmäßigkeit achtet, in diesem Fall auf die der Zargen, der Decke und des Bodens.

Wer das Instrument auch ein bißchen wegen der Optik aussuchen muß, zum Beispiel für Auftritte oder Musikvideos, der wird natürlich mit so einem eher langweiligen Stück nicht sehr weit kommen, es sei denn, er hat dafür das nötige Selbstbewußtsein. Aber wenn man sich einmal die Instrumente aus „heimischen Hölzern" anschaut, die von Christian Stoll hergestellt werden, dann ändert man seine Kriterien in bezug auf „peppiges Aussehen" sehr schnell. Denn hier kommt die Schönheit aus dem zurückhaltenden Charme unaufdringlicher, guter Hölzer und aus der perfekten Fertigungsqualität. Da braucht man dann sicher keine schillernde Einfassung aus Kunststoff mehr.

Fortgeschrittene Musiker werden einwenden, daß die Holzart sehr wohl einen Einfluß auf den Klang hat. Ja, das ist so. Das wird aber manchmal auch bezüglich des Griffbretts von E-Gitarren behauptet, und die Frage ist doch, wie wesentlich dieser Einfluß ist. In den ersten Jahren der Spielpraxis kann man ihn völlig vernachlässigen, außerdem gewöhnt sich das eigene Ohr auch an den Klang des Instruments und es ist kaum anzunehmen, daß jemand durch die Klangcharakteristik seiner Ukulele derart abgestoßen wird, daß er sich eine andere kauft. Wir sehen aber gleich, daß es noch weitere Faktoren gibt, die den Klang mitbestimmen, und auch diese kann man ziemlich lange vernachlässigen.

Wesentlicher dürfte die Frage sein, mit welchen Hölzern man keine Umweltschäden zu verantworten hat. Zum Beispiel hat man bei Honni Music die Wahl zwischen Meranti und Neuguinea-Araukarie („Hoop Pine"). Meranti ist ein problematisches Tropenholz, das der Hersteller ohne Zertifizierung verbaut. Die Araukarie ist in Australien so normal wie in Deutschland die Lärche. Beide sehen gut aus und klingen auf diesen Instrumenten gleich. Der Hersteller RISA hat Anfang 2017 die komplette Produktion auf Hölzer umgestellt, die nicht bedroht sind. Deshalb wird dort beispielsweise kein Palisander mehr verwendet. Außerdem setzt sich diese Firma für vertretbare Arbeitsbedingungen nach europäischen Standards ein. In dem Zusammenhang ist auch erwähnenswert, daß RISA mit einer eigenen Ukulelen-Reihe ein Spendenprojekt unterstützt. Jede verkaufte „Palau"-Ukulele (aus chinesischer Produktion) trägt zehn Euro dazu bei, und wo andere es bei der Behauptung belassen, legen die Inhaber die genaue jährliche Spendenhöhe (bis 2019) offen, pro Jahr sind es im Schnitt 3.250 Euro, und das schon seit 2015. Die Ukulelen sind in Lasertechnik mit interessanten Handzeichnungen eines örtlichen Künstlers verziert und stellen für die Einstiegsklasse sehr gut verarbeitete Instrumente dar.

Glanzlack oder matt?

Hört man auf erfahrene Profis wie den Musiker Andreas David, der in Berlin ein Ukulelengeschäft betreibt, so wirkt sich die Lackierung hörbar auf den Klang des Instruments aus. Die Frage ist nur, wie stark dieser Unterschied ins Gewicht fällt. Früher, als man die Lautsprecher zu seiner Stereoanlage im Geschäft aussuchte, waren die Unterschiede zwischen den einen und den anderen auch nur im direkten Vergleich zu erkennen. Zuhause im eigenen Wohnzimmer war es dann völlig egal, denn nun waren die anderen Lautsprecher nicht da, außerdem gab es eine andere Raumakustik, eine andere Lautstärke und sogar andere Musik. Und bevor man sich über die akustischen Effekte von Lackierungen Gedanken macht, sollte man erstmal lange über die richtige Einstellung des Instruments und über die verwendeten Saiten nachdenken, denn dadurch wird der Klang wesentlich stärker beeinflußt. Außerdem sollte die Frage hinsichtlich der Akustik nicht lauten: Mattlack oder Hochglanz, sondern: dick oder dünn. Denn rein physikalisch kann das Schwingungsverhalten der Schalldecke durch Lack nur aufgrund seiner Schichtstärke beeinflußt werden. Zugegeben, Hochglanzlack wird normalerweise dick aufgetragen, Mattlack hauchdünn. Irgendwann kommen die Händler auch noch auf die Idee, den Einfluß der Oberflächenglätte auf das Ausbreitungsverhalten der Schallwellen zu thematisieren, das ist dann wie bei der Prosa aus HiFi-Zeitschriftenredaktionen, in denen man zu hören meinte, ob die Musiker stehen oder sitzen. Das mag alles denkbar sein, für manche auch hörbar, aber Hören ist eine Sinneswahrnehmung mit vielen emotionalen Komponenten. Hier soll der Hinweis genügen, daß solche Unterschiede

nicht relevant sind und daher kein Kriterium für die Kaufentscheidung sein sollten.
Man sollte auch hier einmal über den Tellerrand schauen: Im Geigenbau gilt eine Lackierung als klangverschlechternd, außerdem kann man dort erfahren, daß sich der Klang einer lackierten Geige über einen Zeitraum von zwei Jahren verändert, weil der Lack in dieser Zeit noch arbeitet. Bei all diesen quasireligiösen Debatten wird völlig übersehen, daß die Fähigkeiten des Spielers mit großem Abstand am wichtigsten für die Qualität des Vortrags sind. Wahrscheinlich wird dieser Themenkreis von den Händlern nur deshalb so engagiert befeuert, weil sich damit viele Ukulelen verkaufen lassen. Dann ist oft die Rede von besserer „Projektion“, aber was ist das eigentlich? Wenn man sich die Produktvorstellungen mancher Händler ansieht, so scheint es dabei um die Abstrahlung des Klangs zu gehen: Mehr Projektion bedeutet wohl einen präziseren Klangkegel, ähnlich dem Leuchten einer Taschenlampe. An dieser subjektiven Zuschreibung sind drei Dinge auszusetzen:

1. Der Spieler kann von seinem Platz hinter der Ukulele aus nicht selbst wissen, wohin sein Instrument wieviel Schall aussendet. Das wäre zwar mit Mikrophonen festzustellen, von solchen Tests ist jedoch keine Rede.
2. Eine gerichtete Abstrahlung in eine bestimmte Richtung gibt es durchaus, aber eher aufgrund der Konstruktion des Instruments. Man kann sie zum Beispiel bei der größeren Banjolele der Firma APC leicht feststellen, in deren Korpus der nach hinten gerichtete Schall nach vorne umgeleitet wird. Daß der Lack einen Einfluß darauf hätte, erscheint unwahrscheinlich.
3. Eine stärkere Projektion wird zwar als Vorzug angepriesen, sie ist jedoch eher ein Nachteil, weil eine breitere, gleichmäßige Abstrahlung des Schalls in jeder Spielsituation besser sein dürfte.

Sucht man im Internet nach dem Begriff Projektion, stößt man schnell auf die Gefilde der Psychoanalyse und erfährt, daß mit dem Begriff bei C. G. Jung unter anderem die Zuschreibung eigener Wünsche auf Gegenstände gemeint ist. Möglicherweise liegt hier ein Hinweis? Wer Ukulele spielt, der weiß auch, daß es ein kleines, oft übergangenes Instrument ist, und er wünscht sich, daß er damit seine Zuhörer direkt anspielen kann. Der Musiker selbst sucht die Klangrichtung seiner Darbietung, und indem er seinem Instrument eine Eigenschaft zuschreibt, die man sonst nur vom Megaphon kennt, vergewissert er sich selbst der gewünschten Wirkung. So liegt hinter der einen Projektion möglicherweise eine andere. Der Lack allein macht jedenfalls keinen nennenswerten Unterschied.

Für den Ukulelen-Anfänger und auch für Fortgeschrittene ist die Lackierung nahezu ausschließlich eine Frage des Geschmacks, alle weiteren Aspekte sind weitgehend Glaubensansichten und Spitzfindigkeiten. Hinsichtlich der Ästhetik kann eine Lackierung allerdings von immenser Bedeutung sein, und das wirkt sich unmittelbar darauf aus, wie gern man das Instrument zur Hand nimmt und sich damit beschäftigt. Speziell die chinesischen Hersteller verstehen sich auf sehr schön glänzende Lackoberflächen, mit denen sie die Maserung des Holzes wunderbar anfeuern können. So eine Ukulele sieht dann ähnlich aus wie eine teure Geige mit Schellackpolitur, und daran kann man viel Freude haben. Andererseits sieht man sofort jeden kleinen Kratzer in der ansonsten unberührten Lackoberfläche. Wenn einem das egal ist oder man sich traut, das ganze Instrument mit Autopolitur zu wienern, dann kann man zu lackierten Instrumenten greifen. Wenn man das Holz lieber so hat, wie es von der Natur gedacht ist, also matt und griffig, dann fällt die Wahl auf ein Instrument mit Satin-Finish. Das ist bescheidener, aber auf seine Weise auch sehr schön.

Diese Entscheidung ist eingebettet in eine höhere, geschmackliche Grundfrage, nämlich die eigene Einstellung zum Dekor. Es gibt viele Ukulelen mit allerlei Zierat darauf und dran, von aufgemalten Schildkröten oder Surfbrettern über eingelaserte Pflänzchen und vergoldete Stimmwirbel bis zu üppig dekorierten Zierrosetten ums Schalloch, irgendwelchen Einlegearbeiten im Griffbrett und anderen Dingen dieser Art. Hinzu kommt, daß die Hersteller die Lust des Publikums an irren Holzmaserungen entdeckt haben. Wann immer sich ein Pilz durchs Holz ausbreitet und dabei Verfärbungen hervorruft, kommt jemand und macht Ukulelenholz daraus. Diese

Dramatik im Maserbild ist manchmal ausnehmend schön, aber als dekoratives Element schon mehr als genug. Wenn das Instrument dann noch weiter beladen wird, kann es leicht zuviel werden. Vor etwas mehr als hundert Jahren beschränkte sich die Verzierung von Zupfinstrumenten weitgehend auf Ausschmückungen des Saitenhalters und allenfalls ein durchbrochen geschnitztes Schalloch. Können wir davon etwas zu uns herüberholen? Ja, denn das Schlichte hat auch seinen Reiz. Nicht alles muß üppig gemasert sein, meine Pono-Ukulele aus Mangoholz sieht aus wie aus Kork, weil man auf ihr nur die Körnung der Holzoberfläche sieht, aber keine Streifen. Eine gute Möglichkeit, die Schönheit des Instruments herauszuarbeiten, liegt in der guten Kombination verschiedener Hölzer, so bietet etwa der Gitarrenbauer Christian Stoll Ukulelen aus heimischen Hölzern an. Für einen schönen Effekt kann die Einfassung der Boden- und Deckenkanten („Binding") mit einem andersfarbigen Holz sorgen, zum Beispiel in Dunkelrot. Grundsätzlich geht die Schönheit eines Musikinstruments in erster Linie von dem aus, was auf ihm musikalisch zustandegebracht wird. Seine Optik ist nicht ganz unwichtig, aber sie ist immer zweitrangig.

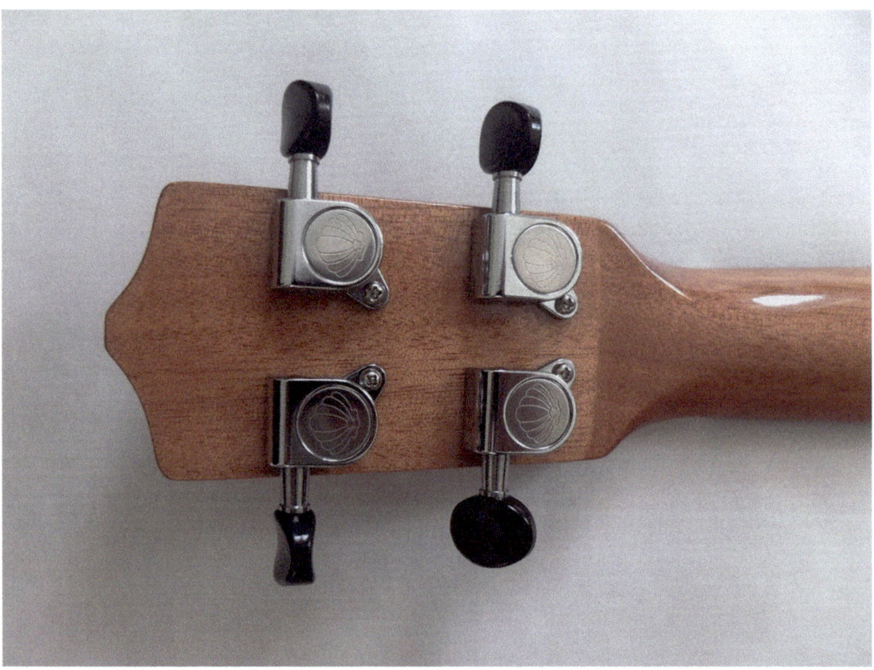

Stimmwirbel

Hat man sich für den Kauf einer nicht zu billigen Ukulele entschieden, stellt sich die Frage nach den Stimmwirbeln nicht besonders dringend, weil man dann stets von einer guten Qualität ausgehen kann. Es gibt jedoch einige Gründe, sich nach anderen Stimmwirbeln oder -mechaniken umzusehen:

- Ästhetische Gründe: Möglicherweise gefallen einem die durchgesteckten Wirbel besser als die üblichen mit Zahnrad und Schnecke. Sie sehen in jedem Fall etwas professioneller aus und haben auch mehr Tradition.
- Bessere Qualität: Solche Mechaniken können auch schlecht gemacht sein und mit der Zeit verschleißen. Es gibt deutliche Unterschiede zwischen den auf dem Markt erhältlichen Produkten, deshalb sollte man bei einem Tausch immer auf die Qualität achten.
- Bessere Stimmbarkeit: Bei manchen bedeutet eine Drehung des Griffknopfes eine Umdrehung der Achse, bei anderen gibt es andere Verhältnisse, man dreht dann also mehr. Dadurch ist ein genaueres Stimmen möglich, und damit spart man Zeit.

Es gibt direkte (1:1) Stimmwirbel und Mechaniken mit einem Verhältnis von 4:1, 6:1, 8,5:1 oder noch mehr. Für eine Drehung der Achse, auf die sich die Saite wickelt, muß man dann den Griffknopf entsprechend mehr drehen. Das kann eine wertvolle Hilfe sein, aber die ganz alte Art der Stimmwirbel bestand aus durchgesteckten Holzwirbeln, wie man sie auch heute noch bei den klassischen Streichinstrumenten verwendet. Das geht auch bei der Ukulele, aber das Stimmen ist damit nicht leicht. Die Firma Wittner hat vor einigen Jahren erstaunliche Feinstimmwirbel entwickelt, die genau wie die alten Ebenholzwirbel aussehen, aber in ihrem Innern ein kleines Getriebe enthalten. Damit sieht die Ukulele so aus, als hätte man sie in einer der Edelmanufakturen erstanden, vor allem kann man sie damit nun weitaus schneller, besser und einfacher stimmen und diese Mechaniken halten auch die Einstellung sehr präzise. Im Rahmen unseres Selbstbauprojekts haben wir diese Wittner-Feinstimmwirbel verwendet und getestet und können sie uneingeschränkt empfehlen, gerade auch zum Nachrüsten einer Ukulele. Schon beim ersten Ausprobieren fällt auf, daß die Drehung präzise und ohne Spiel übertragen wird.

Die Wirbel haben eine Länge von 5,5 cm und stehen deshalb an der Rückseite der Kopfplatte ein bißchen weiter ab, als man es von üblichen Mechaniken gewohnt ist. Das ist aber kein Nachteil, sondern sieht richtig gut und klassisch aus. Wenn es ein bißchen „retro" sein darf und man sich ohnehin vor allem auf die technischen Vorteile dieser Feinstimmwirbel konzentriert, macht man mit diesen Wirbeln nichts verkehrt. Man sollte allerdings wissen, daß für den Einbau eine hochwertige Reibahle notwendig ist, die auch ihren Preis hat. Vor dem Kauf der Stimmwirbel sollte man sich deshalb erkundigen, wer einem beim Einbau behilflich ist. Es ist auch zu prüfen, ob die vorhandenen Löcher nicht vielleicht zu groß sind. Beim Einbau ist ganz langsam vorzugehen und die Lochweite einige Male zu kontrollieren. Hat man die perfekte Öffnung herausgearbeitet, werden die Wirbel eingedrückt und sitzen dann ohne Klebstoff bombenfest, lassen sich aber auch wieder herausnehmen. Hierbei ist wichtig, daß man nicht am Knopf ziehen darf, sondern die Wirbel immer von der anderen Seite herausdrücken muß. Beim Besaiten ist unbedingt darauf zu achten, das Saitenende wie üblich durch das Loch in der Wirbelachse zu fädeln, danach jedoch ein- oder zweimal um die Saite zu schlagen. Geschieht dies nicht, können vor allem die glatten Nylonsaiten allmählich abrutschen. Wer diese kleinen Besonderheiten beachtet, wird mit diesen Feinstimmwirbeln auf lange Zeit hinaus zufrieden sein, denn sie gehören zum Besten, was man in dieser Hinsicht bekommen kann.

Wer es ähnlich und noch traditioneller machen will und deshalb zu Violinen-Stimmwirbeln greift, der sollte sich auch damit auseinandersetzen, daß dann Holz auf Holz reibt, was mit der Zeit zu Verschleiß führt – ganz abgesehen von den Nachteilen beim Stimmen selbst, die ja unter anderem dazu geführt haben, daß praktisch jeder Geigenspieler für mindestens eine Saite noch einen zusätzlichen Feinstimmer am Saitenhalter verwendet.

Tauscht man die bereits montierten Mechaniken gegen andere aus, kann es außerdem sein, daß die alten Bohrlöcher in der Kopfplatte sichtbar bleiben. Dagegen hilft vorheriges Abmessen der Lochabstände und die Wahl genau passender neuer Mechaniken – oder zumindest solcher, von denen die alten Löcher vollständig verdeckt werden. Bei den Feinstimmwirbeln ist dies nicht der Fall, man kann sich aber mit passenden Abdeckungen oder sogar einer dünnen Furnierschicht behelfen, sofern einem das Abdecken dieser Löcher wichtig ist. Kurzum: Es kann sich sehr lohnen, sich nach neuen, anderen und schöneren Stimmwirbeln bzw. -mechaniken umzusehen, die Mehrkosten zahlen sich durch verbesserte Stimmbarkeit aus, man sollte sich dabei aber einen genauen Überblick über das Angebot und den Aufwand des Einbaus verschaffen.

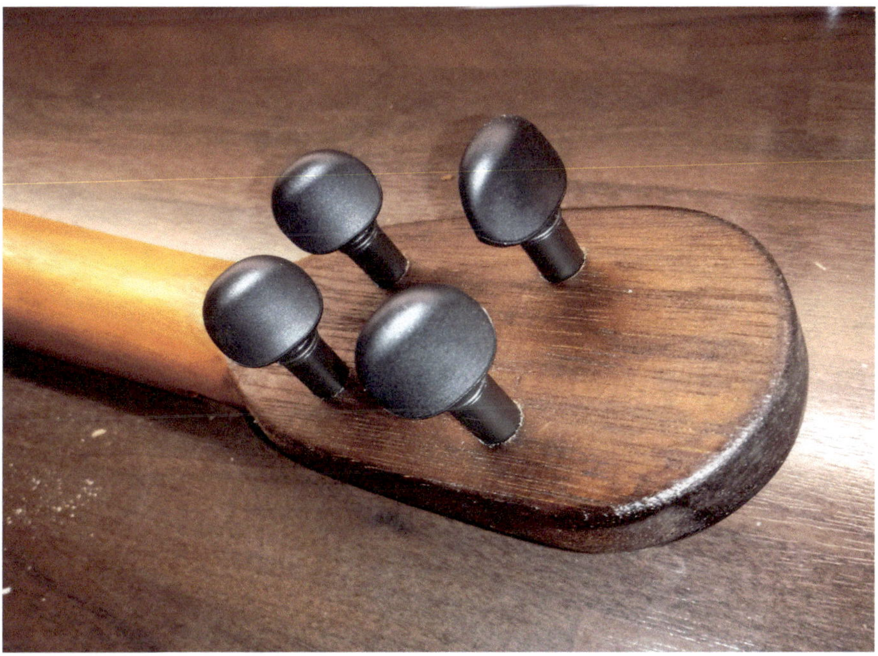

Nötig oder nicht? Das wichtigste Zubehör

Gurt ja oder nein?

Ob man mit Gurt spielt oder ohne, hängt davon ab, wann und wo man spielt. Im Stehen ist ein Gurt sehr praktisch und nahezu unverzichtbar, bei Auftritten im Freien sowieso. Im Sitzen kann er sich als hilfreich für eine gute Positionierung des Instruments erweisen. Und wer keine Lust hat, an seiner Ukulele die dafür nötigen Knöpfe anzuschrauben, kann auch ein spezielles Halsband im Schalloch einhängen und dadurch die Ukulele sehr gut abstützen. Gegen den richtigen Gurt spricht eventuell, daß er den Bereich um die Gurtknöpfe herum abscheuern kann, was sich gerade bei Hochglanzlack als nachteilig erweist.

Im Grunde ist es eine Frage des persönlichen Gebrauchs: Für den einen gehört der Umhängegurt fest zum Instrument und er will es gar nicht anders, für den anderen ist er überflüssig, weil er auch ohne gut zurechtkommt. Wir gehen in die Richtung, alles wegzulassen, was nicht unbedingt erforderlich ist. Dazu gehört bei uns auch der Gurt, aber jeder muß diese Frage für sich selbst entscheiden. Samantha Muir, die klassische Musik auf der Ukulele spielt, hat darauf hingewiesen, daß sich die Soprangröße, anders als die Gitarre, dabei nicht gut halten läßt. Für sie bedeutet die Verwendung eines Gurts eine bessere Fixierung des Instruments. Statt die Ukulele halten zu müssen, hat sie ihre Hände fürs Spielen frei, und nur dann ist eine korrekte Haltung der Greifhand am Hals möglich. Wenn Sie mit dieser Hand die Ukulele festhalten müssen, klappt das nicht. Trotzdem hat Samantha Muir die Erfahrung gemacht, daß man die Gurtfrage in Foren besser nicht stellen sollte.

Empfehlung: Der richtige Gurt macht das Spielen leichter. Wenn Sie Schwierigkeiten mit der korrekten Haltung des Instruments haben, überlegen Sie einmal in diese Richtung. Wenn Sie eher skeptisch sind, lassen Sie ihn weg, das geht oft auch, aber dann müssen Sie improvisieren.

Metronom

Den einen erscheint es unnötig, für die anderen bedeutet es einen immensen Gewinn: Ein Metronom gibt zuverlässig einen eingestellten Takt an und hilft dadurch, ein gleichmäßiges Spieltempo einzuüben. Wer stattdessen mit der Fußspitze auf den Boden klopft, hilft sich damit zwar auch zu einem leidlich entwickelten Taktmaß, kommt damit aber nicht genauso weit. Ein richtiges, mechanisches Metronom ist für das ernsthafte Musikbestreben ab einem bestimmten Punkt wahrscheinlich unverzichtbar. Gegenüber elektronischen Varianten hat es den großen Vorteil, mit seinem schwingenden Pendel den Takt auch optisch vorzugeben. Gegenüber den rein akustischen Knacklauten digitaler Varianten bringt es damit den Spieler etwas näher an die richtige Spielgeschwindigkeit. Die ist leicht einstellbar, man kann damit also auch in einem überhöhten Tempo üben, wenn es nur darum geht, eine gelernte Melodie schnell und fehlerfrei zu spielen.

Die Geschichte des Metronoms ist untrennbar mit der Firma Wittner verbunden, die 1895 zur Herstellung dieser Taktmaschinen gegründet wurde. Der Markenname „Taktell“ wurde in Fachkreisen sogar zum Deonym für ein Metronom. Für den ambitionierten Ukulelenspieler empfiehlt sich die Taktell-Variante „Super-Mini“, die es auch in wunderschönen Echtholzgehäusen gibt, so etwa in Mahagoni oder Eiche. Dabei handelt es sich um das weltweit kleinste Metronom mit schwingendem Pendel. So ein kleines Gerät paßt ohne weiteres mit in den Instrumentenkoffer und erfüllt daher auch unterwegs seinen Zweck. Es ist ohne Glockenschlag ausgeführt, bringt also nur den Takt und weiter nichts – das ist aber auch völlig ausreichend. Die Geräte enthalten ein präzises und langlebiges, mechanisches Uhrwerk und benötigen daher keine Batterien.

Zum fortgeschrittenen Üben kann das Metronom vorteilhaft eingesetzt werden, sobald man die Melodie als solche entweder auswendig gelernt hat oder flüssig vom Blatt spielen kann. An diesem Punkt geht es um gleichmäßiges Spieltempo und ästhetische Ausgestaltung. Daher ist klar, daß man ein Metronom erst dann braucht, wenn man über die ersten Anfänge hinausgekommen ist. Für das jeweilige Stück sollte man eine Geschwindigkeit wählen, die einerseits angemessen ist und andererseits dem Spieler nicht zu viel abverlangt. Nach und nach kann man sich damit auch ein höheres Tempo erarbeiten. Der große Vorteil einer von einem Metronom unterstützten Spielweise liegt darin, sich in einem unbestechlichen Taktgerüst zu bewegen und dadurch selbst zu einem präziseren Takt zu finden. Für den fortgeschrittenen Spieler lohnt sich diese etwas strengere Herangehensweise sehr. Die Voraussetzung ist allerdings, daß man das betreffende Stück bereits spielen kann und jetzt eben noch verfeinert. Wer so übt, sollte auf den Tabulaturen das zweckmäßige Tempo notieren, damit beim nächsten Üben genau da weitergemacht werden kann, wo man zuvor aufgehört hat.

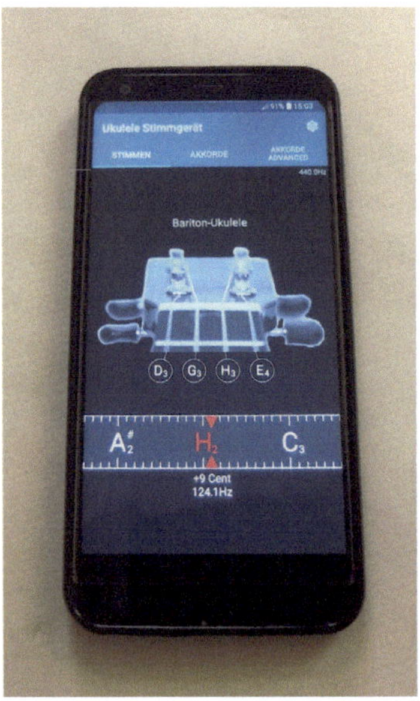

Empfehlung: Das Gefühl für Takt und Rhythmus fällt nicht vom Himmel, Sie müssen es sich erarbeiten. Dabei ist ein Metronom sehr hilfreich, vor allem ist es ein strenger Lehrer, der Sie auf die Dauer zu einer besseren Spielweise führt. Das Geld für ein Metronom ist gut eingesetzt.

Stimmgerät

Für einfache Zwecke reicht zunächst eine Stimmgerät-App auf dem Smartphone oder ein herkömmliches Stimmgerät. Anklemmbare Stimmgeräte erscheinen zunächst als praktisch, sie sind aber häufig ungenau und träge, kleine Änderungen der Saitenspannung bekommen sie kaum mit. Die traditionelle Stimmgabel bietet eine sehr anspruchsvolle Möglichkeit des Stimmens: Mit ihr wird auf einer Saite der Ukulele ein genaues A eingestellt, und dann werden die übrigen Saiten danach gestimmt. Das ist sogar sehr empfehlenswert, weil es den Musiker dazu bringt, genauer hinzuhören.

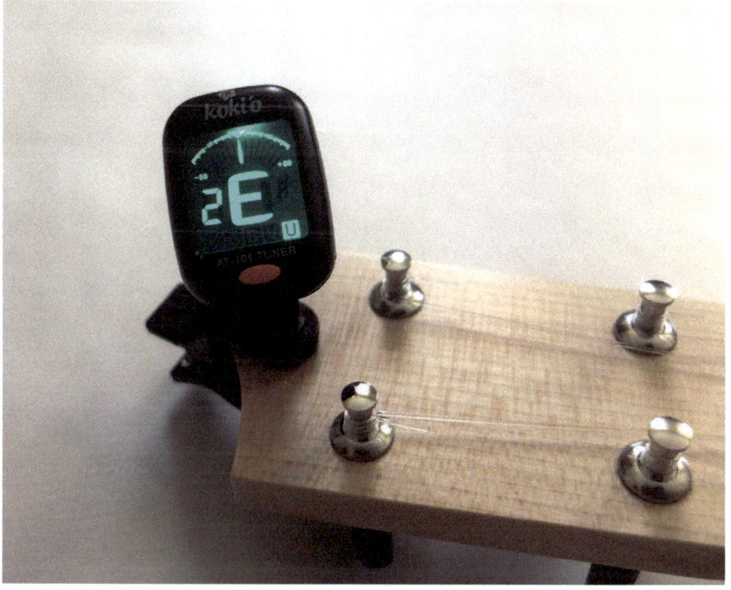

Ein „richtiges“ Stimmgerät erlaubt nicht nur ein schnelles und sehr genaues Stimmen des Instruments, sondern auch eine genaue Beurteilung seiner Oktav- und Bundreinheit. Es ist auf verschiedene Frequenzen des Kammertons A einstellbar und hat gerade beim Zusammenspiel mehrerer verschiedener Instrumente sehr wesentliche Vorzüge. Von der in Deutschland ansässigen Marke Korg ist das Modell OT-120, obwohl es für ganze Orchester geeignet ist, auch für die Ukulele sehr zu empfehlen – gerade auch bei beabsichtigter Kompensation oder um zu ermitteln, ob die Saiten noch gut intonieren oder schon gewechselt werden sollten. Dieses Stimmgerät zeigt das Ergebnis mit einer Zeigernadel an, deren Trägheit man einstellen kann – jeder, der die Schwankungen bei manchen Stimmgerät-Apps kennt, wird das als sehr angenehm empfinden. Die Genauigkeit beträgt ein Cent in beide Richtungen. Auf dem übersichtlichen und beleuchteten Anzeigefeld gibt es noch weitere Informationen, darunter die Tonfrequenz. Das handliche Gerät kann gut gehalten und bedient werden, über ein großes Drehrad lassen sich verschiedene Modi anwählen. Die gemischte Anzeige erlaubt bei allen Lichtverhältnissen, von Dunkelheit bis Sonnenschein, eine schnelle und genaue Ablesung. An der Rückseite ist ein praktischer Ständer befestigt, unterwegs wird das Gerät durch eine kleine Tasche geschützt.

Dieses Stimmgerät besticht durch einen sehr großen Stimmbereich von A0 bis C8, es kommt daher mit allen denkbaren Besaitungen auf Ukulelen problemlos zurecht. Die zwölf transponierten und historischen Stimmungen sind für unsere Zwecke weniger brauchbar, weil man damit jeden Einzelton stimmen müßte. Man kann damit aber die Einzeltöne der Ukulele darauf prüfen, ob ihre Abweichungen nicht vielleicht ganz gut zur mitteltönigen oder einer anderen Stimmung passen. Dadurch kann man auch die Kompensation des Instruments verfeinern. Das Gerät kann wahlweise den zu stimmenden Ton erkennen, sofern man ihn nicht selbst eingeben will. Es verfügt über einen Klinkeneingang, an den ein anklemmbares Mikrophon oder die elektrische Ukulele direkt angeschlossen werden kann. Die Töne akustischer Instrumente fängt es über ein eingebautes Mikrophon ein, des weiteren kann es einen wählbaren Referenzton erzeugen, nach dem man selbst stimmen kann – eher für Blasinstrumente interessant. Außerdem ist es sehr sparsam im Verbrauch: Zwei kleine Batterien halten über hundert Stunden lang.

Ein besonderer Vorteil des OT-120 liegt darin, daß man mit ihm die Genauigkeit anderer Stimmgeräte überprüfen kann. Dies geschieht entweder durch Stimmen einer Ukulele, die man danach mit dem zweiten Stimmgerät abprüft, um dessen Ungenauigkeiten zu erkennen, oder durch Ausgabe eines selbst gewählten Referenztons, z. B. A = 440 Hz, mit dem man dem anderen Gerät auf den Zahn fühlt. Stellt man eine Abweichung fest, kann man sie dadurch ausgleichen, daß man in diesem Gerät den Referenzton verändert, an dem alle anderen Töne ausgerichtet werden. Zeigt das Gerät beispielsweise etwas zu hohe Werte an, so kann man seinen Referenzpunkt von 440 Hz auf 442 Hz erhöhen, was effektiv zu einer leichten Absenkung der Anzeige führt. Auf einem Aufkleber kann man dann notieren, welche Frequenz am Gerät eingestellt werden muß, damit es für den eigentlichen Kammerton möglichst genaue Werte anzeigt (z. B.: 442 Hz einstellen für 440 Hz). Dadurch kann man ein vorhandenes, nicht so genaues Stimmgerät soweit herrichten, daß man es beispielsweise auf Reisen mitnehmen kann.

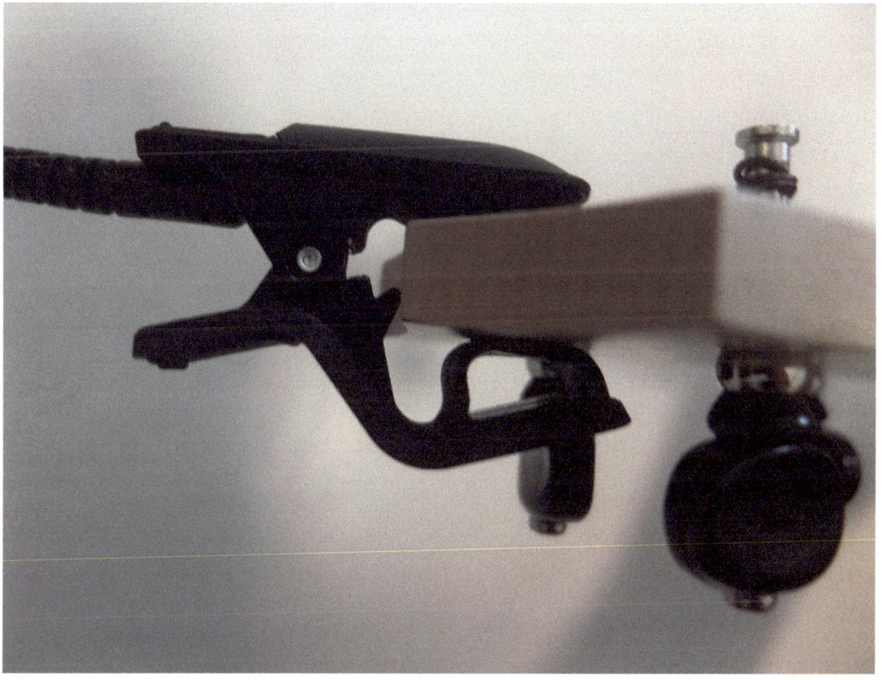

Ein weiterer interessanter Modus heißt „Sound Back". Hierbei wird ein Referenzton erzeugt, der dicht an dem gemessenen Ton liegt. Beim Stimmen achtet der Musiker auf die von beiden Tönen erzeugte Interferenz, den Schwebeton. Wenn er verschwindet, ist die Stimmung perfekt. Hierfür ist allerdings ein zusätzliches Kontaktmikrophon erforderlich. Alles in allem ist die Anschaffung dieses hochwertigen Stimmgeräts eine sinnvolle Sache, auch für den Anfänger. Für ihn ist es wichtig, von Anfang an die beabsichtigten, richtigen Töne aus seinem Instrument zu holen – alle Abweichungen laufen der Gehörbildung entgegen, und von ihnen gibt es schon aufgrund der physikalischen Gegebenheiten, schlechter Intonation, mangelhafter Saiten und falschem Greifen mehr als genug. Es ist wichtig, die Ukulele vor jedem Spielen so genau zu stimmen, wie es nur geht. Dafür ist ein gutes Stimmgerät das richtige Werkzeug, und zusätzlich ermöglicht es die genaue Analyse des Instruments und der Saiten, bevor man irgendwelche Veränderungen vornimmt. Ein wirklich genaues Stimmgerät wie dieses erlaubt auch die Messung von Intonationsfehlern: Ist die Saite exakt gestimmt, kontrolliert man jeden Bund und erhält dadurch einen Überblick über die Bundreinheit. Sofern bekannt ist, daß diese Abweichungen nicht am Instrument liegen, kann man aus den Meßwerten ableiten, ob die jeweilige Saite ausgetauscht werden sollte. Mit dieser Methode kann man sich den Austausch des kompletten Satzes sparen – was noch gut klingt, bleibt drauf.

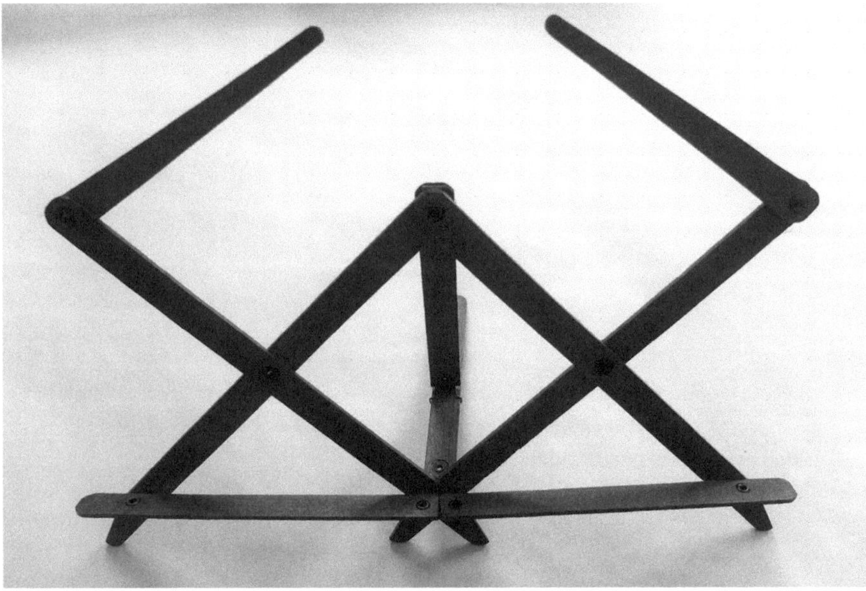

Der Intonationstest kann auch dazu verwendet werden, negative Resonanzeinflüsse zu eliminieren. Es gibt Hinweise darauf, daß manche Intonationsabweichungen stärker ausfallen, wenn die Schalldecke frei schwingt. Wenn man sie mit dem Handballen leicht dämpft, ist der Fehler plötzlich geringer. Wenn Sie dies feststellen, kann die Lösung darin liegen, den Kammerton zu verändern. Solange Sie nicht mit anderen Instrumenten zusammenspielen, ist es reine Geschmackssache, ob Sie für A die heute üblichen 440 Hz nehmen oder einen anderen Wert. Samantha Muir stimmt teilweise bis auf A=415 Hz herunter, weil sie diesen Klang schätzt. Sollten sich die Störeinflüsse der Resonanz auf bestimmte Frequenzen beschränken, so könnte ein Absenken der Stimmung um ein paar Hertz dieses Zusammenspiel von Saitenschwingung und Korpusresonanz entschärfen. Messen Sie also die Abweichungen in allen Bünden mit verschiedenen Kammerton-Einstellungen und notieren Sie sie – die Kalibrierung mit der geringsten Abweichung können Sie dann auf diesem Instrument beibehalten, bis Sie andere Saiten verwenden.

Empfehlung: Wenn Sie ein Stimmgerät kaufen, greifen Sie unbedingt zu einem hochwertigen. Sie haben mehr davon, sparen Saitenmaterial und haben an der damit möglichen Genauigkeit auch noch einige Freude.

Notenpult

Wenn Sie mit Ihrem Instrument ernsthaft arbeiten wollen, kommen Sie nicht um ein Notenpult herum. Seine Beschaffenheit hängt sehr stark von den räumlichen Gegebenheiten ab, in denen Sie üben. Es gibt Notenständer, die man auf den Tisch stellt, und freistehende mit Beinen. Manche sind mit Kitsch überladen, andere schlicht und sachlich, wieder andere etwas dürr und wackelig. Für welches Modell Sie sich auch entscheiden, es sollte stabil sein, sicher stehen und so beschaffen sein, daß Sie die Vorlagen gut im Blick haben, ohne daß Sie von dem Ständer gestört oder beim Spielen behindert werden. Als Größe der Auflagefläche empfehlen wir ungefähr DIN A3. Darauf können Sie zwei A4-Blätter nebeneinanderlegen und können so in der Regel ohne Umblättern spielen. Größer sollte die Fläche nicht sein, weil das unnötig ist und nur stört. Empfehlenswert ist eine stabile Holzplatte mit Anlagekante, wogegen Klappständer aus Metall nicht so ganz praxistauglich (aber für unterwegs gut geeignet) sind. Falls Sie ein Pult mit zu großer Platte haben, ist auch ein Austausch möglich: Wir haben dafür ein kleines, älteres Teigbrett umgearbeitet, das unserem Notenpult den Charme einer Antiquität gibt. Man soll sich das ruhig so machen, daß es einem Freude macht – man geht dann gerne damit um, und das kommt dem Spielen zugute.

Für unterwegs sind faltbare Notenständer sinnvoll, die man auf den Tisch stellt, aber sie sollten die Blätter gut halten und stabil sein. Zusammengelegt tragen sie kaum auf und können gut im Instrumentenkoffer verstaut werden. Zuhause darf es eher ein „richtiges" Modell sein, bei dem auch die Höhe und Plattenneigung einstellbar sind.

Empfehlung: Ohne Notenpult kann man nicht gut lernen, es erlaubt eine entspanntere Körperhaltung und einen schnelleren Blick auf die Papiere. Die Anzeigenmärkte im Internet sind voll damit! Setzen Sie zehn bis dreißig Euro für dieses hilfreiche Zubehör ein.

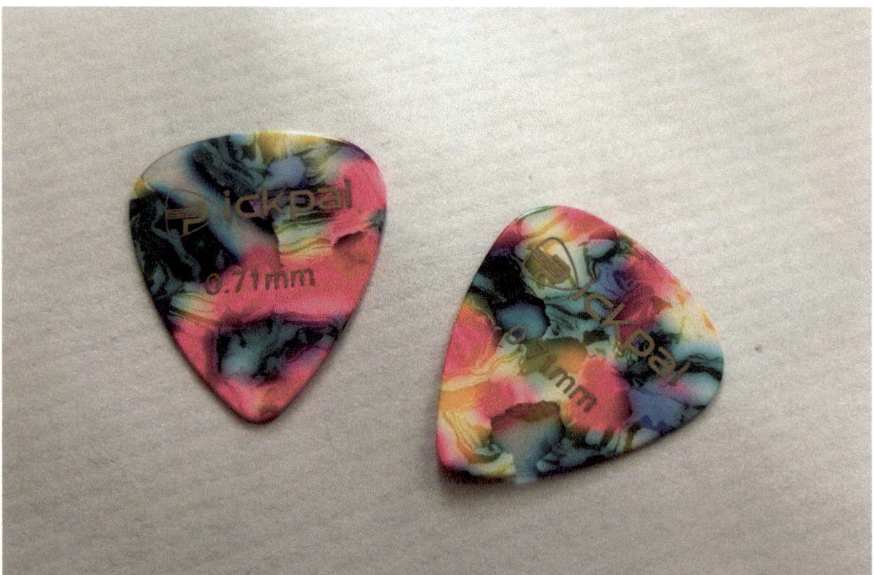

Plektrum

Das Plektrum ist ein kleines Plättchen, das meistens aus Plastik oder einem ähnlichen festen Material besteht und dem Spieler ermöglicht, bei gleichem Kraftaufwand einen härteren Klang mit mehr Obertönen zu erzeugen. Es gibt verschiedene Ausführungen mit unterschiedlichen Materialien, Größen, Formen und Dicken, die den Klang beeinflussen. Besonders

Zupfinstrumente mit Stahlsaiten werden gerne mit Plektrum gespielt. Die Mandoline wird wegen ihres geringen Saitenabstandes fast ausschließlich mit Plektrum gespielt. Es wird zwischen Daumen und Zeigefinger gehalten und steht etwa rechtwinklig zu den Saiten. Der Klangeffekt ist besonders bei akustischen Ukulelen beeindruckend, die beim Spiel mit Plektrum fast wie eine Stahlsaitenukulele klingen. Wir haben uns zu Beginn Lederplektren angefertigt, die einen ganz eigenen Klang erzeugen, spielen aber mittlerweile nur noch die elektrischen Ukulelen manchmal mit Plektrum. Es werden auch Filzplektren angeboten, die einen weicheren Klang erzeugen. Am besten probieren Sie einmal welche aus, dann wissen Sie sehr schnell, ob das etwas für Sie ist – denn dafür ist auch eine andere Spieltechnik erforderlich.

Empfehlung: Zum Ausprobieren können Sie ein Stück von irgendeiner Kundenkarte abschneiden, dafür gibt es sogar Stanzgeräte. Für ernsthafte klassische und schnelle Stücke auf der Ukulele sind Plektren nicht nötig, sie halten dabei auch von einigen wichtigen Spieltechniken ab. Für die elektrische Ukulele sollte man mindestens eines im Haus haben.

Fingerpicks

Die Fingerpicks sind eine besondere Form des Plektrums, bei der jeder Finger mit einem eigenen Plektrum zum Aufstecken versehen wird. Dadurch kann deutlich schneller als mit nur einem Plektrum gespielt werden, es fühlt sich am Anfang aber sehr unpraktisch an. Dieses Zubehör wird vor allem von Banjospielern verwendet, es kann sich daher sehr bewähren, wenn man Banjotechniken auf der Ukulele einsetzt. Probieren Sie es aus, diese Sets kosten nicht viel. Linkshänder müssen allerdings den Daumenring für ihre Verhältnisse anpassen.

Empfehlung: Völlig überflüssig, wenn sie nicht gerade Banjo-Musik machen wollen.

Defekte erkennen

Die Defekte reichen wie bei jedem Instrument auch bei der Ukulele von leicht bis schwer. Zu den leichteren Defekten zählen Kratzer, Dellen oder auch nur Unregelmäßigkeiten im Lack. Da diese den Klang nicht negativ beeinflussen, bleiben sie Geschmackssache und können behoben oder auch ignoriert werden. Auch ein defekter Stimmwirbel würde in dieser Kategorie landen. Das ist schon ein größerer Mangel, der aber mit etwas Geschick selbst behoben werden kann. Eventuell muß der Stimmwirbel erneuert werden.

Eine verdrehter Hals („Twisted Neck") und eine sich von der Zarge ablösende Decke sind schwere Defekte und können von einem Laien nicht so einfach behoben werden. Sie beeinflussen die Tonqualität und das Spielerlebnis stark und machen gegebenenfalls den Austausch der ganzen Ukulele erforderlich. Aus diesem Grund ist auf eine richtige Lagerung mit richtiger Temperatur und Luftfeuchtigkeit zu achten. Regelrechte Schäden sollten, wenn der Wert des Instruments es rechtfertigt, dem Instrumentenbauer vorgelegt werden. Ab wann ein Schaden schwerwiegend ist, kann nicht pauschal abgegrenzt werden. Beispielsweise wirkt sich ein leicht verdrehter Hals nur dann aus, wenn die Saitenlage tief eingestellt ist. Bei hoher Saitenlage erkennt man ihn vielleicht gar nicht. Kosmetische Schäden fordern dazu heraus, sich einmal Gedanken darüber zu machen, wieso einem der optisch makellose Zustand eigentlich so wichtig ist. Dinge, die benutzt werden, nutzen ab. Bei antiken Möbeln sind plausible Gebrauchsspuren sogar ein Hinweis auf Echtheit. Solange sich die Schäden an einer Ukulele nicht auf die Bespielbarkeit oder den Klang auswirken, kann man sie vernachlässigen.

Wo man eine Ukulele kaufen sollte

Passen Sie auf, denn heutzutage will man ihnen an jeder Ecke eine Ukulele andrehen. Und so mancher will Ihnen einen Bären aufbinden. Deshalb ist es wichtig, gleich einmal ein paar der beliebten Zuschreibungen unter die Lupe zu nehmen: Die klingen auch dann gut, wenn die Ukulele nicht gut klingt. Also Vorsicht.

So mancher Händler schreibt dem von ihm angepriesenen Stück eine „optimale Projektion“ zu. Auf einer Händlerseite werden Kiwaya-Ukulelen damit beworben, sie seien möglichst leicht gebaut für optimale Projektion. Leicht gebaut sind sie tatsächlich, aber nicht für Projektion, sondern für Resonanz. Andere verbinden Projektion mit dem Glanz des Lacks. Eine Ukulele ist kein Richtstrahler, und wenn sie es wäre, dann läge darin ein gewichtiger Nachteil. Den Begriff Projektion können Sie also schmeißen, es sei denn, Sie sind Psychoanalytiker und sehen den Händler von Ihrer fachlichen Warte aus. Eine weitere beliebte Zuschreibung ist „definierter Klang“. Das bedeutet „bestimmt, festgestellt oder vereinbart“ und sagt natürlich gar nichts. Definiert ist beispielsweise der Kammerton A mit 440 Hz. Einen Klang zu definieren, würde bedeuten, einen Einheitsklang festzulegen, an den sich alle Ukulelen halten müssen. Daran sieht man gleich den Unsinn. Aber schlimmer geht immer: Auf einer Händlerseite ist vom „amtlichen Ukulelensound“ die Rede, damit wird der definierte Klang noch in den Bereich der Ordnungswidrigkeiten gehoben. Außerdem sagen Ihnen etliche Händler, daß Massivholz in jedem Fall besser klingt als „billiges“ Laminat. Das ist recht häufig der Fall, aber nicht immer. Bestimmte Laminate lassen sich besser und einheitlicher verarbeiten als das Naturprodukt Holz. Gutes Laminat, vor allem hochfestes (HPL, z. B. bei Martin oder Enya), ist dickem Sperrholz weit überlegen. Sie können also solche Werbesprüche direkt übergehen oder als erste Hinweise auf schlechte Beratung deuten. Weitere Zuschreibungen können Sie selbst sammeln, denn Sie werden so manches erzählt bekommen. Manche Händler werben damit, die Töne würden „förmlich aus dem Instrument springen“. Das ist wohl eher bei Spieluhren der Fall. Häufig wird behauptet, dieses Holz oder jene Saiten hätten einen „warmen“ oder „hellen“ Klang. Das ist völlig subjektiv und soll vor allem Gefühle ansprechen, es ist aber nicht meßbar. Verschiedene Hölzer und Saiten mögen klangliche Unterschiede aufweisen, diese sind aber minimal im Vergleich zu Konstruktion, Intonation, Stimmung und Spielweise. Der Hauptunterschied dürfte in der

Resonanzfähigkeit liegen, die meistens als „Sustain“ beworben wird. Viel Sustain ist aber nicht immer gut, dadurch kann auch alles etwas versoßen. Weniger davon bedeutet mehr Klarheit und Differenzierung. Die Frage ist, ob Sie mehr Einzeltöne oder Akkorde spielen wollen. Für die Campanella-Spielweise ist ein langer Nachklang essentiell, beim Chord-Melody-Spiel ist er willkommen, beim Akkordschlagen kann er jedoch stören.

Aber worauf kommt es wirklich an? Es gibt einige wenige harte Fakten, die für Ihren Kauf sehr wichtig sind, in dieser Reihenfolge:

- die Größe
- die Sattelbreite
- die Oktavreinheit
- die Bundreinheit
- das Halsprofil
- die Mechaniken
- die Verarbeitungsqualität
- die Resonanzfähigkeit
- sowie die Optik und Dekoration

Prüfen Sie die in Betracht kommenden Instrumente auf diese Eigenschaften, und sobald eine nicht hinreichend ist, sollte die Ukulele ausscheiden. Es bringt nämlich nichts, wenn sie Ihnen optisch gefällt, aber nicht die Stimmung hält. Alle sonstigen Eigenschaften sind vielleicht interessant (Arbeitsbedingungen, Firmentradition, Korpus aus Apfelweinfaßholz usw.), sie sollten aber nur dann maßgeblich sein, wenn man sich zwischen zwei ansonsten gleichwertigen Exemplaren zu entscheiden hat. Der wichtigste Rat ist jedoch, über das in Betracht kommende Modell eigene Erkundungen anzustellen, sowohl in Foren als auch auf der Seite www.gotaukulele.com, wo zahlreiche genaue und sehr sachliche Rezensionen veröffentlicht werden. Barry Maz erzählt Ihnen alles, was Sie über das jeweilige Modell wissen sollten, er spielt es auch an.

Woran denken Sie, wenn es um den Kauf von Musikinstrumenten geht?

Vielleicht an den guten, alten stationären Handel? Gut, wir sind unterwegs in Fürstenfeld, Steiermark, hier kommen wir an einem Schaufenster vorbei, worin etliche Ukulelen hängen. Wir treten ein, werden begrüßt, wollen uns nur mal umsehen. Der Verkäufer bleibt hinter seinem Tresen in bequemer Sitzhaltung. An den Ständern hängen auffallend viele Instrumente der Marke „GEWA“, bis dahin für uns völlig unbekannt. Die sehen gut aus, massiv – teuer sind sie auch nicht. Aber auf die Frage, was das denn für eine Marke ist, kommt nur der Hinweis, das sei eben auch so eine Marke. Tja, und das war's. Nach ein paar Klicks im Internet sind bereits ein paar Basisinformationen über diese Marke ermittelt: 1925 im Vogtland gegründet, ziemlich große Sache, Beteiligungen an asiatischen Fabriken. Aber ein Musikalienhändler, dessen Laden mit Instrumenten vollgehängt ist, sollte doch zumindest grob sagen können, was es mit ihnen auf sich hat. Das ist nämlich der einzige Grund, warum man in ein Geschäft geht (die Verfügbarkeit der Instrumente ist keiner, denn das, was man sucht, findet man oft nicht). Es geht um Beratung, und da rücken manche Online-Anbieter gehörig auf, vor allem solche, die auch einen Laden haben und ihn gerne betreiben. Es gibt aber immer solche und solche. Im Musikhaus Klier in Nürnberg wurde uns, nachdem wir uns ein wenig umgesehen hatten, mit den Worten „Die ist gestimmt!“ eine Tenorukulele zur Ansicht in die Hand gedrückt. Wir wurden dort sehr nett und ausführlich beraten.

Dann gibt es die großen Geschäfte mit 20.000 Produkten und dem „Bestpreis“. Der Preis kann niedrig oder hoch sein, ob er der beste ist, hängt auch davon ab, was man dafür alles bekommt. Jetzt schmücken sich die großen Händler mit peppigen, nicht immer englischen Namen zuweilen mit Portraitphotos von Rockzauseln aus der Gitarrenabteilung, die gerade ihrer Gibson an die Gurgel gehen, und wollen damit Beratungskompetenz zeigen. Genau die hat aber bei Bestpreishändlern enge Grenzen, denn es kann gar nicht wirtschaftlich kalkuliert werden, einen Kunden lang und breit zu beraten und dann doch nur eine kleine Marge zu bekommen. Außerdem ist gar nicht sicher, daß Verkäufer, die als Rockgitarristen auftreten, überhaupt Kenntnisse über die Eigenheiten der Ukulele haben, eventuell hat jene musikalische Arroganz, die ihnen gelegentlich zu eigen ist, sie davon abgehalten, sich mit ihnen zu beschäftigen. Und falls doch: Wie will so jemand wissen, welche Ukulele für Sie oder mich die richtige ist?

Diese Geschäfte sind dann gut, wenn man genau weiß, was man haben will, und wenn es dabei keine Varianten gibt. Das bestellt man, bezahlt wenig und freut sich. Wenn es ein richtiger Kauf mit vorausgehender Beratung werden soll, ist man hier definitiv falsch aufgehoben. Zu den bezaubernden Ausnahmen gehört eine sehr bemühte Mitarbeiterin eines Onlinegeschäfts, die auf eine schlichte Anfrage nach einem Bariton-Koffer sage und schreibe 27 Koffermodelle komplett ausgemessen hat, ohne zu bemerken, daß nur einer davon ein Bariton-Koffer war. Kundendienst gibt es also durchaus, auch wenn er in diesem Fall eher mechanisch angelegt war. Aber wenn man zum Beispiel bei einem anderen dieser Online-Geschäfte zwei Koffer kaufen will, ist der eine plötzlich nicht lieferbar und der andere hat deutliche Mängel, er wird aber trotzdem verpackt und verschickt. Ersatzvorschläge muß man sich auf der Seite selber suchen. Und wenn man dann reklamiert und den Koffer umtauschen läßt, braucht man nicht zu denken, daß man auf einen späteren Kaufwunsch noch eine Antwort bekommt – nicht einmal nach mehreren Emails.

Man kann auch noch düstere Erfahrungen machen: Auf die technische Frage nach dem Unterschied zwischen dem 12. und dem 14. Bund als Halsansatz bekommt man zwar keine hinlängliche Auskunft („Glaubens- bzw. Präferenzfrage"), womit ein Ukulelenhändler definitiv sein Unwissen offenlegt. Dafür wird man mit Wörtern wie „aloha" und „mahalo" beschenkt und darf einseitige Duzerei und Gendersternchen erdulden. Wenn man höflich erklärt, warum man das nicht möchte, antwortet die Inhaberin, für sie sei ungefragtes Mansplaining „maximal übergriffig" – für sich genommen schon eine grobe Verharmlosung echter Übergriffigkeit. Bei näherem Hinsehen offenbart sich aber ein ganz anderes, tieferliegendes Problem mit dem Instant-Sonnenschein in der Ukulelen-Vermarktung, denn hier kontrastiert schrill und sehr deutsch die bornierte Engherzigkeit vor der klischeebeladenen Kulisse des Hawaii-Lebensgefühls. Und das ist in diesem Fall eben wirklich nur schöner Schein:

Auf der Shop-Seite geht es um den tollen Aloha-Spirit, dem man sich durchs Kaufen anschließen kann. Aber auf einer anderen Internetseite präsentiert sich diese Aloha-Botschafterin als berechnende Werbetexterin, die mit Emotionen arbeitet, um Marken und Produkte zu bewerben, und die ausdrücklich Pillar-Texte anbietet. Wenn man das weiß, liest sich die Ukulelen-Seite plötzlich ganz anders, im Grunde wie eine riesige Arbeitsprobe für das Marktkalkül einer Werbetexterin. Und dazu gehört es natürlich auch, in gespielter Südsee-Süßlichkeit die Kunden penetrant anzukumpeln und in einem Magazin den Deutschen „mehr Aloha – mehr Liebe und Freude" zu verordnen. Durch den Verkauf von Ukulelen soll das Land ein bißchen glücklicher gemacht werden. Ja, das kann nicht schaden. Auf die gängige Aufladung der Ukulele mit Klischees wurde bereits zu Beginn dieses Buches eingegangen, ganz hinten wird das Thema noch etwas drastischer abgehandelt. Denn es gibt bei manchen Ukulele-Freunden definitiv ein Problem mit den Hawaii-Klischees, und man braucht nicht viel Phantasie, um die Gründe für dieses Getue herauszufinden.

Der Kauf im Musikgeschäft schützt nicht immer vor schlechter Ware. Vor allem kleinere Musikgeschäfte versuchen sich durch individuelle Serviceleistungen zu profilieren, was ein sehr guter Gedanke ist, der aber auch an die Grenzen des Machbaren stoßen kann. Als wir eine Baritonukulele von APC zur Einstellung an ein solches serviceorientiertes Musikgeschäft eingeschickt hatten, erhielten wir zur Antwort, daß sie einen verdrehten Hals aufweist. Zunächst ist das nicht tragisch, aber der dort wirkende Experte legt die Saiten gerne recht tief. Wenn sich dann der Hals noch etwas weiter verdreht, kann das Instrument schnarren. Freundlicherweise riet er deshalb von der Überarbeitung ab. Beim APC-Händler „Som da se" in Portugal schien man unser Problem gar nicht zu verstehen. Das Reparaturangebot des Händlers in Portugal erschien nicht sinnvoll.

Unsere Empfehlung: Konzentrieren Sie sich auf Marken, die in Foren eine gewisse Reputation erreicht haben, und kaufen Sie bei Händlern, bei denen eine einfache Rückgabe möglich ist. Dort kann man auch vor dem Kauf bitten, genauer nach bestimmten Dingen zu sehen. Teure Instrumente wie z. B. von Kiwaya sind auch deshalb teuer, weil sie eine sehr intensive Qualitätskontrolle durchlaufen. Hier wird schon ab Werk alles optimal eingestellt.

Wer bei großen Online-Händlern bestellt und vielleicht die Erwartung hat, daß man dort das gekaufte Instrument vor dem Versand auf Mängel und Defekte prüft, der wird ebenfalls enttäuscht. Die Mitarbeiter haben zwar alle Zeit der Welt, auf diesbezügliche Fragen auch mehrmals im gleichen Sinne zurückzuschreiben, weigern sich jedoch, auch nur nachzusehen, ob die Bundstäbchen überstehen oder nicht. Die Berücksichtigung von Wünschen hinsichtlich der Maserung geht schon gar nicht. In den Produktbewertungen wird manchmal der Verdacht geäußert, daß es sich bei manchen Produkten um B-Ware handelt. Und bei der großen Lieblingsfirma der Onlineshopper würde man als Käufer nicht einmal auf die Idee kommen, überhaupt danach zu fragen, schon aus dem Grund, daß es dafür keinen kompetenten Ansprechpartner gibt. Wie weit ist es denn her mit dem Umweltschutz und der vielbemühten Nachhaltigkeit, wenn man auf gut Glück bestellen und dann die Mängelware wieder zurückschicken muß?

Also bleibt das gute Fachgeschäft. Wir haben Einkaufserfahrungen mit mehreren Musikhäusern in Deutschland, Österreich und Portugal, drei Ukulelen-Spezialhändlern in Deutschland und Frankreich, vier großen Onlinehändlern und einem großen Produzenten mit Onlinehandel. Vor allem das kleine Fachgeschäft macht einen soliden positiven Eindruck aufgrund der Selbstdarstellung auf seiner Internetseite. Dort heißt es, daß man die Kunden absolut zufrieden machen möchte. Über den billigsten Preis geht das klarerweise nicht, und für das, was man mehr bezahlt, bekommt man auch etwas. In diesem Fall gute Beratung und eine gute Einstellung des Instruments, die allerdings so weit gehen kann, daß der Inhaber auf eine Ukulele mehrere Saitensätze spannt, dafür die Stegeinlage umfeilt, schließlich doch nicht zufrieden ist und mit dem letzten Saitensatz dann doch wieder eine unkompensierte Stegeinlage einbaut. Das ist fragwürdig, weil es den Service-Mehrpreis tendenziell in die Höhe treibt, ein paar kleine Kratzer im Glanzlack hinterläßt und dann vielleicht in Sachen Saitenlage doch ein bißchen zu viel bewirkt hat. Für den Fachmann ist die Saitenlage dann optimal, aber für den Kunden kann sie zu tief sein, dann schlägt manchmal eine Saite am Bund an. Die vom Servicegeschäft angebotene Verringerung der Saitenlage, verbunden mit einer Stegkompensation, beruht, so meinen wir inzwischen, auf zwei Denkfehlern, weil sie erstens von den eigenen Vorstellungen des Fachmanns ausgeht und zweitens immer auf einen bestimmten Saitensatz abgestimmt wird. Wechselt man die Saiten, so funktioniert auch die Kompensation nicht mehr optimal – besonders stark wirkt sich das beim Wechsel zwischen linearer und rückläufiger Stimmung (tiefe bzw. hohe G-Saite) aus. Am einfachsten und billigsten fährt man mit einem unkompensierten und daher „universellen“ Steg, auch wenn man dafür die eine oder andere minimale Abweichung bei der Intonation in Kauf nehmen muß. So gravierend ist das alles nicht.

Das sind aber Dinge, die sich vorher besprechen lassen. Wichtiger erscheint die Frage der generellen Herangehensweise: Was ist denn eigentlich der optimale Klang? Gehen wirklich nur Pepe-Romero-Saiten oder kann nicht auch Aquila (oder Oasis oder Worth oder Angelschnur) zu einem höchst erfüllenden Musikerlebnis führen? Eigentlich sind die Sattelbreite und das Halsprofil für den Spieler einer Ukulele weitaus wichtiger als die Feincharakteristik der Saiten, denn vom Hals hängt ab, wie gut er mit dem Instrument umgehen kann. Dieser Punkt wird vernachlässigt, aber der warme Klang, die gute Verarbeitung und die spannende Maserung werden betont. Ein guter Händler müßte in jeder Beschreibung auch darauf hinweisen, ob der Hals eher kräftig oder flach ist, breit oder schmal.

Nimmt man den erwähnten Servicehändler beim Wort, was die völlige Zufriedenheit betrifft, kann es einem passieren, daß dieser Händler aus dem gemeinsamen Weg aussteigt. Im konkreten Fall wurde eine Cordoba 24B geliefert mit Fichtendecke, gemasertem Korpus, dunkelroter Einfassung, guten Saiten „Hausmarke“ und tiefergelegter und kompensierter Stegeinlage. Das Instrument hatte allerdings unsauber lackierte Stellen an den Zargen, einige Hülsen der Stimmwirbel standen ab, auf der Rückseite gab es eine deutliche Schramme, und die messerscharf runtergefeilte

Stegeinlage schnitt in die Saitenwicklung ein. Wenn man das reklamiert, kann man das Instrument zwar zurückschicken und bekommt sein Geld zurück, aber der Händler hat dann keine Lust mehr, noch ein anderes zu besorgen. Das ist verständlich, aber es ist vielleicht auch die Folge eines Marketingkonzepts, bei dem es eben um Versprechungen geht. Erst im Rückblick wurde dann auch klar, daß das Halsprofil der Cordoba-Ukulele vergleichsweise flach war. Das war weder in der Beschreibung noch bei der Beratung zur Sprache gekommen.

Im Internet kann man auch leicht einen auf Ukulelen spezialisierten Händler finden, in diesem Fall einen Musiker mit Tonstudio, also Praktiker und als solcher ein extrem guter Ratgeber. Er sagt zum Beispiel, daß man vor jeglicher Kompensation erstmal die Saiten wechseln sollte, und er hat auch ein sehr gutes Urteilsvermögen über die verschiedenen Hersteller und Marken. Er bietet nur an, was ihn selbst auch überzeugt – das bedeutet nicht, daß es nur teure Instrumente sind. Die hat er aber auch. Im Vergleich zum reinen Onlinehändler liegen seine Preise deutlich höher und dafür gibt es noch keine Überarbeitung wie beim Service-Musikhaus, es kann bei ihm zu längeren Wartezeiten kommen und das Porto fällt dann auch noch an. Trotzdem ist er als einer der kompetentesten Händler im deutschen Sprachraum unbedingt zu empfehlen, denn er nimmt sich wirklich Zeit für seine Kunden, ohne dabei Hektik zu verbreiten, und er hat eine gute, klare Linie. Man kann sich bei ihm auch online ein bestimmtes Instrument aussuchen, und alle, die er verkauft, werden darauf überprüft, daß sie völlig einwandfrei sind. Auf seiner Internetseite stellt er viele der angebotenen Instrumente vor und zeigt dabei, was ihm aufgefallen ist. Für ihn spricht auch, daß er mit vielen der Hersteller seiner Ukulelen teilweise schon lange in persönlicher Beziehung steht, nicht wenige von ihnen hat er auch selbst besucht. Auch wenn man bei ihm etwas mehr bezahlt, hat man doch das bessere Einkaufserlebnis als bei einem anonymen Großmarkt, man fühlt sich einfach auch besser bedient. Allerdings gibt es auch hier gewisse Grenzen, wenn man sich ein bestimmtes Modell aussuchen will. Aus einer Lieferung von 16 Stück Pono AT würde er maximal drei Stück im Sinne des Kunden anschauen, der Rest bleibt verpackt. Und falls man schreibt, daß man sich wegen eines Selbstbauprojekts gegen den Kauf entschieden hat, endet der Mailwechsel im Nichts. Geschäft ist Geschäft – freundschaftlich geduzt wird man sehr schnell, aber es wird eben keine Freundschaft. Das sollte einem als Käufer immer bewußt sein.

In manchen Fällen kann man es sich nicht aussuchen, wo man kauft, beispielsweise bei einem Etsy-Anbieter. Etsy ist ein Online-Markt, in dem jeder anbieten kann, was er selbst gebaut hat. Dort gibt es auch einige Anbieter von Ukulelen. Mehr darüber erfahren Sie im folgenden Kapitel, in dem es um Hersteller geht. Der große Nachteil liegt darin, daß man keine echte Beratung bekommt und daß das Bewertungssystem geschönt sein kann. Hier weiß man zunächst nicht, ob das Instrument gut ist oder nicht, und aufgrund des Imports aus irgendeinem Land gestaltet sich auch die Reklamation schwierig.

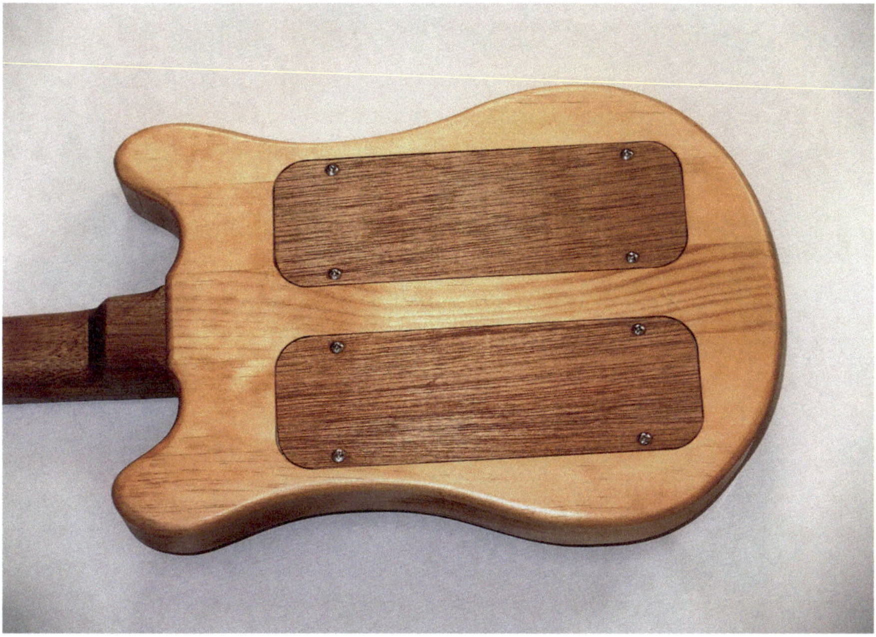

Auch in anderen Fällen können Hersteller und Händler dieselbe Person sein, so etwa bei Antica Ukuleleria, Bugle-Ukulelen, Christian Stoll, Brüko, Wunderkammer, Rob Collins, Grenosi und anderen. Dann ist das wiederum ein Vorteil, weil man dadurch einen Ansprechpartner für Beratung, Kauf und Reklamation hat und weil diese Person normalerweise sehr kompetent ist. Allerdings befindet man sich dann auch auf einem höheren Preisniveau.

Hersteller

In den vergangenen Jahren hat sich die Ukulele zum Masseninstrument entwickelt, weshalb sich das Angebot sehr verbreitert hat. Heute gibt es viele Hersteller, Marken und Produktlinien. Das Angebot kann man grob in vier Gruppen unterteilen, nämlich in billige Instrumente für anspruchslose Benutzer (Unterklasse), billige und dabei brauchbare Instrumente (Einstiegsklasse), bessere Instrumente für Fortgeschrittene und Instrumente der Spitzenklasse. Hierbei ist nicht berücksichtigt, wie und von wem diese Instrumente hergestellt werden. Die Hersteller lassen sich unterteilen in große Fabriken, kleine Werkstätten sowie Einzelhersteller. Das sagt noch nichts über die Qualität des Instruments aus, denn in großen Fabriken lassen sich prinzipiell bestimmte Fertigungsstandards kultivieren und ein Plastik-Griffbrett aus einer Fabrik dürfte deshalb eine bessere Bundreinheit bieten als ein handwerklich bundiertes aus dem Billigsegment. Handarbeit allein garantiert noch keine hohe Qualität.

Was kleine Werkstätten so sympathisch macht, ist ihre menschliche Ausstrahlung. Im Internet gibt es einige Videos von Werkstattbesichtigungen. Man sieht die Menschen an ihren Arbeitsplätzen werken, es sieht nicht nach Fabrikarbeit aus. Die traditionellen Hersteller auf Hawaii arbeiten so, auch viele weitere Marken wie Brüko in Deutschland oder Pono in Indonesien. Fabrikware kommt überwiegend aus China, und die damit verbundenen Arbeitsbedingungen sorgen immer wieder für Kritik. Die kleinen Einzelwerkstätten wie z. B. von Liam Kirby (Wunderkammer), Rob Collins (Tinguitar), Gregor Nowak (Grenosi), Volker Grass (Bugle) oder Marco Todeschini (Antica Ukuleleria) betören durch den Charme des persönlichen Instrumentenbaus. Der jeweilige Inhaber fertigt das jeweilige Stück von Anfang bis Ende alleine an, deshalb kann er auch auf viele Kundenwünsche eingehen. Solche Instrumente sind natürlich teurer als gleichwertige aus der Fertigungsstraße. Man kauft dabei eben auch die individuelle Herstellung. Die Herangehensweise dieser Einzelhersteller ist sehr verschieden: Marco Todeschini kombiniert alte Handwerkstradition mit modernen technischen Herstellungsverfahren, wogegen Liam Kirby nicht einmal eine Bandsäge verwendet und alles komplett in Handarbeit macht. Nicht jeder Einzelhersteller bietet Qualität, insbesondere auf Etsy tummeln sich auch zweifelhafte Anbieter. Wenn man sich nicht unabhängige Beurteilungen verschaffen kann, kauft man dort die Katze im Sack. Internetforen sowie die immer sehr empfehlenswerte Seite www.gotaukulele.com liefern viele persönliche Eindrücke, Vergleiche und Bewertungen über viele Marken.

Grundsätzlich kann man großen Herstellern vertrauen, wenn man sich nicht für die billigsten ihrer Produkte entscheidet. Wer mindestens 100 Euro in eine Ukulele von z. B. Kala, Leho, Cordoba, Ortega, Risa, Gewa oder einer ähnlich verbreiteten Marke steckt, wird damit nie ganz falsch liegen. Es lohnt sich jedoch immer, sich vor dem Kauf nach Bewertungen umzusehen, denn manchmal trifft man auf vergleichsweise günstige Instrumente, die trotzdem außergewöhnlich gut sind. Auf der Seite www.gotaukulele.com werden laufend sehr ausführliche Tests von Ukulelen aller Preisklassen veröffentlicht. Grundsätzlich kann man immer auch eine Ukulele aus einer kleinen Werkstätte wählen. Bei Einzelherstellern ist es eine Frage ihrer Reputation. Daß gute Qualität nicht immer teuer sein muß, zeigen die elektrischen Instrumente der australischen Marke Honni, auf die weiter unten ausführlich eingegangen wird. Zuvor gibt es eine Übersicht der besonders wichtigen Marken.

Die vier bedeutenden hawaiianischen Hersteller heißen Kanile'a, Ko-Aloha, Kamaka und Ko'olau, sie sind sozusagen die Gralshüter der Ukulelentradition und ihre in Handarbeit hergestellten Instrumente sind teuer, teilweise sehr teuer – auch aufgrund der hohen Versandkosten und Einfuhrabgaben. Die Kosten liegen im vierstelligen Bereich. Für viele Spieler ist eine Ukulele von einem der „Vier Ks“ ein Objekt echter Sehnsucht, aber dabei stets auch ein Prestigeobjekt. Einen ebenbürtigen oder sogar besseren Klang und ein hervorragend gutes Spielgefühl kann man auch schon sehr viel günstiger bekommen.

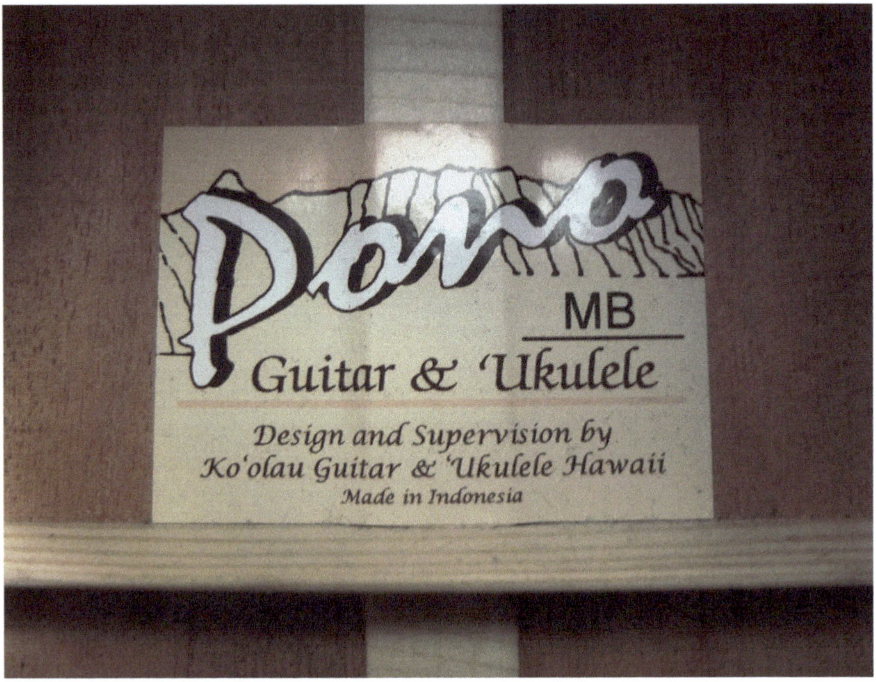

Aber man kann auch in unseren Gefilden richtig viel Geld ausgeben, um eine richtig gute Ukulele zu bekommen. Beispielsweise sind die Instrumente des deutschen Ukulelenbauers mit Meisterbrief, Tom Ziegenspeck, richtig gut und richtig kostspielig, ebenso wie die von Grenosi in Wien. Es geht aber auch sehr viel günstiger, denn einige der hawaiianischen Edelfirmen haben auch „Billigschienen“, die dann eben in Fernost produziert werden, jedoch mit den gleichen Materialien und Qualitätsstandards: Islander (Kanile'a, China), KoAlana (KoAloha, Indonesien), Opio (KoAloha, Thailand) sowie Pono (Ko'olau, Indonesien). Die Werkstätte, in denen Opio-Ukulelen hergestellt werden, baut außerdem noch Rebel-Ukulelen, die ebenfalls hervorragend sind. Auf diese Weise sickern das Wissen und die Fertigkeiten, mit denen die am höchsten gepriesenen Ukulelen der Welt gebaut werden, immer weiter zu anderen Herstellern, insbesondere in Schwellenländern. Das ist eine sehr gute Entwicklung, sowohl für die beteiligten Arbeiter als auch für die Käufer dieser Instrumente.

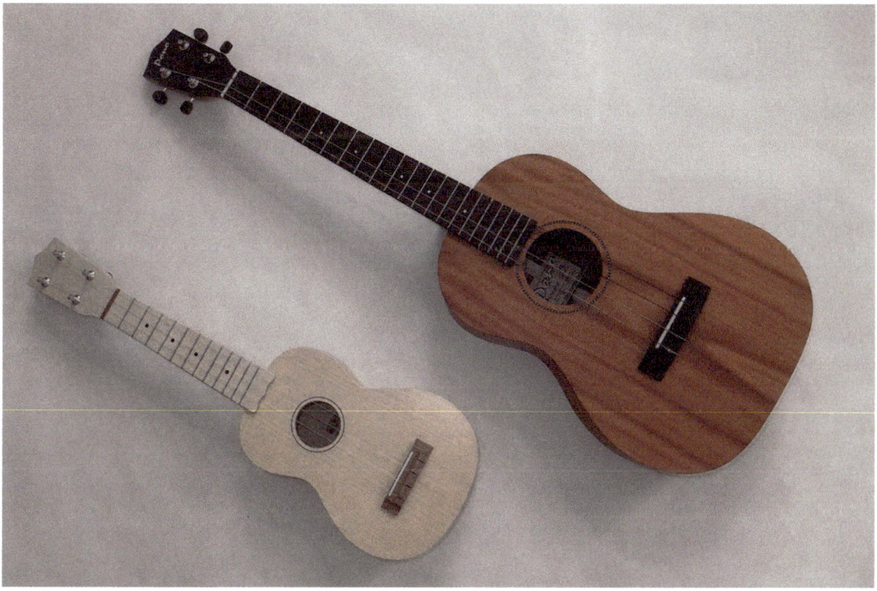

Denn damit bekommt man ein Instrument, das ausgesprochen dicht an den hawaiianischen Edelmarken dran ist, zu einem Bruchteil des Preises. Eine ebenfalls sehr empfehlenswerte Marke ist Kiwaya aus Japan, 1919 als Wartungsdienst für Grammophone gegründet und im Export auch unter dem Label Famous bekannt. Kiwaya-Ukulelen zeugen von überragend hoher Fertigungspräzision und Detailgenauigkeit, sie sind extrem gut eingestellt, spielen sich besonders leicht und haben einen wundervollen Klang. Die besseren werden in Japan hergestellt, inzwischen gibt es aber auch eine Einsteigerserie, die in China produziert wird. Ein weltbekannter Hersteller von Ukulelen ist außerdem die US-amerikanische Firma Martin, von der aber eher die Instrumente aus früheren Jahrzehnten geschätzt werden. Heute baut diese Firma auch günstige Ukulelen in Mexiko aus

Laminat, was bei einigen ihrer Anhänger Mißfallen ausgelöst hat. Von Martin-Ukulelen gibt es Nachbauten, einerseits von der bereits genannten japanischen Marke Kiwaya, die auch auf Taiwan deutlich ausgestrahlt hat (Millar-Ukulelen), aber auch von Ohana aus chinesischer Produktion. Gerade diese Marke zeichnet sich durch sehr spannende Produktvarianten wie achtsaitige Ukulelen oder einer vollmassiven Sopranukulele mit Tenormensur (Modellbezeichnung SK-30L) aus. Die Instrumente betören durch ein elegantes Äußeres, sind sehr gut verarbeitet und haben einen raffinierten Klang. Wenn man einen Betrag ab etwa 300 Euro vernünftig investieren will, sollte man sich an eine dieser Marken halten.

Mit geringeren verfügbaren Mitteln wird man sich an einen der großen Hersteller halten, unter denen Kala wahrscheinlich die breiteste Position einnimmt. Sehr zu empfehlen sind auch die Marken Leho, Leolani und Cordoba. Das bedeutet nicht, daß billige Ukulelen dieser Marken gut sind. Auch hier muß man für bessere Qualität etwas mehr bezahlen. Für 200 bis unter 300 Euro wird man ein gutes Instrument bekommen, und es ist anzunehmen, daß die Instrumente von Herstellern mit großen Fertigungskapazitäten ein gutes Preis-Leistungs-Verhältnis erreichen können, wenngleich man von einer kleineren Werkstätte immer ein Instrument mit mehr Handarbeit und Persönlichkeit erwarten kann. In beiden Fällen ist es wichtig, das Instrument im guten Fachhandel zu kaufen, wo es vor dem Versand nochmal durchgesehen und gegebenenfalls verbessert wird. Das schützt freilich nicht davor, auf einer Cordoba-Ukulele unsaubere Lackstellen und eine deutliche Schramme zu finden.

Aus unserer eigenen Erfahrung heraus können wir zu den folgenden Marken etwas sagen, wobei es natürlich immer sehr darauf ankommt, wie gut die Ukulele zum jeweiligen Spieler paßt. Beispielsweise sind die Hälse von APC-Ukulelen relativ dick, was für den einen gut und für den anderen schlecht sein kann:

- Antonio Pinto Carvalho, APC: Der portugiesische Hersteller baut schöne und brauchbare Instrumente mit einigen wenigen Schwächen. Kräftiger Hals, der aber sehr gut in der Hand liegt, zu dicke Kopfplatte mit schlichtem Firmenaufkleber, flache Bundstäbchen, die an der Seite teilweise etwas herausstehen, bei guter Einstellung sehr gut spielbar, schöne Resonanz, hübsche Hölzer, neuerdings auch aus einfachem Sperrholz statt massiv. Es gibt sogar Ukulelen in Eiche oder Eukalyptus. Auf der Oberfläche finden sich immer wieder lockenförmige Schleifspuren. Brauchbare Instrumente für den Anfang, sofern ein Fachmann darübergesehen hat.

- Cordoba: Hübsche Instrumente, auch mit massiver Fichtendecke erhältlich, Laminate mit spannender Oberfläche, flaches Halsprofil, bei guter Einstellung gut spielbar.
- Leho/Kala: Die flache Tenor aus massivem Mango in Hochglanz hat einen sehr schönen, runden und vollen Klang mit viel Sustain, es ist eine Freude, darauf zu spielen, sofern man mit der flachen Bauart zurechtkommt. Die Lackierung erscheint etwas dick, das Instrument wirkt dadurch naß. Für Reisen ist diese Ukulele sehr gut geeignet. Alternativ kann man sich auch nach einer Kala SSTU mit Fichtendecke umsehen, die selbst von einem sehr renommierten Fachhändler gelobt wird, obwohl er sie nicht verkauft. Ukulelen von Kala und Leho sind hinsichtlich ihrer Bauart und Qualität zum Verwechseln ähnlich.
- Pono: In den matten Versionen sehr ansehnliche, wertige Instrumente, die gut ausbalanciert sind, ab Tenorgröße mit verstellbarer Halseinlage, gute Dimensionierung des Halses, schöner und warmer Klang unabhängig vom verwendeten Holz. Die Leute in der Werkstatt scheinen Spaß an optischen Varietäten zu haben, die sich in unvermittelten Mustern auf Griffbrett und Korpus zeigen, aber immer dezent bleiben. Sehr schöne Oberfläche, vor allem am Kopf, gute Mechaniken, jedoch verbesserungswürdige Erstbesaitung. Die Hochglanz-Versionen haben ein saftigeres Maserbild, aber sonst keine nennenswerten Vorzüge gegenüber den matten.
- Brüko: Rundum massives Holz von verschiedenen heimischen Bäumen, trotzdem günstiger Preis. Die Mensuren sind etwas kürzer als gewohnt, außerdem haben Konzert und Tenor die gleiche Korpusgröße. Sonderwünsche auf Anfrage. Die Bundstäbchen sitzen direkt im Hals. Alles ist möglichst einfach gehalten, dabei erstklassig verarbeitet. Der Klang einer Brüko hat Wiedererkennungswert aufgrund einer gewissen Direkt-

heit, weshalb sie sich sehr gut fürs Melodiespiel eignet. Die Verarbeitung ist wirklich zum Niederknieen und verleiht jedem Instrument die vornehme Noblesse guter Schulmöbel. Brüko ist ein Fossil unter den deutschen Anbietern, denn alles wird im eigenen Haus gemacht. Dafür verlangen andere Anbieter den vierfachen Preis.

- Kiwaya: Man braucht sie nur in die Hand zu nehmen, schon spielt sie nahezu von selbst. Man kann sie auch kaum wieder weglegen. Diese Instrumente sind dermaßen gut verarbeitet und eingestellt, daß die Suche nach der Lieblingsukulele wahrscheinlich bei dieser Marke endet. Die Einstiegsklasse besteht aus speziellem, sehr hochwertigem Laminat und spielt auch viele Ukulelen aus Massivholz locker an die Wand. Der Klang der teureren Massivholz-Kiwayas ist voll und reich mit komplexen Obertönen und endlosem Nachklang.
- Brunswick, GEWA: Zwei günstige Marken mit recht beachtlichen Vorzügen. Bei der Brunswick fällt die leicht konkave Halsführung auf, die man sonst nur in den höheren Preisklassen antrifft. Es handelt sich hier um Gebrauchsinstrumente, mit denen man bei guter Einstellung einen sauberen Anfang machen kann und die auch später noch ihren Zweck erfüllen, beispielsweise auf Reisen oder für eine Sonderstimmung. Brunswick scheint dabei für den günstigen Preis etwas mehr zu bieten, auch wenn die Instrumente nur eine Kunststoffeinfassung haben.
- Baton Rouge: Unter den günstigen Marken fällt Baton Rouge mit sehr guter Verarbeitung und vor allem Einstellung auf und wird deshalb auch regelmäßig in Bewertungen sehr empfohlen. Die achtsaitige Tenorukulele zum sehr günstigen Preis (solide Verarbeitung, sehr schöne Oberfläche, gewölbter Rücken, sehr brauchbare Mechaniken, gute Erstbesaitung mit guter Saitenlage) kann sich problemlos mit doppelt oder dreimal so teuren Instrumenten messen.
- Ohana: Chinesische Fabrikware mit sehr hohem Fertigungsniveau, sehr gute Qualität zum günstigen Preis. Neben den geschmackvollen Martin-Nachbauten gibt es sehr spannende Modellvarianten, mit denen man hervorragend experimentieren kann. Klanglich können Ohana-Ukulelen auch mit weitaus teureren Spitzeninstrumenten mithalten. Sie sind sehr gut verarbeitet und lassen sich leicht spielen.

Die folgenden beiden Marken können wir aufgrund unserer Recherchen empfehlen, wir haben sie jedoch nicht selbst gespielt:

- Noch immer eine Art Geheimtip sind die Millar-Ukulelen aus Taiwan. Das Familienunternehmen wird nach den hohen japanischen Standards geführt und beschränkt sich auf sehr niedrige Produktionszahlen. Unter den verschiedenen Ausführungen finden sich auch solche mit Schalldecken aus Engelmannfichte, die sich durch sehr guten Klang und ordentliche Lautstärke empfehlen.
- Enya-Ukulelen der Serie X1 haben einen Korpus aus HPL, einem hochfesten Laminat, und sind in verschiedenen Größen und Varianten erhältlich, auch als runde („Camping"-)Sopran. Sie haben herausragende Klangeigenschaften und sind aufgrund ihrer Wetterbeständigkeit zuverlässige Reisebegleiter, für die man nicht sehr viel Geld ins Feuer hängt.

Vorsicht bei Bastlerangeboten

Es gibt eine ganze Reihe höchst ambitionierter Anbieter handgearbeiteter Ukulelen, von denen Ken Timms zweifellos die höchste Reputation erlangt hat. Leider baut er seine legendären Ukulelen nicht mehr. Falls Sie noch irgendwo eine erwischen können, sollten Sie unbedingt zugreifen. Das gilt auch für die komplett handgearbeiteten Instrumente von Liam Kirby, die unter dem Namen „Wunderkammer" angeboten werden. Es sind überaus hochwertige und gesuchte Instrumente, auch wenn ihnen manche Modelle von Rob Collins leicht den Rang ablaufen können. Nehmen Sie beide Namen als Empfehlungen für den guten, solide handwerklichen Instrumentenbauer, den man in verschiedenen Ländern finden kann. Auf diesen Zug springen jedoch auch einige Anbieter auf, deren Instrumente weit hinter den Versprechungen zurückfallen – deshalb sollte man vorher ausprobieren, was man kauft. Auf der Verkaufsplattform Etsy ist das, wie generell im Online-Vertrieb, nicht möglich, wie das folgende Beispiel zeigt.

„Meinen Instrumenten wird nachgesagt, sie hätten das Mojo", verkündet da ein Instrumentenmacher in seiner Selbstdarstellung[13]. Der Mann macht eigentlich einen guten Eindruck: Kleine Werkstatt, viel vom Vater gelernt, ein „Luthier“ (Gitarrenbauer) des ganz alten Schlags, der Instrumente nach den Prinzipien baut, die in den guten alten Zeiten gültig waren. Er holt ganze Stämme aus dem Sumpfwasser, in dem sie jahrzehntelang gelegen haben, arbeitet mit typischen Bäumen seiner Region und auch mit dem Holz aus uralten Möbeln. Aber was ist das „Mojo“? Irgendwo in den Austin-Powers-Filmen geht es darum, da ist es etwas Anzügliches. Bei Musikinstrumenten ist es so etwas wie „das gewisse Extra“, das Magisch-Unbeschreibliche. Man kann es fühlen und hören, aber nicht erklären. Oder vielleicht ist es nur eine phantasievolle Zuschreibung, um zu vermitteln, daß das Instrument einfach besonders gut ist. Dieser Anbieter, nennen wir ihn Mr. Mojo, bietet verschiedene Instrumente an, sogar die bemerkenswerte „Appalachian Git Fiddle“, ein viersaitiges Zupfinstrument mit dem Korpus einer Geige und einem langen Hals. Er führt seine Instrumente in kurzen Filmen vor und auch diese vermitteln einen guten Eindruck.

Allerdings ist es ein teurer Spaß, etwas bei ihm zu bestellen, denn zu den ohnehin nicht günstigen Preisen kommt noch der Versand aus der Neuen Welt hinzu, außerdem fallen die üblichen Einfuhrabgaben an. Für ein einfaches Instrument ist man also schnell deutlich jenseits von 500 Euro, dafür kann man auch drei Stück von Honni Music oder eine massive akustische Pono in Bariton-Größe kaufen, und es ist dringend davon abzuraten, soviel Geld auf Verdacht für ein Instrument zu bezahlen, das man vor dem Kauf nicht in der Hand hatte. Auf der anderen Seite denkt man ja, daß sich der Luthier höchstpersönlich mit den Wünschen des Käufers befaßt und man deshalb auf der sicheren Seite ist. Die Annahme, daß man engmaschig in den Entstehungsprozeß eingebunden wird, erwies sich jedoch in unserem Fall als falsch. Als er zwischendurch Bilder zeigte, war bereits klar zu erkennen, wie unsauber das Schalloch ausgeschnitten war. Der Mann verwies auf später: Das wird dann alles noch gerichtet und geglättet. Nun gut.

---

13 https://gsmonroe.com

Da Mr. Mojo uns kurz vor dem Verschicken nicht mehr erreichen konnte, hat er die bestellte Ware dann ohne vorherige Rücksprache auf den Weg über den Atlantik gebracht. Auf den von ihm digital gesendeten Bildern war jedoch deutlich zu sehen, daß das Instrument gar nicht die Form des bestellten Modells hatte. Mr. Mojo stritt das ab, er schob es auf die Perspektive der Kamera, es war aber deutlich zu sehen. Die Frage war nun, ob man das Paket überhaupt annehmen sollte oder nicht. Da sich Meister Mo konziliant gab, wurde die Sendung angenommen, aber dann kam es zur eigentlichen üblen Überraschung. So hoch nämlich die Selbsteinschätzung dieses Mannes ist, so liederlich war die Fertigungsqualität seines Instruments. Das Schalloch war nicht rund, sondern laienhaft unregelmäßig – aber weitaus erschütternder war die Tatsache, daß er den losen Steg unter die Saiten geklemmt hatte, als der Lack noch naß war. Das hinterließ sehr deutliche Spuren, ebenso wie die Noppenfolie, in die das nasse Ding eingeschlagen wurde wie der Fisch in die Zeitung. Kurz und gut: Mr. Mojo bekam die geballte Unzufriedenheit seines Kunden zu spüren und erstattete schließlich den gesamten Kaufpreis. Der Verlust lag nun lediglich in den Einfuhrabgaben, war also zu verkraften, aber die ganze Vorfreude und der immense Aufwand waren umsonst. Besonders enttäuschend war, daß die gelieferte Ware überhaupt nicht hielt, was zunächst vollmundig versprochen worden war. Mr. Mojo stellte es uns anheim, sein Instrument als Feuerholz zu verwenden. Eine umfangreiche Bewertung auf der Verkaufsplattform ist nach wenigen Tagen verschwunden.

Soll man also die Finger von individuell angefertigten Instrumenten lassen? Nein, soll man nicht. Aber man sollte sich darum bemühen, ein Instrument aus dieser Produktion einmal genauer in Augenschein nehmen zu können. Es kann auch nützlich sein, sich im Internet nach unabhängigen Bewertungen umzusehen. Und es muß auch nicht unbedingt Amerika sein, denn die Wurzeln dieser Instrumente liegen ohnehin in Europa, wo es ebenfalls eine ganze Menge von Herstellern verschiedener Art und Arbeitsweise gibt. Wenn Sie die Kontrolle über den Entstehungsprozeß behalten wollen, können Sie sich auch nach einem Bausatz umsehen, so etwas gibt es bereits für etliche verschiedene Varianten. Entscheidend ist nur, daß die Bünde den richtigen Abstand voneinander haben, alles andere kann man beim Zusammenbau selbst beeinflussen.

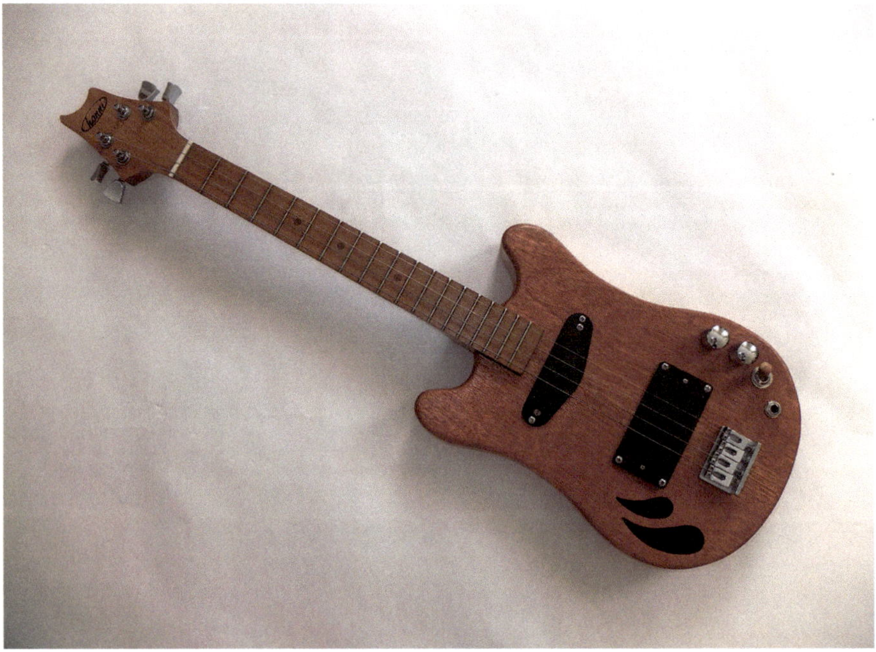

Elektrische Ukulelen

Wer sich mit den Mitteln der Ukulele im Bereich der elektrisch verstärkten Musik betätigen will, der hat dafür verschiedene Möglichkeiten. Besonders populär, laut Barry Maz jedoch nicht ohne Vorbehalte zu empfehlen, sind die unter dem Namen „Bohemian Oil“ vertriebenen Instrumente, die auf einem Blechkanister aufgebaut sind. In Tschechien werden die elektrischen Ukulelen des deutschen Herstellers RISA gefertigt, die stark an legendäre E-Gitarren angelehnt sind und beispielsweise handgefertigte Humbucker-Tonabnehmer enthalten. Das sind sehr hochwertige Instrumente für anspruchsvolle Benutzer, sie sind aber nicht ganz billig und richten sich leider ausschließlich an Rechtshänder.

Etwa für den gleichen Preis, jedoch zuzüglich Überseeporto, Einfuhrumsatzsteuer und Zoll, kann man sich aus den USA aus eine nach Kundenwunsch handgefertigte elektrische „Sparrow-Ukulele“ mit selbstgewickelten Humbuckern kommen lassen: Die sind sehr individuell, sehr schön und wohl auch sehr gut. Für ein langjähriges Lieblingsstück können sich die hohen Gesamtkosten der Anschaffung durchaus lohnen. Wenn Sie solche Ukulelen mal bei einem europäischen Händler finden sollten, könnte das eine echte Gelegenheit sein. Bis dahin kann man sich auf der Seite www.sparrowukulele.com die verschiedenen Modelle ansehen.

Aber auch mit schmäleren Mitteln kann man ein sehr attraktives Boutiqueninstrument nach Kundenwunsch bekommen, sogar mit der Mensurlänge einer Tenorgitarre. Die Instrumente des australischen Autodidakten Adrian Casten, die von ihm unter den Namen „Honni Music“ produziert werden, erfreuen sich trotz ihrer etwas groben Ausführung hoher Reputation. Zu finden sind sie auf der Seite www.honnimusic.com. Adrian baut verschiedene Ukulele-Typen, darunter auch Baritonukulelen, sowie Tenor-Gitarren, deren einziges Unterscheidungsmerkmal in einem geringfügig längeren Hals liegt. Das ist eine gute Wahl für Leute, die etwas mehr in der Hand haben wollen, denn aufgrund der Bauweise mit sehr tief angesetztem Saitenhalter ist eine elektrische Baritonukulele wesentlich kürzer als eine akustische. Ein Entscheidungskriterium kann die Überlegung sein, daß eine längere Mensur zu einer höheren Saitenspannung führt, allerdings nur unter der Voraussetzung, daß man die gleichen Saiten verwendet.

Die Instrumente von Honni Music sind aus vielen Gründen sehr empfehlenswert, man muß sich jedoch der Tatsache bewußt sein, daß sie in einem Garagenbetrieb mit den Mitteln und Möglichkeiten des ambitionierten Bastlers gebaut werden. Uns hat von Anfang an die extrem hohe Qualität der Bünde begeistert. Sie sind hoch, sehr präzise positioniert und an dem Kanten sehr glatt geschliffen, was bei regulärer Firmenware keineswegs selbstverständlich ist. Diese hohe Qualität schlägt sich auch in einer sehr guten Bund- und Oktavreinheit nieder – gute Einstellung vorausgesetzt. Die bleibt dem Käufer überlassen. Er muß bereit sein, durch Drehen verschiedener Einstellschrauben am Sattel die Saitenlage und die Oktavreinheit genau zu justieren. Erst dann zeigt sich die überlegene Intonation dieser Instrumente. Ein bißchen eigenes Zutun ist auch bei den Bauteilen selbst sehr zu empfehlen. An der Version mit Schallöchern in f-Form sind ein paar Ungenauigkeiten nachzufeilen, außerdem kann man die Innenkanten der Ausschnitte schwarz lackieren und dann noch schwarzes Papier in den Korpus einlegen, um eine perfekte Optik zu erreichen. Auch kann es sein, daß der Saitenhalter etwas schief montiert ist, was sich ebenfalls recht leicht beheben läßt. Außerdem war der Wahlschalter für die Tonabnehmer nicht sinnvoll ausgerichtet, auch hier gab es eine kleine Nachbesserung. An der Rückseite weist der Korpus leider ein paar Druckstellen auf, die sich nicht reparieren lassen, und die Schellack-Lackierung ist an einigen Stellen ein bißchen schlampig gemacht. Dieser Lack ist resistent gegen Benzin und Spiritus, was sich beim Lackieren der Schallöcher als sehr hilfreich erwies. Wenn man will, kann man alles auseinandernehmen und den Korpus komplett überarbeiten, aber das ist nicht nötig, wenn man mit diesen geringfügigen Spuren echter handwerklicher Arbeit kein Problem hat.

Man kann diese elektrischen Ukulelen sehr gut an einem Roland Cube 10 oder einem VOX Mini3 G2 oder einem ähnlichen kleinen Verstärker verwenden. Damit lassen sich alle denkbaren Effekte in mehr als ausreichender Lautstärke erzielen. Bei höherer Gain- und Effekt-Einstellung kommt es zu einem deutlichen Rauschen der Ukulele. Berührt man die Saiten, verschwindet dieses Rauschen. Dieses Phänomen ist normal und zeigt, daß die Saiten einen korrekten Masseanschluß haben. Möglicherweise bekommt man es weg, indem man den Verstärker erdet. Das Rauschen ist keine Besonderheit der Honni-Instrumente und auch kein Defekt, aber es hängt wahrscheinlich damit zusammen, daß für diese Instrumente die billigsten Tonabnehmer verwendet werden, die man finden kann. Diese Instrumente sind trotz Versand- und Einfuhrkosten ausgesprochen preiswert. Es wäre unfair, bei diesem Preis völlig glatte, perfekte Industrieware zu erwarten. Honni-Ukulelen sind in den Aspekten, auf die es ankommt, absolut hochklassig, aber dazu gehört, daß man sich als Besitzer damit gründlich auseinandersetzt und einige wesentliche Einstellungen und unwesentliche kosmetische Verbesserungen selbst vornimmt. Mit dieser Einschränkung sind diese Instrumente absolut empfehlenswert.

3. Die richtige Einstellung

Vom Kauf beim Bestpreis-Anbieter ist grundsätzlich abzuraten, weil man dort das Instrument genau so bekommt, wie es von der Fabrik angeliefert wurde. Es wird üblicherweise nicht überprüft und nicht eingestellt. Bei manchen Firmen (Kiwaya, Ohana, Millar, Brüko, Enya u. a.) ist die Endkontrolle sehr gut, bei anderen ist sie es nicht. Der Anfänger wird mit so einem Instrument möglicherweise nicht viel Freude haben, wenn er nicht weiß, wie er es richtig einstellen kann. Gerade preiswerte Ukulelen können aber auf diese Weise überhaupt erst brauchbar gemacht werden. Entscheidend ist dabei, die Spielbarkeit und die Intonation zu verbessern. Es kommt nicht auf absolute Perfektion an, sondern darauf, daß sich die Ukulele für den Spieler, der sie verwenden soll, eignet. Die eine richtige Einstellung gibt es nicht: Saitenlage und Intonation sollten auch zu der Musik passen, die man spielen will, nicht zuletzt auch zu den verwendeten Saiten. Es geht also um den bestmöglichen Kompromiß. Zwei Beispiele: Wer kräftiger spielt, wird eine höhere Saitenlage wählen als jemand, der sanft zupft. Und die Abweichungen der einzelnen Töne auf dem Griffbrett können beim einen Akkord harmonisch klingen, bei einem anderen aber schon leicht schief.

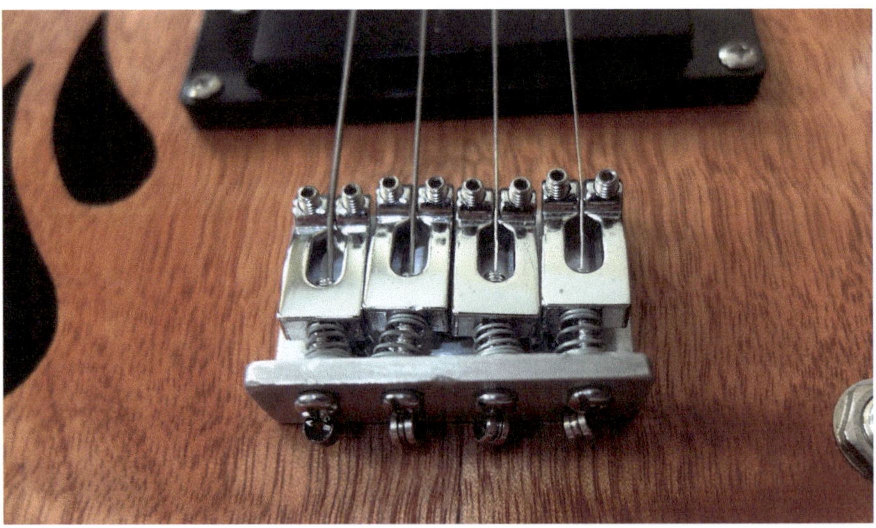

Wozu Einstellung?

So wie man vor der Autofahrt den Sitz und die Spiegel einstellt, sollte die Ukulele, auch aus Respekt vor den Zuhörern, ab und zu gestimmt und zumindest einmal auf Bundreinheit geprüft und gegebenenfalls kompensiert werden. Eine gut eingestellte Ukulele erleichtert das Spielen und wirkt sich positiv auf den Klang aus. Außerdem werden so eventuelle Mängel, die bei der Herstellung entstanden sind, behoben. Die Tenor-Banjolele von APC wurde in einem Forum als „out of the box unspielbar" bezeichnet.[14] Die Leute dort hatten an der Saitenlage und der dicken Kopfplatte einiges zu bemängeln; wir fanden sie sehr gut, nur etwas laut. Um unsere APC Baritonukulelen einstellen zu lassen, haben wir sie zu einem Service-Musikhaus nach Bayern eingeschickt. Bei einer stellte sich heraus, daß sie einen verdrehten Hals hatte, doch die andere wurde sehr gut überarbeitet. Die Saiten wurden etwas tiefer gelegt, es wurde eine Kompensation vorgenommen und spezielle Saiten aufgezogen. Damit waren wir insgesamt sehr zufrieden.

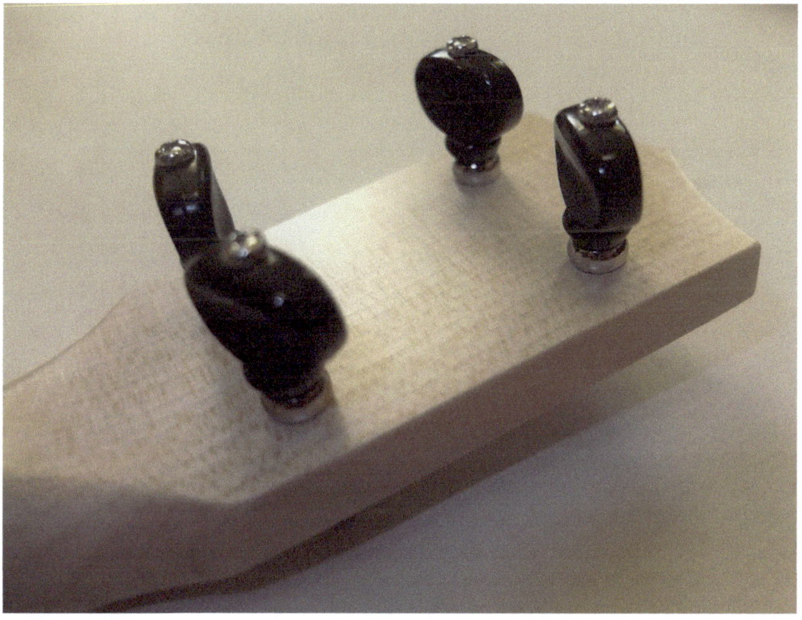

14 https://www.ukulelenboard.de/index.php?topic=21848.0, #10

Auch manche Stimmwirbel machen eine Einstellung erforderlich. Direkte Wirbel (Friction Pegs) haben keine Übersetzung und halten dadurch, daß sie klemmen, ähnlich wie bei einer Geige. Mit der Zeit werden sie etwas locker und halten die Stimmung nicht mehr so gut, dann muß die kleine Schraube auf der Rückseite in sehr geringer Dosis nachgezogen werden.

Vor allem der Anfänger braucht ein gut eingestelltes Instrument, damit er beim Lernen besser vorankommt. Es ist aber meistens der Anfänger, der ein billiges Instrument verwendet, und bei diesen Ukulelen aus dem unteren Preissegment kann diese Einstellung nicht mitgeliefert werden. Man sollte also gerade als Anfänger entweder die paar Scheinchen dazulegen, die einem ein Instrument von besserer Qualität und vor allem guter Einstellung verschaffen, oder sich selbst mit der Materie vertraut machen. Billige Instrumente haben auch noch den Nachteil, daß sie nur innerhalb gewisser Grenzen verbessert werden können. Was an der Konstruktion schon versäumt wurde, etwa durch falsche Plazierung der Bundstäbchen, kann man auch später nicht mehr in Ordnung bringen.

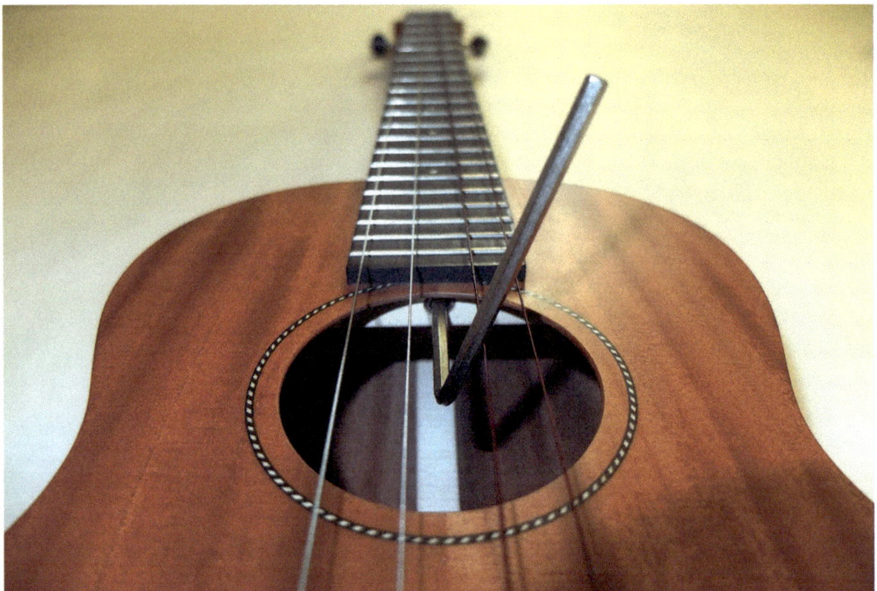

Dem Anfänger ist grundsätzlich zu raten, solche Anpassungen durch einen Fachmann durchführen zu lassen. Sie sind nicht teuer, manche Musikalienhändler erledigen sie sogar standardmäßig. Erklären Sie dafür unbedingt, ob Sie Anfänger oder Fortgeschrittener sind und welche Spielweise Sie praktizieren, denn davon hängt die für Sie passende Einstellung ab. Häufig wird über eine zu hohe Saitenlage geklagt, aber auch diese hat mehrere Aspekte, die man berücksichtigen sollte. Eine hohe Saitenlage ist sinnvoll bei härterer Spielweise, tendenziell beim Akkordschlagen, sowie bei dickeren Saiten. Ihre Nachteile liegen in einer schlechteren Intonation (Bundreinheit) und höherem Kraftaufwand beim Greifen der Akkorde. Letzterer kann durch eine geringere Saitenspannung ausgeglichen werden, aus der sich wieder andere Nachteile ergeben. Eine tiefe Saitenlage wird vor allem von Fortgeschrittenen sehr geschätzt, weil sie ein feineres, leichteres Spiel mit weniger Kraftaufwand und besserer Intonation erlaubt. Ihr Nachteil liegt in einem Schnarren bei kräftigerer Spielweise sowie bei dickeren Saiten. Der Unterschied ist auch für den Anfänger sofort zu erkennen. Und gerade für den Anfänger erweist sich eine gute Einstellung des Instruments als sehr vorteilhaft.

Zum Ändern der Saitenlage wird die Stegeinlage abgeschliffen, außerdem werden die oft zu hohen Sattelschlitze etwas tiefer gefeilt. Gerade hier am Sattel ist das richtige Maß wesentlich. Die Saitenlage kann dann an der Stegeinlage genau eingestellt werden. Was man hier zuviel wegfeilt, das ist weg. Und wenn die Saitenlage dann zu tief ist, können die Saiten beim Spielen an die Bünde anschlagen. Die Sattelschlitze sollten auch nicht zu eng sein, weil die Saiten sonst beim Stimmen etwas haken können – besonders die umwickelten Saiten sowie solche mit rauher Oberfläche. Die Schlitze sollten zur Kopfplatte hin leicht abfallen, damit die Saite nur an einem Punkt aufliegt. Eine Saitenlage, bei der die Saiten etwa 2,5 bis 3 mm Abstand zum 12. Bund haben, ist in den meisten Fällen brauchbar, mehr oder viel weniger sollte es nicht sein. Messen Sie bei gut eingestellten Instrumenten (z. B. von Kiwaya) nach, wie man es dort gemacht hat. Für diese Anpassung sollte man aber auch das Griffbrett gut kennen. Wenn es eine ganz leichte konkave Biegung aufweist, kann die Saitenlage sehr tief sein. Dies haben wir zum Beispiel bei einer sehr billigen Baritonukulele der Marke Brunswick festgestellt. Bei manchen Instrumenten, beispielsweise der Marke Pono, gibt es im Hals eine verstellbare Einlage, mit der sich diese Krümmung leicht einstellen läßt.

Eine weitere Einstellmöglichkeit betrifft die Kompensation der Stegeinlage, die jedoch von den verwendeten Saiten abhängt. Unser Rat ist, es an dieser Stelle nicht zu genau zu nehmen, eine geringere (oder gar keine) Kompensation kann sich als guter Kompromiß erweisen, wenn man beabsichtigt, gelegentlich andere Saiten zu verwenden. Vorteilhaft sind hier die einzeln verstellbaren Saitenhalter elektrischer Ukulelen, aber da wirkt sich die Kompensation auch deutlich stärker aus, weil man es mit Stahlsaiten zu tun hat.

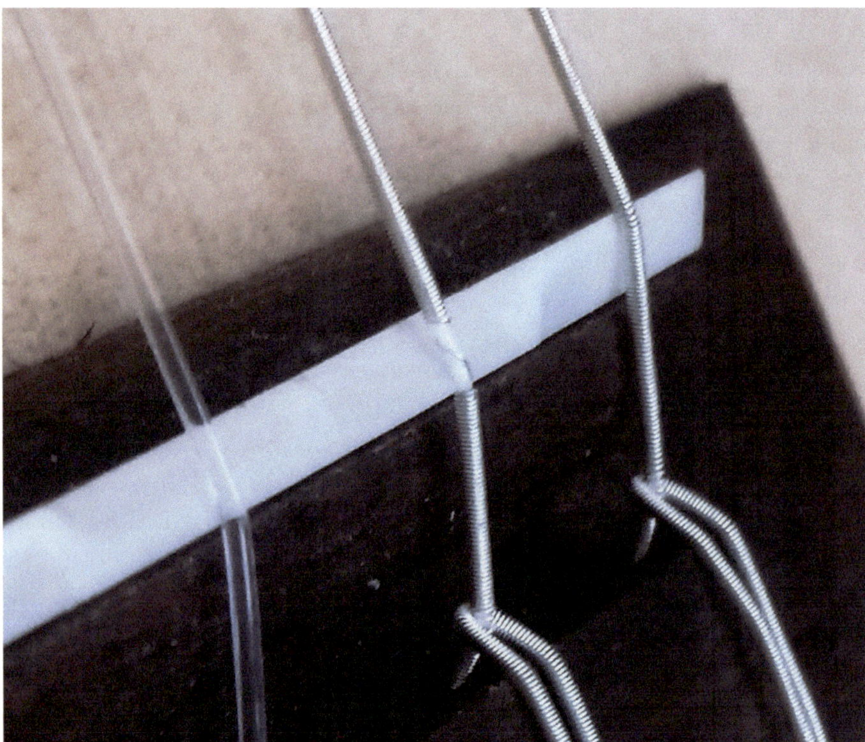

Die Hintergründe der Saitenlage – genauer erklärt

Zu den wichtigsten Anpassungen einer Ukulele gehört die Einstellung der Saitenlage, sie ist wahrscheinlich überhaupt die wichtigste Einstellung und geht der Kompensation voraus, wenn man diese überhaupt für nötig hält. Bei der Einstellung der Saitenlage geht es um den Abstand der Saiten von den Bünden und dem Korpus des Instruments. Vereinfacht gesagt, spielen Anfänger eher mit höherer und Fortgeschrittene eher mit niedriger Saitenlage. Die Verringerung des Abstands bringt wesentliche klangliche Vorteile, setzt aber eine genauere Spieltechnik voraus, vor allem hinsichtlich der Anschlagstärke: Wer auf dem Instrument eher grob unterwegs ist, bei dem führt eine niedrigere Saitenlage schnell zum Anschlagen der Saiten an die Bünde, also zu schnarrenden Geräuschen. Anfänger sollten daher ihr Instrument zunächst einfach so verwenden, wie sie es bekommen. Sobald sie zu einer halbwegs verfeinerten Zupftechnik finden, wird die richtige Einstellung der Saitenlage aktuell, doch auch dann ist es möglich, daß die Saiten zu tief liegen. Instrumente mit versteckten Defekten am Hals sollten ebenfalls mit höherer Saitenlage gespielt werden. Verzieht sich das Holz weiter, kann sich das bei einer tieferen Saitenlage schnell in Nebengeräuschen äußern.

Grundsätzlich ist eine tiefere Saitenlage besser als eine hohe. Erstens erlaubt sie ein leichteres Spiel mit weniger Druck, weil die Saiten ja bereits näher an den Bünden liegen. Zweitens vermindert die tiefere Lage einen physikalischen Effekt, der sich aus dem Niederdrücken der Saiten ergibt und, ganz einfach gesagt, zu „falschen Tönen" führt. Wenn die Saite genau auf einen bestimmten Ton gestimmt wird, aber dann für einen anderen Ton niedergedrückt wird, wird sie durch den Druck des Fingers ein kleines bißchen gespannt. Dadurch wird ihre Schwingungsfrequenz geringfügig erhöht. Dieser Effekt wird zur Mitte der Saite hin stärker, weil der Abstand zu den Bünden zunimmt. Man kann diesen Effekt durch die sogenannte Kompensation, also bestimmte Veränderungen an der Stegeinlage, zu einem gewissen Teil ausgleichen. Er nimmt aber insgesamt deutlich ab, wenn die Saitenlage verringert wird. Eine Einstellung dieses Abstands führt also vor allem zu einer besseren Intonation, also genauerer Wiedergabe der gewünschten Töne.

Es ist auch zu bedenken, daß bei niedrigerer Saitenlage das Instrument etwas leiser gespielt wird. Wer es lauter wünscht, muß dann wiederum stärker spielen, was zum Schnarren führen kann. Daher muß die Saitenlage individuell angepaßt werden, es gibt keine für jeden gültige optimale Einstellung. Zur Änderung der Saitenlage nimmt man die Stegeinlage heraus, schleift sie auf der Unterseite ein bißchen ab und steckt sie wieder an ihren Platz. Veränderungen am Sattel, also der Auflage am Übergang zum Hals, sollten wirklich nur vom Fachmann durchgeführt werden, als Laie macht man dort mit ziemlicher Sicherheit mehr kaputt als besser. Auch dafür gibt es im Internet Anleitungen und Richtwerte, aber tun Sie sich einfach selbst einen Gefallen und lassen Sie es. Mit der Veränderung der Stegeinlage können Sie viel bewirken, und wenn Sie es vergeigen, kaufen Sie sich für ein paar Euro eine neue.

Wie hoch sollte nun die Saitenlage sein? Ein Richtwert ist, daß sie am 12. Bund, also in der Mitte der Saite, etwa 2,5 bis 3 mm betragen sollte. Es ist aber dringend anzuraten, sich das vorher genau zu überlegen. Da die Schwingungsamplitude der tieferen Saiten größer ist als die der höheren, wird eine tiefe Saite bei gleichem Abstand eher an die Bünde anstoßen. Deshalb sollte man sie grundsätzlich etwas höher einstellen, sodaß sie etwas mehr Abstand vom Griffbrett haben. Bei manchen Instrumenten, etwa denen der Marke Pono, hat daher die Stegeinlage eine abfallende Höhe. Für die genaue Einstellung der Saitenlage gibt es spezielle, kleine Lineale, die man auf dem Hals anlegt. Elektrische Ukulelen verfügen über Saitenhalter, an denen man die Lage jeder einzelnen Saite separat anpassen kann. Bei Instrumenten mit radial gewölbtem Griffbrett ist der Abstand zu der Stelle des Bundes maßgeblich, auf welche die Saite gedrückt wird.

Bundreinheit und Kompensation

Die Abweichung von der vorgesehenen Tonhöhe bei gegriffenen Bünden kann zwei Ursachen haben, erstens die zusätzliche Spannung der Saite durch das Niederdrücken und zweitens die ungenaue Plazierung der Bünde. Bei einfachen und billigen Instrumenten kommen beide Ursachen zusammen und können sich im ungünstigeren Fall gegenseitig verstärken. Bei besseren Instrumenten kann man von einer sauberen und präzisen Verarbeitung ausgehen, trotzdem bleibt hier die Physik der gespannten Saite gültig. Ein weiterer Effekt, der zu schlechter Intonation beitragen kann, hängt mit den Eigenschaften des Saitenmaterials zusammen und tritt im Bereich der Auflagepunkte auf. Je nachdem, welche Saite man verwendet, setzt ihre Schwingungsbewegung näher am Auflagepunkt ein oder weiter weg. Vereinfacht gesagt, ist die Saite biegsamer oder nicht, und das führt zu Unterschieden in der Intonation.

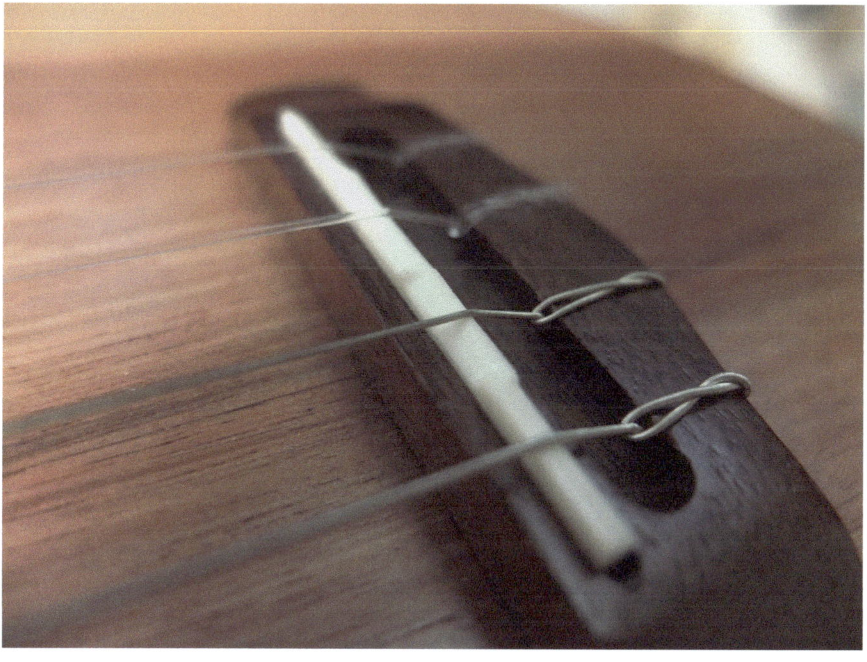

Daraus kann man bereits ableiten, daß die Kompensation immer Gegebenheiten ausgleicht, die nicht nur vom Instrument und dem Spieler abhängen, sondern nicht zuletzt von den verwendeten Saiten. Eine bestmögliche Kompensation kann beim Wechsel der Saiten wieder ungültig werden.

Um zu verstehen, wie die Kompensation funktioniert, brauchen wir ein bißchen Physik. Die Saite liegt an zwei Punkten auf, nämlich auf der Stegeinlage und – sofern sie nicht an einem Bund abgegriffen wird – auf dem Sattel oder Nullbund. Diese Strecke nennt man Mensur. Ihre Hälfte liegt genau am 12. Bund. Greift man sie dort ab, erklingt sie genau eine Oktave über ihrer ursprünglichen Tonhöhe – zumindest theoretisch. Wie wir oben gesehen haben, kann sie das nämlich gar nicht, weil sie ja durch das Abgreifen etwas stärker gespannt wird. Daher klingt sie dann etwas zu hoch. Um dies auszugleichen, wird der Auflagepunkt am Steg einfach ein kleines bißchen nach hinten versetzt, die Saite ist nun also ein bißchen länger und dadurch die zu hohe Tonwiedergabe ausgeglichen, „kompensiert“. An den anderen Bünden verhält es sich genauso, aber mit anderen Abweichungen. Mit der Kompensation soll erreicht werden, daß die Saite über alle Bünde richtig bzw. „gut“ klingt. Das nennt man Bundreinheit, und zur allgemeinen Ernüchterung können wir gleich sagen, daß perfekte Bundreinheit in der Praxis nicht zu erreichen ist, sofern man auf extreme Anpassungen verzichtet.

Die kleine Schwester der Bundreinheit ist die Oktavreinheit, hierbei geht es nur um die Stimmigkeit der Tonwiedergabe im 12. Bund. Sie läßt sich dadurch überprüfen, daß man den Flageoletton in der Mitte der Saite mit dem Ton im 12. Bund vergleicht. Stimmen beide überein, haben wir Bundreinheit. Der Flageoletton kann dadurch erzeugt werden, daß man die Saite leicht mit der Fingerkuppe berührt und mit einem anderen Finger zupft. Vielleicht muß man den richtigen Punkt ein bißchen suchen, aber bald hört man den Saitenton um eine Oktave erhöht. Dieser Ton entsteht dadurch, daß die Saite nun auf beiden Seiten schwingt, ungefähr wie eine 8. Es gibt noch weitere Flageolettöne, aber dieser ist am leichtesten zu finden und am deutlichsten zu hören.

Eine interessante Beobachtung machte Wilfried Welti bereits 2008 öffentlich: Er stellte bei genauen Messungen seltsame Abweichungen zwischen manchen Bünden fest, die nur bei der jeweiligen Saite auftraten, bei den anderen hingegen nicht. Dämpfte er die Schalldecke leicht ab, ging die Abweichung merklich zurück.[15] Er schloß daraus, daß auch die Resonanz der Schalldecke einen Beitrag zur Intonation der Ukulele leistet, in diesem Fall hätten die Holzart und die Konstruktionsmerkmale (Dicke, Verstrebung) einen unmittelbaren Einfluß auf die Bundreinheit. Solche Faktoren bleiben auch beim Wechseln der Saiten bestehen, aber vielleicht kann man sie schon durch eine Veränderung des Kammertons A in den Griff bekommen. Wenn Sie ein „unlösbares" Intonationsproblem feststellen, wäre es einen Versuch wert, die Abweichungen zu messen, während der Handballen locker auf der Schalldecke aufliegt. Sind die Abweichungen dann geringer, versuchen Sie es einmal mit einer Kalibrierung des Stimmgeräts auf 435, 430, 425, 420 und 415 Hz. Möglicherweise wirkt sich dann das Resonanzverhalten der Decke nicht mehr so stark auf die Intonation aus. Mehr hierzu finden Sie in dem Abschnitt über die Verwendung eines Stimmgeräts.

Von Ukulelen kann man also nicht unbedingt absolute Bundreinheit erwarten, Oktavreinheit hingegen sehr wohl. Bevor man sich jedoch an Anpassungen macht, sollten immer erst noch andere Saiten ausprobiert werden. Hier lohnt sich die Wahl besserer Qualität, weil diese Saiten gleichmäßiger verarbeitet sind.

Es kann auch vorkommen, daß die Kompensation nicht am Steg, sondern am Sattel erfolgen muß. Dies ist dann der Fall, wenn die leere Saite tiefer klingt, als es im Verhältnis zum gegriffenen ersten Bund richtig ist. Beispielsweise hat sie leer eine Abweichung von -15 Cent, aber vom ersten Bund an intoniert sie sauber. In diesem Fall ist die Strecke vom Auflagepunkt am Sattel bis zum ersten Bund zu lang und man kann dadurch Abhilfe schaffen, daß man vor den Sattel ein dünnes Knochenplättchen setzt.

---

15 http://www.ukulelenboard.de/index.php?topic=2143.0

Für die bestmögliche Kompensation wird also nicht die Leersaite mit dem zwölften Bund verglichen, sondern der erste mit dem dreizehnten. Die dabei festgestellte Abweichung wird am Steg kompensiert. Danach vergleicht man den ersten Bund mit der leeren Saite und kompensiert die dort festgestellte Abweichung am Sattel.

Welche Abweichungen sollten nun ein Grund sein, das Instrument zu kompensieren? Wenn man die Tonwiedergabe mit einem Stimmgerät prüft, werden Abweichungen wie -8 oder +15 Cent angezeigt. Ein Cent ist ein Hundertstel eines Halbtons, eine ganze Oktave umfaßt also 1200 Cent. Diese Maßeinheit erlaubt den Vergleich von Abweichungen unabhängig von der Tonhöhe. Allerdings ist die Sache gar nicht so dramatisch, wie man vielleicht denkt. Ohne zu viel Theorie aufzutürmen, kann man die Sache so erklären: Von einem Ton zum anderen gibt es einen bestimmten Abstand, das „Intervall“. Diese Intervalle können so gelegt werden, daß die verwendeten Töne „rein“ sind, also zum Beispiel ein möglichst genaues C, sie können aber auch so gelegt werden, daß der Zusammenklang möglichst gut und harmonisch wirkt. Hierfür wurden verschiedene Systeme temperierter Stimmungen entwickelt. Beispielsweise werden Mundharmonikas oft „temperiert“ gestimmt, damit die darauf gespielten Akkorde nicht so hart und kratzig klingen, wie es bei „reiner“ Stimmung der Fall ist. Der Witz an der Sache ist, daß man mit der Aneinanderreihung solcher Intervalle zu einer ganzen Oktave nicht genau da herauskommt, wo man bei reinen Tönen landen würde. Gleichstufige Terzen unterscheiden sich von reinen Terzen um ungefähr 15 Cent, Abweichungen in dieser Größenordnung treten bei Tasteninstrumenten auf, wenn man in entlegeneren Tonarten spielt, und Abweichungen von etwa drei bis sechs Cent sind bei nacheinander gespielten Tönen überhaupt nicht mehr zu erkennen. Sie machen sich nur durch sogenannte Schwebetöne beim gleichzeitigen Spielen mehrerer Töne bemerkbar. Diese Schwebetöne entstehen durch Interferenz. Sie werden bei Tremolo-Mundharmonikas absichtlich eingesetzt. Bei achtsaitigen Ukulelen sind sie hingegen unerwünscht.

Das bedeutet für unsere Praxis, daß eine Abweichung von 15 Cent zwischen zwei gleichzeitig gespielten Tönen nicht unbedingt nachteilig sein muß, sondern möglicherweise der Temperierung des Akkords zugute kommt. Entscheidend ist also nicht die reine Stimmung, sondern die Brauchbarkeit der verwendeten Akkorde, und professionelle Musiker stimmen ihre Instrumente auf die Akkorde des Stückes, das sie spielen wollen. Um sich hier richtig festzulegen, sollte man also erst einmal wissen, ob man eher Akkorde oder Einzeltöne spielt. Die festzustellenden Abweichungen können dann durch einfaches Verstimmen der Saite so verteilt werden, daß sie sich nicht mehr störend bemerkbar machen und vielleicht sogar zu einem besseren Klang führen. Die tiefste Saite wird vielleicht nur in den ersten drei Bünden gegriffen und nicht leer gespielt, also sollte sie so gestimmt werden, daß sie genau dort möglichst keine Abweichungen zeigt. Es kommt auch noch hinzu, daß sich das menschliche Gehör leicht schiefe Akkorde „zurechthört".

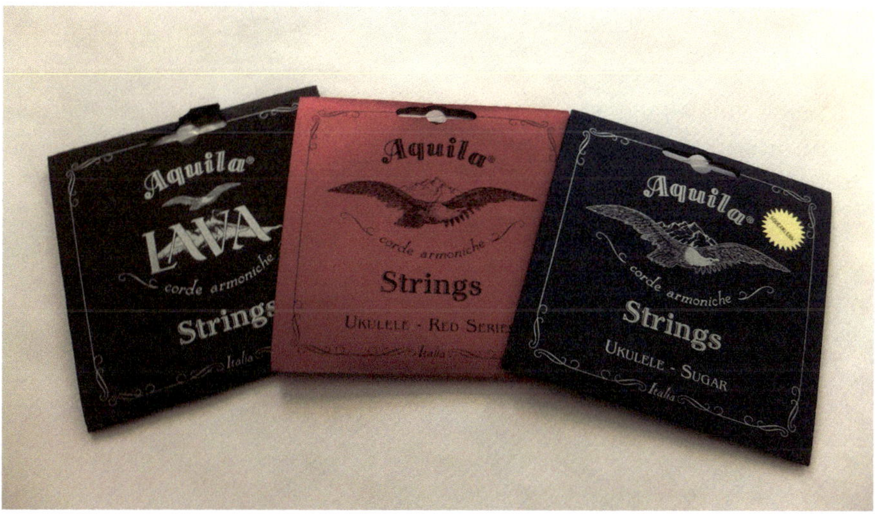

Rund um die Besaitung

Die Tonlage einer Ukulele wird grundsätzlich von ihrer Größe vorgegeben, tendenziell klingen kleinere höher als größere. Sie sind aber nicht sklavisch daran gebunden: Es ist auch möglich, eine Baritonukulele in Tenor-Höhe zu besaiten, auch gibt es spezielle Saiten, mit denen man eine Baritonukulele dreieinhalb Töne tiefer stimmen kann, so daß sie im Vergleich zu einer Tenorukulele eine volle Oktave tiefer klingt. Verwendet man diese Spezialsaiten auf einer Tenorukulele, so klingt sie bei gleicher Saitenspannung drei Halbtonschritte höher aufgrund der kürzeren Mensur. So ist es möglich, eine Tenorukulele vier Halbtöne unter eine Baritonukulele zu stimmen. Das ist dann allerdings eine D#-Stimmung, und mit der kann man vermutlich nur alleine musizieren. Aber das Beispiel zeigt trotzdem, was möglich ist.

Beim Besaiten hat man die Wahl zwischen den Materialien Darm, Nylon, Nylgut (Kunstdarm), Fluorcarbon, Spezialmaterialien (z. B. Aquila Red Series mit Kupferzuschlag), verschiedenen Umwicklungen (rund, halbrund oder flach) sowie Stahlsaiten. Letztgenannte haben für unser Instrument einen zu hohen Zug, der zu Beschädigungen führen kann, und scheiden deshalb aus. Die anderen Materialien unterscheiden sich in ihrer Dichte und Elastizität, in ihrem Verhalten gegenüber Witterungseinflüssen und in ihrer Haltbarkeit. Ihre physikalischen Eigenschaften bedingen Unterschiede im Klang. Beispielsweise hält Naturdarm nicht die Stimmung, wenn die Luftfeuchtigkeit schwankt, außerdem reißen solche Saiten früher als andere. Vor allem sind sie aber als reines Naturprodukt wesentlich ungleichmäßiger. Wer eine saubere Intonation, guten Klang und dauerhaften Spielerfolg erreichen will, sollte zu den Saiten aus hochentwickelten Kunststoffen greifen. Für acht bis zwölf Euro pro Saitensatz erhält man anerkannte Spitzenqualität.

Gelegentlich findet man bei Saiten den Hinweis „high tension“. Sie eignen sich besser für eine festere Spielweise und erlauben eine tiefere Saitenlage. Mit ihnen läßt sich eine bessere Intonation erreichen (aufgrund der höheren Spannung und der tieferen Saitenlage). Außerdem kann man sie auch etwas tiefer stimmen, ohne daß sie sich gleich schlapp anfühlen. Das kann auch sinnvoll sein, wenn sie auf einer kürzeren Mensur verwendet werden sollen. Die kürzere Mensur führt bei gleicher Spannung zu einem höheren Ton. Um den vorgesehenen Ton zu erreichen, muß also die Spannung vermindert werden. Im Gegensatz dazu bieten Saiten mit dem Hinweis „low tension“ ein weicheres, angenehmeres Spielgefühl und einen nicht so scharfen Ton.

Saiten sind auch Geschmackssache, sie haben ihre Anhänger, aber auch Kritiker. Manchen stört es, wenn sie sich beim Spielen spröde anfühlen, ein anderer mag es. Umwickelte Saiten erzeigen laute Quietschgeräusche, die für manche störend, für andere eine Form des kreativen Ausdrucks sind – strenggenommen gehören Begleitgeräusche des Instruments nie zur Musik, jeden würde der knarzende Blasebalg einer Kirchenorgel stören. Der Klang dieser oder jener Saiten wird als warm oder hell beschrieben, das sind aber letztlich ungenaue Begriffe, die für jeden etwas anderes bedeuten können. Der Anfänger sollte sich hierüber nicht zu viele Gedanken machen. Wesentlich ist an einem Saitensatz, daß er von einem Qualitätshersteller stammt, möglichst immer gleich gut ist und auf dem Instrument möglichst oktavrein gespielt werden kann. Wenn sich die Saiten beim Spielen auch noch gut anfühlen, ist eigentlich alles geklärt. Mit einem wirklich guten Saitensatz kann man auch eine eher preisgünstige Ukulele hörbar verbessern. Klangfeinheiten können bei den ersten drei abgespielten Saitensätzen vernachlässigt werden, aber es ist nicht verkehrt, sich den Klang der verwendeten Saiten einzuprägen. Man kann beim Wechseln verschiedene Saiten ausprobieren, sollte aber irgendwann bei „seinen“ Saiten ankommen. Auch wenn es vielleicht „bessere“ oder „wärmere“ gibt, ist Vertrautheit mit dem Instrument etwas wichtiger als die ewige Optimierung der Besaitung.

Nicht viele Firmen, die Saiten unter ihrem Namen vertreiben, stellen sie auch selbst her. Oft greifen sie auf hochwertige Angelschnur zurück und man findet im Internet auch gute Informationen darüber, welche Stärken man auf der Ukulele gut verwenden kann. Dazu sei gesagt, daß Angelschnur zur Besaitung der Ukulele perfekt geeignet ist, sehr gut klingt und lange hält. Ihr Nachteil liegt darin, daß man sie nur auf großen Rollen bekommt. Außerdem gibt es Berichte von Spielern, die sich damit ihr Instrument ruiniert haben. Es ist daher nicht verkehrt, auf bewährte und getestete Saiten in kleinen Päckchen zurückzugreifen, zwischen denen man öfter und ohne hohe Kosten wechseln kann.

Hannabach Goldin

Diese gelblichen Saiten sind absolut zu empfehlen, sie haben einen hellen, gediegenen Klang und spielen sich sehr gut. Hannabach bietet auch einfachere Nylonsaiten an. Die für Sopran-, Konzert- und Tenorgröße erhältlichen Goldin-Saiten können auch einfache Ukulelen klanglich deutlich aufwerten. Wir haben diese Saiten auf einer selbstgebauten Violele in Tenorgröße ausprobiert und damit einen vollen, reichen, romantischen Klang erzielt.

Pepe Romero

Die Fluorcarbon-Saiten von Pepe Romero aus Italien haben wir auf einer flachen Tenorukulele mit tiefer G-Saite ausprobiert. Der Klang ist sehr voll und besitzt etwas mehr Höhen als die Aquila-Nylgut-Saiten. Sie sind jetzt seit anderthalb Jahren drauf und klingen immer noch sehr gut.

Pyramid

Von Pyramid haben wir uns die sehr tiefen Saiten besorgt. Bei diesen sind alle vier Saiten umwickelt und der Klang ist auf einer Bariton sehr tief. Eine Baßukulele wird meistens mit dicken Gummisaiten bespannt, die dann immer etwas schlabberig klingen. Diese hier klingen aber sehr gut, ziemlich trocken und arriviert, und bieten beim Spielen in der Gruppe einen tiefen Unterbau. Gestimmt werden sie in GCEA, und zwar eine Oktave tiefer. Inzwischen sind sie auf der Violele, die dadurch zum charakterstarken Baß wurde. Dadurch bereiten sie uns auf ganz neue Art immer noch Freude. Beim Aufziehen dieser Saiten sollte man damit rechnen, die Sattelschlitze etwas auffeilen zu müssen. Ist der Sattel herausnehmbar, kann man auch einen zweiten kaufen und den dann anpassen, damit man später wieder normale Saiten verwenden kann. Pyramid-Saiten waren unter anderem bei den britischen Popgruppen der sechziger Jahre überaus verbreitet, auch der charakteristische Baß von Paul McCartney war damit bespannt. Wer die Beatles hört, hört höchstwahrscheinlich Pyramid. Das kann ja durchaus in die Saitenwahl mit einfließen.

Aquila Red Series

Die roten Aquila Saiten haben die Besonderheit, daß sie Kupfer beinhalten und deshalb schwerer sind. Dadurch können sie bei gleicher Spannung dünner sein. Der Klang ist angenehm hell und die Töne perlen leicht aus dem Instrument. Sie besitzen eine sehr schnelle Ansprache und im direkten Vergleich klingen die Aquila-Nylgut-Saiten sogar etwas dumpf. Eine etwas sonderbare Eigenschaft dieser roten Saiten ist, daß sie sich sehr stark dehnen. Man sollte sich also darauf einstellen, die Saiten irgendwann einmal herunternehmen und nachspannen zu müssen, da auf dem Stimmwirbel kein Platz mehr ist. Doch für diesen Klang macht man das natürlich gerne. Nicht jeder wird sich damit anfreunden können, daß diese Saiten aufgrund ihrer rauhen Oberfläche zu Zwitschergeräuschen neigen. Geschenkt, wenn man Vivaldis „Frühling" spielt. Für uns gehören sie trotzdem zur ersten Wahl.

Generell ist Aquila der Platzhirsch unter den Saitenherstellern der Welt und setzt sozusagen den Standard. Die Firma macht immer wieder durch interessante Neuentwicklungen auf sich aufmerksam. So gibt es zum Beispiel dunkelgraue Saiten („Lava") und solche auf einem Biokunststoff auf Zuckerbasis („Sugar"). Letztlich sind das aber eher Spielereien des Marketings, wenngleich sich bestimmte Farben auch aus ästhetischen Gründen empfehlen. Beispielsweise sieht eine Ukulele ganz aus Ahorn mit roten Saiten sehr ansprechend aus.

Thomastik-Infeld

Der traditionsreiche Wiener Saitenhersteller wendet immense kognitive Kraft für die Optimierung der Materialien und des Aufbaus seiner Saiten auf. Man sollte jedoch wissen, daß Thomastik-Infeld eher in der Welt der Klassik zuhause ist, also sich vor allem auf Saiten für Geige, Cellos usw. versteht. Für die Baritonukulele verwenden wir die mittleren vier Saiten aus dem Set CF 127, von denen die G-Saite gegen die G-Saite aus hochdichter Synthetikfaser ausgetauscht wird, die sich im Kombisatz CR 128 befindet. Somit verwenden wir aus dem Set CF127 die Saiten CN31 (H) als E, CF30 (D) als G, CF35 (A) als D und aus dem Set CR128 die Saite CP33 (G) als H. Diese Saite ist dann nicht umsponnen, aber aufgrund ihrer höheren Dichte auch nicht so dick. Die beiden umwickelten Saiten CF 35 und CF 30 aus dem Set CF 127 – nur auf die kommt es in diesem Zusammenhang wirklich an – können allerdings auch mit Fluorcarbon-Saiten eines anderen Fabrikats kombiniert werden. Der Aufwand, sich diese Saiten zu besorgen, lohnt sich wirklich, denn mit der flachen Umwicklung quietschen sie nicht so stark und scheinen auch nicht anzulaufen. Der Klang ist hervorragend, sie halten dauerhaft die Stimmung und weisen eine sehr gute Intonation auf.

Ein paar andere Kurzberichte über Ukulelensaiten gibt es auch im Internet.[16]

Der Saitenwechsel: Wann und wie?

Man wird vom Klang einer Ukulele nicht unbedingt auf den Markennamen der Saiten schließen können, sehr wohl aber auf ihren Typ. Die Saiten sind es, mit denen die Musik gemacht wird, und da gibt es große Unterschiede hinsichtlich ihrer Art und Güte. Man sollte grundsätzlich nicht an den Saiten sparen, andererseits muß man für richtig guten Klang auch nicht besonders viel bezahlen. Einfache Instrumente können dadurch deutlich verbessert werden, und für bessere Ukulelen sollte eine hochwertige Besaitung sowieso selbstverständlich sein. Manche Ukulelen werden ab Fabrik mit eher schlechten Saiten ausgeliefert, was sich auch in einer zunächst ungenügenden Intonation äußern kann. Statt dann gleich zur Feile zu greifen, sollte man auf jeden Fall erst einmal bessere Saiten aufziehen.

Gleiches gilt, wenn die Saiten schon lange gespielt wurden. Im Gegensatz

16 https://www.bonedo.de/artikel/einzelansicht/ukulele-saitentest.html

zum massiven Tonholz werden sie klanglich nämlich nicht besser, sondern tendenziell dumpf und pappig, auch kann die Intonation schlechter werden. Weil sich das Ohr diesen Klangschwund „zurechthört", sollte man ab und zu sein Instrument mit einem anderen mit neuen Saiten vergleichen. Bei regelmäßigem Spiel kann man sich einen jährlichen Saitenwechsel zur Regel machen, etliche Spieler wechseln die Saiten öfter. Der Anfänger sollte bei der Gelegenheit verschiedene Saitentypen ausprobieren, um ein Gefühl für die Unterschiede zu bekommen. Dabei wird man auch bemerken, daß verschiedene Saiten unterschiedlich lange verwendet werden können. Auch die Spielweise ist natürlich ein wesentlicher Faktor.

Ist nur eine Saite verbraucht, sollte nach häufig gehörter Ansicht trotzdem gleich der ganze Satz gewechselt werden, es sei denn, die eine Saite ist einfach nur gerissen und die anderen sind noch gut. Zum Wechseln werden alle Saiten entfernt, und diese Gelegenheit kann man gut nutzen, um das Instrument einmal zu reinigen und das Griffbrett zu ölen. Vor dem Saitenwechsel dreht man die Schrauben direkter Stimmwirbel ein wenig auf, damit man sie leichter drehen kann. Hinterher dreht man sie so fest, daß die Wirbel die Saiten gerade eben in der Stimmung halten. Wir raten jedoch dazu, mit einem guten Stimmgerät genau zu prüfen, welche Saite ausgetauscht werden sollte und welche nicht. Der Pauschalwechsel aller Saiten birgt nämlich das Risiko, daß man eine Saite mit guter Intonation durch eine schlechtere austauscht. Sind die Saiten also nicht offensichtlich abgenutzt, kann ihr Zustand mit einem alle paar Monate durchgeführten Intonationstest ermittelt werden. Dafür sollte allerdings bekannt sein, ob mangelhafte Oktav- und Bundreinheit nicht vielleicht am Instrument liegen.

Die Verwendung der Saiten ist vorgegeben, je nach Mensur nimmt man also den passenden Satz (z. B. Sopran oder Tenor) und befestigt jede Saite an der für sie vorgesehenen Position. Man kann dabei auch improvisieren, jedoch sollte man es nicht, wenn eine abweichende Verwendung der Saiten zu höherer Spannung führt, die sich nachteilig auf das Instrument auswirken kann. Es gibt auch normalerweise keine klanglichen Vorteile.

Allerdings gibt es die Möglichkeit, unter Berücksichtigung der richtigen und geeigneten Spannung mit den „falschen" Saiten zu erwünschten Sonderstimmungen zu kommen. Wir wollen in dieser Hinsicht nichts empfehlen, merken aber an, daß sich die Goldin-Sätze von Hannabach für die Mensuren Sopran/Konzert und Tenor fast gar nicht unterscheiden und daß grundsätzlich Saiten mit zu hoher Spannung für das Instrument eine zu hohe Belastung mit sich bringen. Das eröffnet jedoch die Möglichkeit, damit die Sopranukulele etwa um einen Ganzton tiefer zu stimmen, wenn man dies einmal ausprobieren will. Lesen Sie sich immer genau ein, bevor sie die Saiten falsch verwenden, denn eine zu hohe Saitenspannung kann auch zur Einwölbung der Schalldecke führen. Eine zu geringe Saitenspannung bringt regelmäßig eine schlechtere Intonation mit sich, allerdings kommt das weichere Spielgefühl gerade Anfängern entgegen.

Für die Befestigung der Saiten am Saitenhalter gibt es verschiedene Systeme und Knoten, im Grunde kann man das machen, wie man will. Bei Saitenhaltern mit Schlitzen wird jede Saite, am Ende mit einem Knoten versehen, einfach in den Schlitz eingelegt. Bei solchen mit Löchern knotet man die Saite in einer Weise fest, die ein Herausrutschen verhindert. Bei manchen Saitenhaltern verschwindet die Saite durch ein Loch in der Schalldecke, dafür wird sie von oben durchgesteckt, dann aus dem Schallloch gegriffen und mit einem Knoten am Ende versehen. Schließlich gibt es auch noch die Saitenhalter, bei denen die Saite durch einen Holzstift fixiert wird. Das ist praktisch und wirkt elegant. Wurde die Saite am Steg befestigt, zieht man sie zweimal durch das Loch am jeweiligen Stimmwirbel und dreht diesen so lange, bis die Saite straff gespannt ist. Das eigentliche Stimmen erfolgt erst später. Die neuen Saiten brauchen nach dem Stimmen einige Tage, bis sie sich gedehnt haben und die Stimmung halten. Es gibt Methoden, dies zu beschleunigen, indem man die Saiten kurzzeitig überdehnt, aber wir raten davon ab, weil es unnötig ist und Schäden verursachen kann. Gestimmt ist schnell, und man sollte den neuen Saiten einfach diese Zeit geben. Auch das ist eine Form von Materialgerechtigkeit.

Kann man auf der Ukulele auch Stahlsaiten verwenden?

Grundsätzlich ist das nicht möglich, aber wo es einen Grundsatz gibt, da gibt es auch Ausnahmen. Normale, handelsübliche Ukulelen sind nicht für Stahlsaiten ausgelegt. Deren höhere Zugkräfte können die Schalldecke verformen, den Hals krümmen und sogar den Steg abreißen, weswegen sich ihre Verwendung auf herkömmlichen Instrumenten verbietet. Es gibt aber eine ganz einfache Möglichkeit, so etwas wie eine Ukulele mit Stahlsaiten zu bespannen, nämlich das Cavaquinho. Dieses sehr ähnliche Instrument wird sowieso mit Stahlsaiten gespielt, nun braucht man nur die gewünschte Tonlage und Stimmung zu wählen und hat damit seine Stahlsaitenukulele. Außerdem gibt es Spezialukulelen, die dafür stabil genug sind. Nach solchen Instrumenten muß man fragen, sie sind selten und eben auch teurer als gewöhnliche. Geben Sie nichts auf den Vorschlag, auf eine normale Ukulele versuchsweise Stahlsaiten aufzuziehen – das Instrument wird dadurch mit hoher Wahrscheinlichkeit beschädigt werden. Wenn Sie es unbedingt machen wollen, dann spannen Sie die Saiten keinesfalls bis an die vorgesehene Tonhöhe, sondern deutlich schwächer, und nehmen Sie die Spannung heraus, wenn Sie nicht spielen. Das ist weitaus schonender, aber damit ist noch nicht das Problem gelöst, daß Stahlsaiten manche Bundstäbchen ganz ordentlich abreiben können.

Wer mit seiner eigenen Ukulele näher an den Stahlklang kommen möchte, der findet dafür auch spezielle Saiten, die für das Instrument unschädlich sind, aber doch etwas metallischer klingen. Das ist dann nicht ganz wie eine Westerngitarre, aber es geht doch stark in diese Richtung. Dafür gibt es sogenannte Folksaiten, manchmal auch „Silk & Steel“ genannt. Bei ihnen befindet sich innen ein Nylonstrang, der außen mit Stahl umwickelt ist, weswegen nur die geringeren Zugkräfte des Nylons zum Tragen kommen. Von Thomastik-Infeld kann man die Sätze KR 116 und PJ 116 für diese Zwecke verwenden. Es handelt sich um Saiten für Konzertgitarren, von denen man entweder die vier dünnsten oder die vier mittleren für die Ukulele verwendet. Ob man die Saiten auch einzeln bestellen kann, erfragt man am besten direkt beim Hersteller. Man kommt auch sehr dicht an den Stahlklang heran, wenn man mehr am Steg spielt, vorzugsweise mit Plektrum oder Fingerpicks. Probieren Sie es einfach aus, vielleicht reicht Ihnen das schon.

Es kann sich aber auch lohnen, im Internet nach Benutzererfahrungen mit anderen Saiten Ausschau zu halten, denn zwischen Nylon, Kunstdarm und Fluorcarbon gibt es ohnehin deutliche Klangunterschiede und jedes Fabrikat klingt dann nochmal etwas anders.

Nachteile umwickelter Saiten

Im Zusammenhang mit Stahlsaiten kann auch gleich die wichtigste negative Begleiterscheinung umwickelter Saiten angesprochen werden, nämlich das deutlich hörbare Quietschen. Von Pono werden die nicht-linear besaiteten Tenorukulelen mit einer umwickelten Saite ausgeliefert, und eine Baritonukulele hat mindestens zwei davon. Der Grund für die Umwicklung liegt darin, daß sie die Saite schwerer macht, weswegen sie für den gleichen Ton dünner sein kann. Dafür gibt es noch drei andere Möglichkeiten:

- längere Mensur (scheidet aus)
- geringere Spannung (hat klangliche Nachteile)
- schwereres Material, z. B. Aquila Red Series (bedingt)

Eine weitere Möglichkeit, Abhilfe zu schaffen, liegt in der höheren Stimmung des ganzen Instruments, wodurch dann aber das wegfällt, wofür wir eine Baritonukulele überhaupt angeschafft haben. Deshalb bleibt uns eigentlich nichts anderes übrig, als die Umwicklung mancher Saiten als gegeben hinzunehmen.

Es gibt jedoch verschiedene Arten von Umwicklungen, und wenn es um die Verminderung oder Vermeidung von Quietschgeräuschen geht, ist die flache Umwicklung die beste Lösung. Die in Wien beheimatete Traditionsfirma Thomastik-Infeld hat aus der Saitenkonstruktion eine richtige Wissenschaft gemacht, bei der es darum geht, mit dem Aufbau der Saite die optimalen physikalischen und klanglichen Eigenschaften zu erreichen. Solche Saiten sind nicht billig, schon gar nicht vor dem Hintergrund der Tatsache, daß wir die Sätze für die Konzertgitarre kaufen müssen und zwei Saiten davon nicht verwenden können. Aber wenn man es einmal andersherum betrachtet, weil man diese Saiten nämlich durchaus zwei Jahre lang intensiv benutzen kann, dabei jedes Mal das bessere Spielgefühl und einen vortrefflichen Klang hat und die Mehrkosten der Einzelsaite, auf den Monat gerechnet, kaum ins Gewicht fällt, dann erkennt man schnell den Sinn dieser Anschaffung. Wenn man sich eine Ukulele für 400 Euro kauft und dann bei den Saiten nicht 20 Euro, sondern nur 10 Euro bezahlen will, dann kann man auch sein Auto mit angezogener Handbremse fahren, um Benzin zu sparen.

Natürlich kann man immer auch andere Saiten verwenden, man sollte es sich aber zur Regel machen, sie sorgfältig auszusuchen und eher nicht die billigeren zu kaufen, sondern die besseren. Qualität zeigt sich auch in der Gleichmäßigkeit der Herstellung. Spitzenqualität wird nicht nur von berühmten Orchestermusikern und Solisten verwendet, sondern kann gerade auch den Amateur weiterbringen. Und wenn man die Quietschgeräusche umwickelter Saiten als das sieht, was sie sind, nämlich Klangfehler (auch wenn sie inzwischen manchmal als Gewürz der Darbietung eingesetzt werden), dann kommt man um die flach umwickelten Saiten nicht herum. Sie sind übrigens auch in ästhetischer Hinsicht ein Genuß, wenngleich man sich darauf einstellen sollte, daß sie aus physikalischen Gründen weniger Höhenanteile und dafür vollere Mitten aufweisen. Das gibt ihnen einen tendenziell markanten, etwas dumpfen Ton, der aber gerade für die Ukulele eine gute Erweiterung ins klangliche Fundament bietet – denn Höhenanteile haben diese Instrumente eher zu viel als zu wenig. Für die Baritonukulele bieten sich die mittleren vier Saiten aus dem Set CF 127 an, von denen man die G-Saite gegen eine andere austauscht – nämlich die G-Saite aus hochdichter Synthetikfaser, die sich im Kombisatz CR 128 befindet. Die beiden umwickelten Saiten CF 35 und CF 30 aus dem

Set CF 127 können auch mit Fluorcarbon-Saiten eines anderen Fabrikats kombiniert werden.

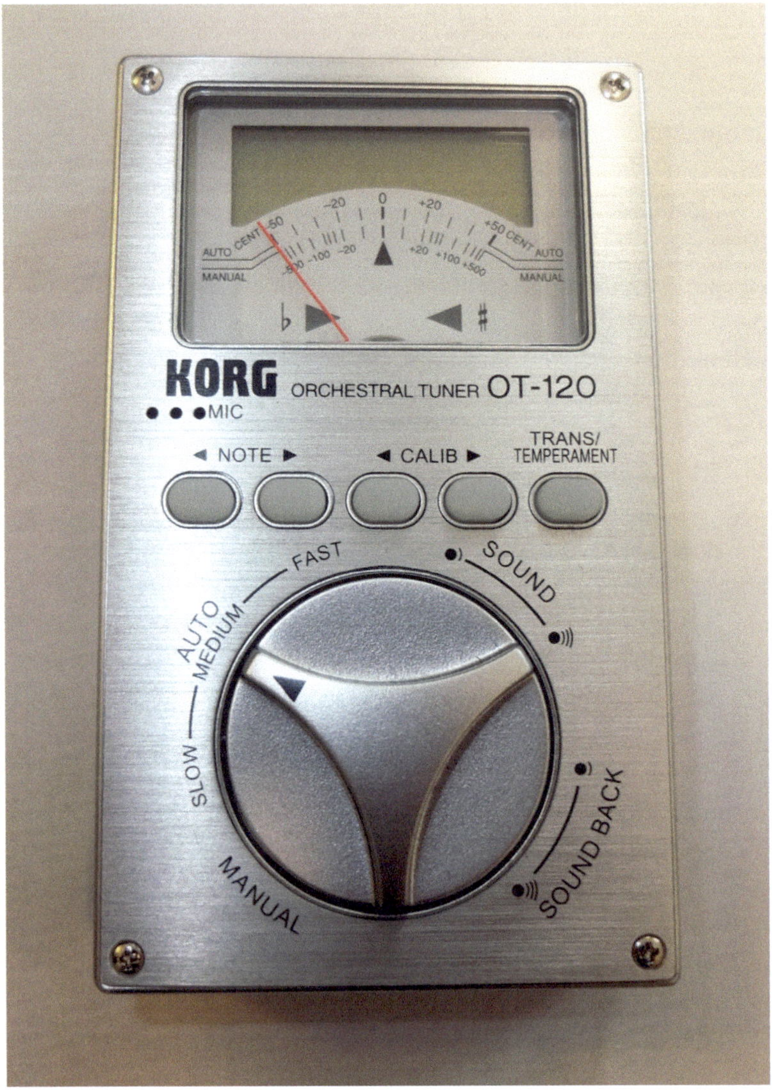

Das Stimmen und die Stimmung

Vor jedem Spielen ist die Ukulele zu stimmen. Dies wird praktischerweise mit einem Stimmgerät gemacht. Einfache Fabrikate haben eine Ungenauigkeit von etwa 6 Cent in beide Richtungen, was für sich genommen nicht dramatisch erscheint. Aber es kann sich zusammen mit weiteren Abweichungen (Greifdruck, mangelnde Bundreinheit usw.) durchaus zu einem deutlichen Fehler addieren. Manche dieser Geräte werden einfach an die Kopfplatte geklemmt, sie sind unempfindlich gegenüber Umgebungsgeräuschen. Andere Stimmgeräte nehmen den Klang mit einem Mikrophon auf. Genauso funktionieren Stimm-Apps fürs Mobiltelephon. Die Saiten werden einzeln gezupft, dabei beobachtet man auf dem Stimmgerät die Abweichung und verdreht die Stimmwirbel so lange, bis der richtige Ton getroffen wird. Das ist alles. Lesen Sie bitte im Kapitel über Zubehör unsere Vorstellung eines hochwertigen Stimmgeräts von Korg.

Man kann eine Ukulele auch ohne Stimmgerät stimmen, wenn man wenigstens einen Referenzton hat. Diesen sucht man auf einer passenden Saite und bringt zunächst beide in Übereinstimmung. Die anderen Saiten werden durch direkten Vergleich gestimmt. Bei linearer Stimmung entspricht die tiefste Saite im fünften Bund der nächsthöheren. Diese entspricht im vierten Bund der nächsten, und diese wiederum im fünften Bund der letzten. Ist die Ukulele rückläufig besaitet, ist die „tiefste“ Saite eine Oktave höher. Zum Vergleich mit der nächsten Saite greift man die letztere im siebten Bund. Der Rest bleibt gleich. Eine Feinheit für Spezialisten: Der Vergleich gedrückter mit offenen Saiten hat den Nachteil, daß die gedrückte Saite eine etwas höhere Spannung hat. Bei einer Ukulele mit guter Intonation kann man das vernachlässigen. In jedem Fall sollte man beim Stimmen auch ein paar höhere Bünde greifen, also etwa den dritten, fünften und siebten.

Der Vergleich der beiden Töne kann schwierig sein, vor allem für den Anfänger. Hierbei hilft der „Schwebeton“. Er entsteht, wenn beide Saiten mit sehr ähnlicher Frequenz schwingen, und an ihm kann man erkennen, ob der Frequenzunterschied schon kleiner geworden ist. In dem Fall wird das Schweben nämlich langsamer, bis es schließlich ganz verschwindet. Der Schwebeton entsteht durch Interferenz, also Wellenüberlagerung. Das Stimmen nach Gehör ist eine gute Schule, außerdem ist man damit unabhängig von Strom und Technik. Man benötigt lediglich eine Stimmgabel oder eine andere zuverlässige Quelle für einen Referenzton.

Praxisbeispiel für eine kompensierende GCEA-Stimmung

Wilfried Welti, auf der Ukulele einer der Großen unserer Zeit, hat auf seiner Internetseite eine sehr interessante Anleitung zum kompensierenden Stimmen veröffentlicht, mit der man auf den meisten Ukulelen zu möglichst reinen Akkorden kommen kann. Wir geben sie hier leicht gekürzt wieder:

- A-Saite mit Hilfe der Stimmgabel stimmen
- E- und C-Saite nach der A-Saite stimmen
- Vergleich der A-Saite im 3. Bund mit der offenen C-Saite. Wenn keine Schwebung zu hören ist, spricht dies für die Qualität der Ukulele. Gibt es eine Schwebung, wird sie „verteilt", indem man die Stimmung der E- und C-Saite so verändert, daß folgende Kombinationen gut klingen:
  - Leere A-Saite und E-Saite im 5. Bund
  - Leere E-Saite und C-Saite im 4. Bund
  - Leere C-Saite und A-Saite im 3. Bund

- Schließlich wird die G-Saite so gestimmt, daß folgende Kombinationen gut klingen:
  - Leere A-Saite und G-Saite im 2. Bund
  - Leere G-Saite und E-Saite im 3. Bund

Sollte diese Stimmung nicht zum gewünschten Ergebnis führen, sollte man die Saiten und die Einstellung des Instruments überprüfen.

Wenn die Saiten die Stimmung über längere Zeit nicht halten, kann das folgende Ursachen haben:

- schlechte Saiten
- nicht ausreichende Befestigung der Saiten (Steg, Wirbel)
- zu lockere oder defekte Wirbel bzw. Mechaniken
- starke Schwankungen der Umgebungstemperatur

Die Saiten werden übrigens von unten nach oben numeriert, die höchste Saite ist also die erste. Das ist ziemlich unlogisch, weil man Akkorde meistens von oben nach unten schlägt, aber das ist nun mal die Konvention.

Rückläufige („re-entrant", wiedereintretende) und lineare Stimmungen

Wer mit der Ukulele seine ersten Erfahrungen macht, wird sich zunächst über die merkwürdige Reihenfolge der Saiten wundern. Statt daß sie ganz einfach vom tiefsten zum höchsten Ton gehen, klingen sie irgendwie „durcheinander". Das liegt daran, daß Ukulelen mit Ausnahme der Bariton-Größe üblicherweise rückläufig gestimmt sind: Die tiefste Saite ist um eine ganze Oktave höher gestimmt und wird dadurch zur zweithöchsten. Als ambitionierter Anfänger denkt man sich vielleicht, daß dies nachteilig ist, und dafür gibt es gute Argumente:

- die rückläufige Stimmung ist unordentlich und erschwert alles unnötig
- man verliert fünf Halbtöne im tiefen Bereich
- ohne tiefe Saite fallen einige schöne Oktaven weg

In Einführungen ist oft nur die Rede davon, daß die rückläufige Stimmung den „typischen" Ukulelenklang ausmacht. Tatsächlich klingt eine so gestimmte Ukulele sehr viel freundlicher als eine linear gestimmte, außerdem ist rückläufige Stimmung gar nicht nur bei Ukulelen zu finden, sondern auch bei anderen Saiteninstrumenten, sogar im Bereich der Gitarre. Der Grund, warum man das macht, ist keineswegs nur der fröhliche Klang der Akkorde. Samantha Muir hat darauf hingewiesen, daß dies die natürliche Stimmung der Ukulele ist und daß man mit linearer Stimmung ihre Natur verändert. Darin zeigt sich beiläufig auch der Respekt gegenüber ihrer Geschichte. Wer sich auf lineare Stimmung festlegt, weil er dadurch ein bißchen tiefer und geordneter spielen kann, der sollte sich doch auch einmal fragen, wieso eigentlich die Arrangements von wirklichen Könnern wie etwa John King, Wilfried Welti, James Hill oder Samantha Muir für rückläufige Stimmung gemacht sind. Es gibt – abgesehen vom fröhlichen Hawaii-Klang – folgende wichtige Argumente dafür:

- die rückläufige Stimmung bringt das sogenannte „close voicing", also eine dichte Geschlossenheit der Akkorde, weil deren Einzeltöne näher beieinanderliegen, was sich beim Akkordschlagen als sehr vorteilhaft erweist
- James Taylor schreibt in „A Guide to Playing the Baroque Guitar", daß Akkorde auf wiedereintretend gestimmten Instrumenten eher Klangblöcke als klar definierte harmonische Abfolgen sind
- die zusätzliche hohe Saite trägt zur Differenzierung bei. Denn statt bei den hohen Saiten umzugreifen, kann man sich einfach den benötigten Ton von der vierten holen, dadurch ist auch die Campanella-Spielweise mit ihrem besonders schönen und nuancenreichen Klang möglich.
- in einigen Akkorden gibt es nun Doppeltöne, die einen interessanten Effekt haben
- abwärts und aufwärts gestrichene Akkorde klingen ähnlich, enden aber verschieden – eine sehr wirtschaftliche Spielmöglichkeit
- diese Stimmung erlaubt das einfache Spielen von Doppeltönen auf zwei Saiten statt nur auf einer, was spieltechnische und klangliche Vorteile hat
- auf- oder absteigende Läufe können mit etwas Übung natürlicher und schneller gespielt werden, weil der Daumen (4. Saite) stärker beteiligt wird

Die lineare Stimmung führt zu einem ausgeprägteren Baß, durch den die Einschränkungen des viersaitigen Instruments gegenüber den harmonischen Vorteilen der Gitarre mit zwei zusätzlichen tiefen Saiten deutlicher erkennbar werden. In Foren kann man das auch etwas lakonischer nachlesen, wenn es dort heißt, die Baritonukulele sei eben nichts weiter als eine Gitarre mit zwei Saiten weniger. Wer die Ukulele verstehen will, der kommt also nicht um die wiedereintretende Stimmung herum. Ein weiterer Vorteil dieser Stimmung liegt darin, daß man dafür keine umsponnenen Saiten braucht.

Es ist also nicht so, daß sich die lineare Stimmung mehr für das Melodiespiel eignen würde und die rückläufige eher für Akkorde. Jedes der hier vorgestellten Argumente läßt etwas von den vielfältigen und besonderen Möglichkeiten erahnen, die sich durch die rückläufige Stimmung eröffnen, und es scheint so, als würde so einiges dadurch auch einfacher werden. Machen Sie nicht den Fehler, sich auf eine der beiden Welten festzulegen, sondern behalten Sie einfach beide im Blick. Wer sich eine zweite Ukulele anschafft, sollte dann unbedingt eine linear und eine rückläufig stimmen und bald auch ein paar entsprechend arrangierte Stücke lernen. Es zeigt sich dann sehr schnell, wo die Vorzüge der beiden Systeme liegen. Und es gibt ja eigentlich keinen Grund, auf eines davon zu verzichten, zumal man sich an beide sehr schnell gewöhnt. Wilfried Welti schreibt, man verschenke einen großen Teil des Potentials der Ukulele. Aus seiner Sicht ist die rückläufige Stimmung wesentlich interessanter und vielseitiger.

Man kann aber auch die Stücke einfach „falsch“ spielen, also jeweils mit der anderen Stimmung. Hat man Schumanns „Fröhlichen Landmann“ auf Bariton gelernt und spielt es dann auf einer rückläufig gestimmten Tenor, hört es sich plötzlich ganz anders an, was dem Lied eine ganz neue Charakteristik gibt. Die Musik bleibt dabei grundsätzlich „richtig“ in dem Sinne, daß ein A ein A ist, auch wenn es sich auf einer anderen Oktave befindet. Manche Stücke gewinnen dadurch sogar an Reiz. Aber es passiert auch, daß das Stück dann irgendwie nicht so klingt, wie man es erwartet, gerade bei Stücken, deren Melodie einem direkt geläufig ist, kann sich das als sehr störend erweisen. Man kann dann die paar Töne, die es betrifft, auf anderen Saiten spielen, aber so ist es eigentlich nicht gedacht. Experimentieren Sie mit den Stimmungen und achten Sie darauf, wie sich ein Lied allein dadurch verwandelt, daß man es statt auf einer rückläufig gestimmten Ukulele auf einer linear gestimmten spielt. Sie werden überrascht sein und durch diese Erfahrungen auf Ihrem Weg weiter vorankommen.

Wir haben allerdings auch festgestellt, daß man eher einem der beiden Systeme zuneigt. So schlüssig die Argumente für nicht-lineare (rückläufige) Stimmung auch sind, kamen wir zu Beginn mit linearer sehr gut zurecht. Die „hohe tiefe Saite" ist, wenn man es anders gewöhnt ist, erst einmal nicht plausibel und störend. In linearer Stimmung haben viele Zupfmuster, gerade solche mit Country-Einschlag, einen viel besseren Unterbau, und die von vielen Johnny-Cash-Liedern bekannten Bum-Tschaka-Begleitungen funktionieren mit rückläufiger Stimmung überhaupt nicht, ebensowenig Walzer-Begleitungen, bei denen man zwischen der dritten und der vierten Saite wechselt. Es gibt zahlreiche Situationen, in denen die lineare Stimmung besser ist. Geben Sie beiden Systemen eine Chance, aber seien Sie dann auch so frei, eines davon zu bevorzugen, wenn Sie sich damit besser fühlen.

Die für nicht-lineare (rückläufige) Stimmung erhältlichen Tabulaturen sind natürlich für diese Stimmung gedacht und nicht für die andere. Wenn Sie diese Lieder auf einer linear gestimmten Ukulele „richtig" spielen wollen, können Sie es mit dem Transponieren der Töne versuchen. Das ist einfacher, als es zunächst erscheint – denn es betrifft ja nur die wenigen Töne, die auf der vierten Saite gespielt werden, und dann am ehesten nur die auf den ersten paar Bünden. Wenn Sie sich einprägen, wo Sie dieselben Töne auf der ersten und zweiten Saite finden, können Sie wahrscheinlich bald auf das Umschreiben der Tabulaturen verzichten. Die nachfolgende kleine Tabelle veranschaulicht das:

4. Saite	2. Saite	1. Saite
offen	3. Bund	
1. Bund	4. Bund	
2. Bund	5. Bund	offen
3. Bund		1. Bund
4. Bund		2. Bund

Das Transponieren von Tabulaturen in rückläufiger Stimmung für ein Instrument in linearer Stimmung hat noch einen anderen gewichtigen Vorteil. Wenn es Ihnen möglich ist, die Töne der vierten Saite mit auf den ersten beiden Saiten unterzubringen (was mit anderen, dort vorgesehenen Tönen kollidieren kann), so haben Sie die vierte Saite frei und können dem Lied damit einige tiefe Akzente geben. Hierzu machen Sie sich bewußt, daß sich hier jene Töne befinden, die eine volle Oktave unter den transponierten liegen. Die Tabulatur zeigt an, wo sie zu finden sind. Sie können also dort, wo es Ihnen passend erscheint, den hohen Ton gleichzeitig eine Oktave tiefer spielen. Mit etwas Ausprobieren finden Sie schnell heraus, wann das eine Verbesserung bringt. Setzen Sie diese Möglichkeit zur Konturierung des Stückes sparsam ein, damit sich der Effekt nicht verbraucht. Ein paar Markierungen auf der Tabulatur helfen bei dieser Ausgestaltung. Auf diese Weise kann man Tabulaturen für eine Ukulele in „falscher" Stimmung zweckentfremden und dabei mehr aus ihnen herausholen als mit rückläufiger Stimmung.

Andersherum funktioniert das Transponieren natürlich nicht, weil die dafür nötige, tiefe Saite nicht vorhanden ist. Es gibt jedoch auch Tabulaturen, bei denen die unterste Linie frei bleibt: Das ganze Stück wird nur auf der ersten bis dritten Saite gespielt. Das hat zur Folge, daß man diese Vorlagen sowohl auf linear als auch auf rückläufig gestimmten Ukulelen in der gleichen Weise spielen kann. Und bei beiden haben Sie natürlich die Möglichkeit, die vierte Saite mitzuverwenden. In diesem Sinne können Sie also bestimmte Töne aus diesen Tabulaturen auf die sonst ungenutzte

Saite verlegen oder verdoppeln – in rückläufiger Stimmung mit dem gleichen Ton, in linearer Stimmung eine Oktave tiefer.

Ansonsten ist die Tonhöhe der Ukulele vollkommen egal, denn alle Tabulaturen können (abgesehen von dem beschriebenen Unterschied rückläufig/linear) immer verwendet werden, ganz gleich, ob das Instrument DGHE oder GCEA oder sonstwie gestimmt ist. Die Voraussetzung ist lediglich, daß bei linearer Stimmung zwischen den äußersten und der jeweils nachfolgenden Saite fünf Halbtöne liegen (reine Quarte) und zwischen den beiden mittleren vier davon (große Terz). Wenn Sie beispielsweise eine elektrische Ukulele kaufen und Ihnen die Saitenspannung zu hoch erscheint, können Sie einfach jede Saite um einen Ganzton tiefer stimmen (DGHE wird zu CFAD) und dann einfach weiterspielen, als wäre nichts gewesen. Alle Verhältnisse bleiben wie gehabt, nur ist eben alles jetzt einen Ton tiefer. Das ist bei diatonischen Mundharmonikas ganz genauso: Eine „G" ist tiefer als eine „A", aber man kann alle Melodien auf beiden gleichermaßen spielen und braucht nichts neu zu lernen. Wenn Sie sich auf der Ukulele Akkorde einprägen, so brauchen Sie sich jetzt noch nicht einmal zu merken, daß Ihr G-Dur-Akkord jetzt eigentlich ein F-Dur-Akkord ist, denn der Griff bleibt gleich. Auch die zu „G-Dur" passenden Akkorde liegen da, wo Sie sie greifen, ohne daß Sie ihre richtigen Namen kennen. Wichtig wird das erst, wenn Sie gemeinsam mit anderen spielen. Falls Sie eine Akkord-Übersicht verwenden, ist es aber schlau, sich die neuen Namen mit einer anderen Farbe dazuzuschreiben, sonst müssen Sie sich immer zu den neuen Namen durchzählen. Und so lernen Sie die neuen Namen ganz nebenbei mit. Das sollten Sie auch tun, weil Sie sonst lauter falsche Bezeichnungen verwenden.

Falls Sie noch die Sprüche kennen, mit denen man sich die Tonarten auf dem Quintenzirkel merken kann, dann haben Sie es leicht, denn die gleich gegriffenen Akkorde auf einer Bariton- und einer Tenorukulele haben jeweils benachbarte Bezeichnungen, weil ihre Stimmungen eine Quinte Abstand haben. Probieren Sie es aus: Auf der Dur-Reihe (G, D, A, E, H, F#, C#, G#) geht man einen Schritt nach rechts, um von Tenor zu Bariton zu kommen. Auf der Moll-Reihe (F, Bb, Eb Ab, Db, Gb, H, E, A) ist es umgekehrt. Wer den Quintenzirkel drauf hat, braucht also gar nicht abzuzählen.

Es gibt aber auch noch ganz andere Stimmungen, die man einmal ausprobieren kann. Interessante Anregungen gibt es im Bereich der „Cigar Box Guitars“. Hierbei handelt es sich um einfache, aber traditionsreiche Zupfinstrumente, für deren Korpus eine Zigarrenkiste verwendet wurde und die mit drei oder vier Saiten bespannt sind. Mögliche Stimmungen sind DADF, D#BbD#G, EHEG#, FCFA, F#C#F#Bb, GDGH, G#D#G#C, AEAC#, BbFBbD, HF#HD# sowie CGCE. Man kann sich auch noch andere Stimmungen suchen oder auch selbst ausdenken. Hierfür lassen sich oft ganz normale Saiten-Sets für Konzertgitarre auswerten. Wenn man nicht die richtige Tonhöhe erreicht, kann man auch alles etwas tiefer oder höher einrichten. Das Hauptproblem all dieser Sonderstimmungen liegt darin, daß man kaum an passende Akkorde und Tabulaturen kommt. Man muß sich mit eigenen Überlegungen behelfen, und deshalb sind diese Stimmungen etwas für fortgeschrittene Spieler, jedoch nicht für Anfänger. Dann können sie allerdings auch sehr bereichernd sein.

Die gebräuchlichsten Ukulelen-Stimmungen:

- GCEA, die universelle Standardstimmung für Sopran- Konzert- und Tenorukulelen, mit Spezialsaiten auch für Baritonukulelen erhältlich. Traditionell waren die ersten Ukulelen, also Sopran und Konzert, rückläufig gestimmt. Ab der später hinzugekommenen Tenorgröße wurde dann auch linear gestimmt.
- ADF#H war früher in Deutschland die übliche Ukulelenstimmung, sie ist einen Ganzton höher, was auf manchen Instrumenten besser klingt. Brüko-Ukulelen haben eine etwas kürzere Mensur, weshalb die Saiten in GCEA-Stimmung etwas weich erscheinen können. Vielleicht ist das ein Überbleibsel von früher, als diese höhere Stimmung verbreitet war.
- DGHE ist die Stimmung der Baritonukulele, hier dann normalerweise linear. Sie entspricht den vier Diskantsaiten der Gitarre, weshalb ein Umstieg zwischen den beiden Instrumenten sehr einfach ist. Das hat aber auch zur Folge, daß die Baritonukulele eben mehr nach Gitarre klingt.

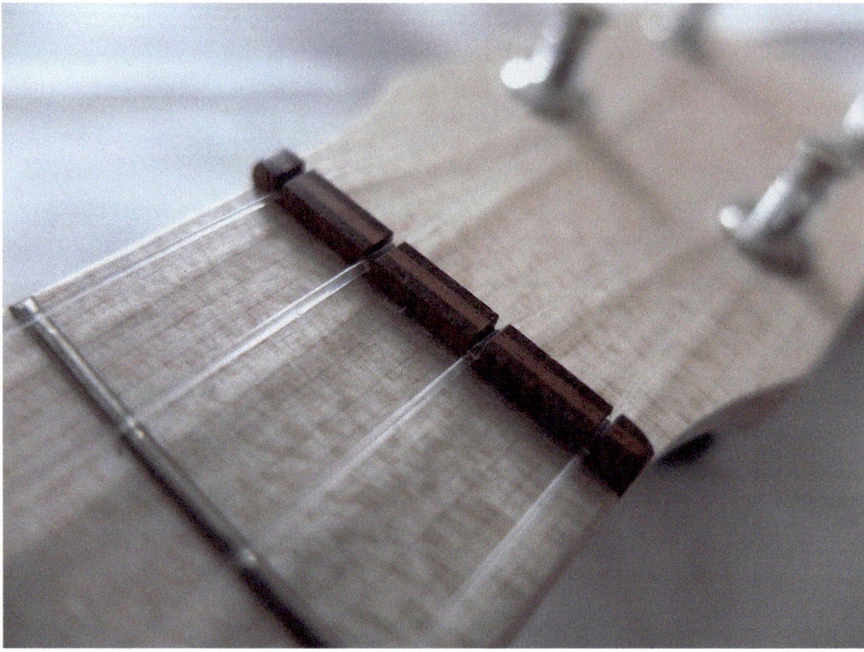

Was Linkshänder wissen müssen

Linkshänder haben grundsätzlich drei Möglichkeiten, eine Ukulele zu benutzen:

- Sie können sie so halten und so spielen wie ein Rechtshänder
- Sie lassen sie unverändert, verwenden sie aber andersherum
- Sie passen die Besaitung an und spielen sie links
- Es gibt auch noch eine vierte Möglichkeit, die aber unsinnig ist.

Für welche Möglichkeit man sich entscheidet, hängt sehr stark mit der Grundfrage aller Linkshänder zusammen: Passe ich mich der Umgebung an oder passe ich die Umgebung mir an? Einerseits gewöhnen sich Linkshänder ab ihrer frühesten Kindheit daran, die Benutzung von Dingen, die für Rechtshänder optimiert wurden, für die linke Hand zu modifizieren.

Ein Beispiel ist die Schere, für deren Benutzung der Daumen einen leichten Druck nach außen aufbaut. Wenn Linkshänder eine Rechtshänderschere benutzen, richten sie diesen Druck nach innen. Es gibt zahllose Beispiele aus dem Alltag, wie Linkshänder solche Gegebenheiten verarbeiten.

Bei der Benutzung einer Ukulele sollte man zunächst ausprobieren, ob man lieber mit der linken Hand zupft oder mit der rechten. Normalerweise zupft man die Saiten mit der Hand, mit der man auch schreibt, aber das muß nicht bei jedem so sein. Eine Ukulele falsch herum zu halten, nur weil sie für Rechtshänder bespannt ist, ist dann falsch, wenn es sich falsch anfühlt.

Dann gibt es einige Linkshänder, die eine Rechtshänderukulele einfach andersherum spielen, wofür sie ihre übliche Anpassung durchführen: Die Besaitung bleibt gleich, also müssen sie die Akkorde anders greifen und alle Schlag- und Zupfmuster umgekehrt spielen. Das kann zwar funktionieren, begrenzt aber unnötigerweise die spieltechnischen Entwicklungsmöglichkeiten. Außerdem sieht es seltsam aus und ist von den Bewegungsabläufen her völlig unnatürlich.

Als Linkshänder hat man hier eine der nicht so zahlreichen Möglichkeiten, die Umgebung an die eigenen Vorgaben anzupassen, und wenn Sie zu dieser Frage einen guten Rat haben möchten, dann wäre das der, die Ukulele andersherum zu besaiten und dann ganz normal mit der linken Hand am Schalloch zu spielen. Das funktioniert am besten und gibt einem dann auch das volle Entwicklungspotential. Hierfür sind allerdings einige Konstruktionsmerkmale der Ukulele zu beachten.

Manche Ukulelen haben einen sogenannten „Cutaway", also einen einseitigen Ausschnitt am Korpus an dessen Übergang zum Hals. Er soll ein Greifen der höchsten Bünde erleichtern und ist üblicherweise für Rechtshänder positioniert. Es gibt Ukulelen mit Cutaways für Linkshänder oder auch auf beiden Seiten. Eine solche müßte man sich besorgen, wenn man Wert auf diese Besonderheit legt.

Am Sattel befinden sich kleine Kerben oder Sattelschlitze, welche die Saiten an der richtigen Stelle halten sollen. Bei Ukulelen mit linearer Stimmung ist die äußere Kerbe auf der einen Seite größer als auf der anderen. Damit alle Saiten nach dem Umspannen richtig in ihren Kerben liegen, muß man mit einer feinen Nagelfeile eine oder zwei Kerben ein bißchen erweitern. Es ist dabei darauf zu achten, daß die Kerbe dabei nicht zu tief wird. Bei nicht-linear besaiteten Ukulelen sind die beiden äußeren Saiten nahezu gleich dick, hier sollte also ein Umsaiten ohne Feilen möglich sein.

Die Stegeinlage kann einige Besonderheiten aufweisen, die Linkshänder beachten müssen. Erstens kann sie eine abfallende Höhe haben, dann dreht man sie einfach um und das Gefälle läuft in die richtige Richtung. Die Stegeinlage kann aber auch schräg montiert sein, so daß die tieferen Saiten eine geringfügig längere Mensur haben (Kompensation). Da sich dies nicht für Linkshänder umbauen läßt, scheiden diese Instrumente schon beim Kauf aus. Außerdem gibt es Stegeinlagen, die an jeder Saitenposition eine andere Kompensation haben. Man erkennt sie daran, daß sie nicht glatt durchgehen, sondern von Saite zu Saite kleine Stufen aufweisen. Bei solchen Stegeinlagen muß man abwägen: Wenn sie einigermaßen symmetrisch geformt sind, dann kann man sie auch mit anderslaufender Besaitung verwenden. Mit einer Feile lassen sich auch die einzelnen Stufen in gewissem Rahmen nachbearbeiten, was jedoch aufwendig ist. Solche Stegeinlagen können aber auch gegen neue ohne Kompensation ausgetauscht werden, wonach man gleich beim Kauf fragen sollte. Dadurch bekommt man statt des häufig verwendeten Kunststoffs gleich eine ordentliche Stegeinlage aus Knochen, und falls man sich selbst an der Kompensation versuchen will, nimmt man davon gleich zwei oder drei.

Ein weiterer Aspekt für Linkshänder ist die Positionierung von Gurtknöpfen. Der untere befindet sich normalerweise mittig am Korpusende und kann dort belassen werden. Der obere wird aber seitlich in den Hals geschraubt und sitzt dann an der für Linkshänder falschen Stelle. Wer sich nicht über sichtbare Spuren des Platzwechsels ärgern will, sollte sich auf Instrumente konzentrieren, die noch gar keine Gurtknöpfe haben.

Rechtshänder werden sich keine Gedanken darüber machen, aber auch die Instrumenten-Formkoffer sind nicht für Linkshänder gemacht. Trägt man sie links, dann zeigt die Seite mit dem Hals nach hinten, was etwas eigenartig wirkt. Also müssen alle ihre Koffer in der rechten Hand tragen (oder mit dem Deckel zum Körper).

4. Die ersten Schritte

Akkorde

Schon bevor wir unsere ersten Ukulelen hatten, waren wir auf der Suche nach einer möglichst ausführlichen, aber trotzdem kompakten Zusammenstellung von Akkorden. So etwas ist gerade für Linkshänder schwer zu finden, daher beschlossen wir, eigene Akkord-Hefte zusammenzustellen, die sowohl die wichtigsten als auch die einfachsten und viele weitere Akkorde für die Baritonukulele für Rechts- und Linkshänder enthalten. Diese Hefte sind im Internetbuchhandel und auf www.bod.de zu finden.

Vor allem am Anfang sind die verschiedenen Akkorde sehr wichtig, da sie mit wenig Aufwand bereits Erfolge bringen und hier das schnelle Umgreifen beim Einzeltonspiel nicht erforderlich ist. Da die Baritonukulele tiefer als die vier anderen Größen ist, heißen die Akkorde anders. Ein G-Akkord auf der Bariton wäre auf Tenor, Konzert und Sopran bei gleicher Griffweise ein C. Die Griffe bleiben also gleich, aber ihre Namen verschieben sich auf dem Quintenzirkel um eine Position. Wer nur für sich spielt, kann dies außer acht lassen.

Akkorde können auf verschiedene Arten gespielt werden, entweder geschlagen (gestrummt) oder gezupft. In Wilfried Weltis Online-Kurs wird gleich in Lektion 1 die sehr schöne und ergiebige Spielweise des Arpeggio-Solos eingeführt, bei der man die gegriffenen Akkorde mit dem Finger abwechselnd abwärts und aufwärts streicht. Hierbei entsteht gute Musik nahezu ohne spieltechnischen Aufwand, und diese gute Einstiegsmöglichkeit gibt es wahrscheinlich nur bei der Ukulele und ihren Verwandten.

Schlagtechnik zur Begleitung

Diesen Bereich sollte man nicht unterschätzen: Die Schlaghand (sie ist meistens die dominante Hand, also bei Rechtshändern die rechte) erzeugt den Klang. Es gibt eine ganze Menge alter und neuer Schlagtechniken, von denen man auf jeden Fall immer wieder ein paar üben sollte. Iso Herquist hat sich in einem Video sehr geistreich über die Vorliebe vieler Internet-Lehrer, den sogenannten „Island-Strum“ vorzustellen, lustig gemacht. Diese Technik ist eben so kommod, daß man damit bald sehr langweilig spielt, denn es ist immer das gleiche. Dabei gibt es unzählige interessante Schlagmuster, und wenn man ein altes Stück wirklich überzeugend darbieten möchte, sollte man eben auch die Schlagtechnik beherrschen, in der es ursprünglich gespielt wurde. Es ist auch ein großer Unterschied, womit man die Saiten überhaupt anschlägt. Das kann der Daumen sein, es können auch die Kuppen der vier anderen Finger sein, und das kann man auch kombinieren, wodurch Doppelschläge entstehen.

Man kann auch die ganze Schlagtechnik allein mit dem Zeigefinger bewerkstelligen, eventuell in Kombination mit dem Daumen. Sie werden schnell feststellen, daß sich dadurch die Lautstärke des Vortrags beeinflussen läßt. Egal, welche Finger Sie einsetzen: Am wichtigsten ist dabei eine lockere Bewegung aus dem Handgelenk heraus sowie die Entwicklung des Rhythmusgefühls. Hat man das intensiv geübt, laufen die Bewegungen nahezu von alleine ab und man kann sich dann mehr auf das Umgreifen konzentrieren. Neue Schlagtechniken übt man zunächst langsam und genau ein. Sobald man sie etwas besser beherrscht, kann man das Tempo steigern.

Ob man mit den Nägeln oder mit den Kuppen spielt (auch beim Zupfen), hängt davon ab, ob man ein härteres oder weicheres Klangbild erzeugen will.

Zupfmuster und Rolls

Zupfmuster geben den Akkorden bei der Liedbegleitung etwas mehr Melodie als das einfache Strummen. Außerdem ist Strummen lauter. Wenn sich Leute unterhalten und man dazu spielen möchte, ist also Zupfen empfehlenswert. Ein schönes Zupfmuster ist auf der Abbildung zu sehen.

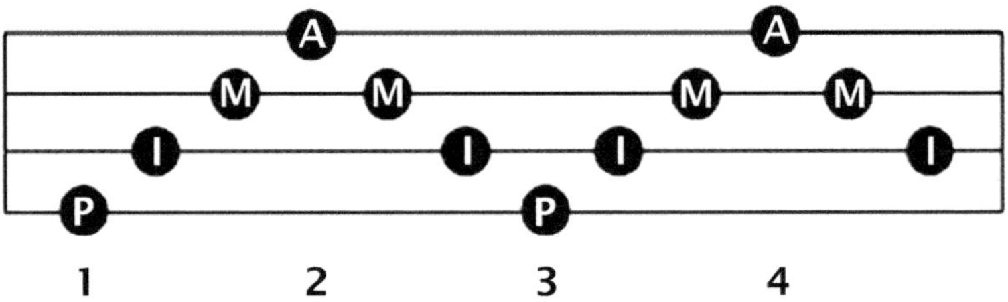

Für dieses Muster ist eine Tenor- oder Baritonukulele zu empfehlen, da es auf Sopran etwas blaß klingt. Wer das Auf und Ab besser rüberkommen lassen möchte, sollte außerdem eine Low-G-Stimmung verwenden. Den Saiten sind verschiedene Finger zugeordnet, der Daumen der vierten, der Zeigefinger der dritten, der Mittelfinger der zweiten und der Ringfinger der ersten Saite. Das etablierte Benennungssystem, das Ihnen auch in der anspruchsvollen Musiknotation begegnen wird, ist das PIMA-System, bei dem P für den Daumen, I für den Zeigefinger, M für den Mittelfinger und A für den Ringfinger steht. Der kleine Finger ist für das Zupfen nicht wichtig und kann eine Stützfunktion übernehmen. Es handelt sich bei diesen Hinweisen um sehr wertvolle Informationen, die das Spielen schwieriger Stücke deutlich erleichtern. Die Buchstaben P, I, M und A beziehen sich auf die spanischen Namen der Finger, mit der Übernahme dieser Bezeichnungen erweisen wir nebenbei der großen spanischen Gitarrentradition unsere Reverenz.

P = **P**ulgar (Daumen)

I = **I**ndice (Zeigefinger)

M = **M**edio (Mittelfinger)

A = **A**nular (Ringfinger)

Auch aus einer weiteren reichhaltigen Quelle läßt sich trefflich schöpfen, denn nirgends lernt man die atemberaubend schnellen „Rolls“ so gut wie bei den Banjospielern in der Bluegrass-Musik. Das ist reine Übungssache, auch eine der beschaulichen Arpeggio-Meditationen von Daniel Ward[17] kann man so schnell spielen, daß es wie eine Nähmaschine klingt. Wenn Sie sich in diese Richtung weiterentwickeln wollen, schauen Sie sich doch auch einmal auf diesem Gebiet um, denn man kann einiges davon herüberholen, auch wenn man weder Banjo noch Banjolele spielt, sondern bei der Ukulele bleibt.

Tonleitern

Es gibt viele Gründe, Tonleitern zu lernen. Der wichtigste ist, daß man dadurch die Möglichkeit bekommt, bekannte Melodien relativ frei auf dem Griffbrett zu spielen. Außerdem hilft es beim Improvisieren, wenn man sich innerhalb der jeweiligen Tonart auskennt. Statt zu jedem Grundton eine neue Tonleiter zu lernen, kann man sich an ein ganz einfaches System halten, das für jeden Grundton die Dur-Tonleiter liefert. Wer Moll- oder andere Tonleitern bevorzugt, kann das System dafür adaptieren. Entscheidend ist, daß man damit einen „Generalschlüssel“ für alle Grundtöne hat. Zum Lernen der Töne auf dem Ukulelen-Griffbrett eignet sich die folgende Methode, bei der nur zwei Griffbilder gelernt werden müssen. Auf diesen Abbildungen trägt das H die internationale Bezeichnung B.

17 https://ukulelemagazine.com/lessons/ukulele-lesson-unlock-big-changes-in-your-playing-with-daniel-wards-meditative-arpeggio

Das rote Griffbild:

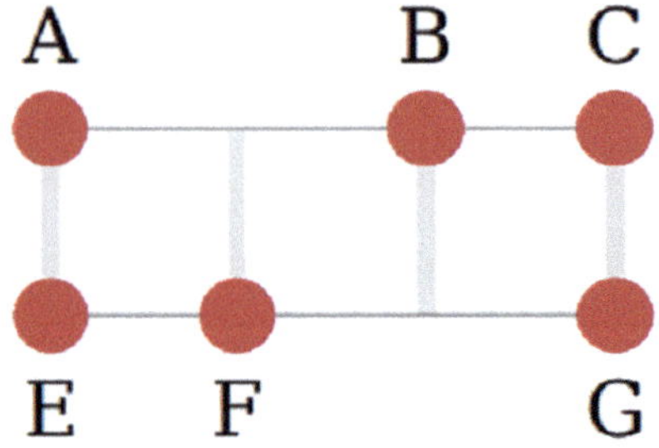

Und das blaue Griffbild:

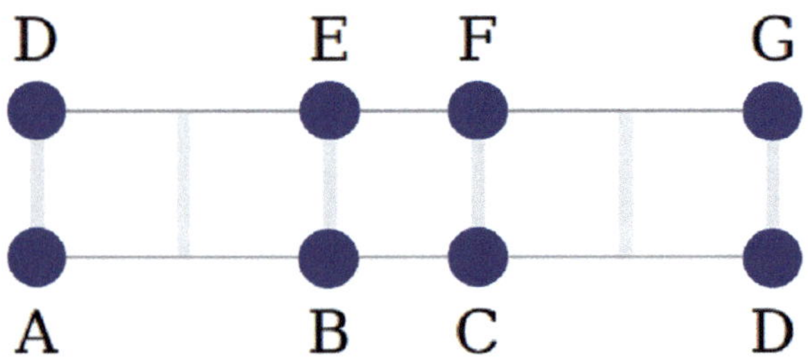

Diese Bilder muß man auswendig lernen und sich wie im unteren Bild aneinandergesetzt vorstellen. Bei den beiden tiefen Saiten beginnt das rote Muster im zweiten Bund, bei den beiden hohen Saiten im fünften. Daneben ist das blaue Griffbild etwas abgeschnitten. Lernt man diese Bilder und weiß, in welchem Bund sie beginnen, kann man alle Noten bis zum letzten Bund auswendig und zu jedem Ton die passende Tonleiter spielen.

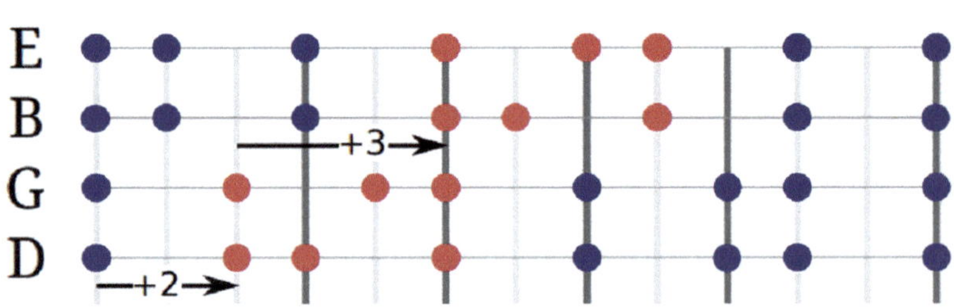

5. Wir wollen weitergehen

Körperhaltung und Bewußtsein

Bei der Haltung ist immer darauf zu achten, daß der Spieler entspannt ist und leicht spielen kann, um auch bei längeren Stücken nicht von Schmerzen geplagt die Lust zu verlieren. Außerdem ist eine stabile Position des Instruments wichtig. Die Haltung des Instruments hängt maßgeblich von dessen Größe ab. Eine Sopranukulele spielt sich im Stehen leichter als eine Bariton. Die folgenden Tips sind allgemein und beziehen sich auf alle Größen. Grundsätzlich läßt sich sagen, daß kleinere Ukulelen in der Haltung manchmal etwas herausfordernd sind.

Als Autodidakten haben wir viele Monate lang die richtige Spielhaltung, vor allem die der Greifhand, völlig vernachlässigt, weil wir gar nicht bemerkten, daß dies wichtig sein könnte. Wir haben uns mit der falschen Handhaltung (Hals in der Handfläche, Daumen steht weit über) sehr gut entwickelt, falsch ist es aber trotzdem. Wenn man dann einmal auf die richtige Weise spielt, ist das zwar eine zunächst unangenehme Umgewöhnung, man merkt aber sehr schnell, daß nun viele Dinge plötzlich viel leichter werden. Die richtige Haltung hat gute Gründe, und wir empfehlen Ihnen dringend, von Anfang an genau darauf zu achten.

> Ernest K. Ka'ai beschreibt die richtige Haltung in seiner grundlegenden Anleitung „The Ukulele and how it's played" (1916)[18] so:
>
> Richtige Halteweise
>
> Lassen Sie den Hals der Ukulele zwischen Daumen und dem ersten Gelenk des Zeigefingers der linken Hand ruhen und

18 https://evols.library.manoa.hawaii.edu/bitstreams/87215dab-040a-4668-a689-8649885ff05c/download

> lassen Sie sie niemals in der Handfläche oder gar in der Vertiefung zwischen Daumen und Finger liegen. Die linke Hand muß gut oben am „Kolben“[19] liegen, wobei die Hand und der Unterarm in einer möglichst geraden Position gehalten werden, und lassen Sie das Handgelenk niemals vom Instrument weg oder in Richtung des Instruments ragen. Diese Position ist absolut notwendig, da Bewegungsfreiheit erforderlich ist. Was den Korpus des Instruments angeht, pressen Sie mit der Mitte des rechten Unterarms die Hinterkante der Ukulele gegen den Körper, wobei Sie sie eher fest halten, entweder im Sitzen oder im Stehen. Das Handgelenk wird etwas angehoben, so daß das Schlagen aus dem Handgelenk ausgeführt wird und die Finger nur die Saiten anschlagen.

Die meisten Leute werden ohne Gurt spielen, was besondere Techniken erforderlich macht. Besonders im Stehen kann gurtfreies Spielen sehr anspruchsvoll sein, da man die Ukulele nicht permanent zwischen Unterarm und Bauch klemmen kann, was das Spielen behindern würde. Die Greifhand hält nie den Ukulelenhals fest, sondern der Arm der Spielhand klemmt sie ein. Bei der Baritonukulele hat sich diese Technik als sehr schwierig herausgestellt, da das Instrument relativ schwer ist, hier ist eventuell die Haltung zu ändern.

Interessant ist in diesem Zusammenhang auch folgender Hinweis von Wilfried Welti: „Die Ukulele wird sowohl mit dem rechten Unterarm als auch mit der linken Hand gehalten. Der Trick liegt darin, daß sowohl der rechte Unterarm allein als auch die linke Arm allein die Ukulele halten können – während dem Spiel wird diese Aufgabe immer wieder umverteilt. Einige Spieler wie z. B. James Hill haben diese Haltung perfektioniert, die Ukulele scheint auf magische Art immer am richtigen Ort zu bleiben, obwohl sowohl die linke als auch die rechte Hand viel Bewegungsfreiheit haben.

19 in der Vorlage: the position of the left hand must be well up at the „but“. Gemeint ist damit wohl „butt“ (Griff bzw. Kolben des Gewehrs).

Die Beherrschung der gurtfreien Haltung erfordert einige Übung."[20] Hier leuchtet wieder die Weisheit aus Schillers „Glocke“ durch: Der Meister bricht die Form. Wilfried Welti und James Hill gehören zu den größten Ukulelenspielern unserer Zeit. Wenn sie den Hals festhalten, dann wissen sie, warum. Als Anfänger ist es anders, da hält man sich lieber an die Regeln, bis man über sie hinausgewachsen ist.

Allerdings schließt das Festhalten der Ukulele die richtige Handhaltung nicht aus. Wesentlich ist hierbei, daß Ihnen bewußt ist, wie die Greifhand gehalten werden soll. Wenn Sie das eine Weile gemacht haben, werden Sie bei der falschen Haltung bald merken, was daran falsch ist. So gibt es beispielsweise am Ende von „Plaisir d'Amour“ einen Wechsel von 4535 nach 4537, der kleine Finger muß dabei vom 5. zum 7. Bund gehen. Wenn der Hals in der Handfläche liegt, bekommt man das überhaupt nicht hin. Auch kann ein Blick in den Spiegel helfen, denn die richtige Haltung sieht auch wesentlich richtiger (und besser) aus. Nicht zuletzt können Sie dann aber auch andere Spieler besser einschätzen: Wer sich um die richtige Technik bemüht, ist als Lehrer allemal glaubwürdiger als jemand, der das Instrument schon falsch hält.

Im Sitzen ist das Ganze etwas einfacher. Die Ukulele wird entweder auf einem oder zwischen den beiden Oberschenkeln abgelegt und der Hals etwa 30 bis 40 Grad nach oben gerichtet. Wer einen Gurt verwendet, sollte ihn hier relativ kurz einstellen. Das Schalloch schaut vom Spieler weg. Anfänger richten es gerne in ihre Richtung aus, um das Griffbrett sehen zu können, wundern sich dann aber über Schmerzen oder zu kurze Finger. Es wird empfohlen, den Daumen wie bei einer Gitarre hinter den Hals zu legen. Dies ist auf den breiteren Hals und die Platzverhältnisse zurückzuführen. Wir haben zu Beginn den Hals in die Mulde zwischen Daumen und Zeigefinger gelegt – das geht eine Weile gut, es fühlt sich vielleicht zunächst irgendwie „richtig“ an, schränkt aber die Bewegungsfreiheit der Greifhand deutlich ein, und deswegen funktionieren dann etliche Sachen

20 https://www.ukulele-arts.com/lernen/spielhaltung/

nicht. Den Daumen hinter den Hals zu legen, ist bei manchen Griffen etwas bequemer, bei anderen zunächst etwas schwierig, aber grundsätzlich richtig. Das sollte jeder für sich ausprobieren. Um genug Platz zu haben, sollten die Finger beim Greifen senkrecht auf dem Griffbrett stehen, das letzte Gelenk vor der Fingerspitze sollte abgewinkelt und nicht durchgedrückt sein. Dies hat auch den Vorteil, die jeweilige Seite genauer greifen zu können.

Drücken sollte man nie mehr als nötig. Einerseits kann zu viel Druck zu Verspannungen in den Fingern führen, andererseits kann eine bis aufs Griffbrett heruntergedrückte Saite das Griffbrett zerkratzen und bei dikken Bünden die Tonhöhe ungünstig beeinflussen. Außerdem können die Bünde dann schneller abnutzen, wenn man Saiten mit Metalloberfläche verwendet. Der optimale Druck variiert auch je nach Beschaffenheit der Saiten. So erfordern die weichen Aquila Red deutlich weniger Kraft als die etwas härteren Aquila Nylgut.

Der Spielarm liegt locker auf dem Instrument. Gestrummt wird aus dem Handgelenk, der Unterarm bewegt sich nur minimal. Wir haben die Erfahrung gemacht, daß das vor allem zu einem gleichmäßigeren Rhythmus und einem weicheren Klang beiträgt. Die Haltung beim Zupfen ist genauso. Teilweise wird empfohlen, die Spielhand beim Zupfen mit dem kleinen Finger auf dem Korpus abzustützen. Dies führt zu etwas mehr Halt, aber auch zu eingeschränkter Bewegungsfreiheit. Wilfried Welti rät von dieser Stütze rundheraus ab, was allerdings auch mit seiner Spielweise zusammenhängt. Es erweist sich in etlichen Fällen als günstig, wenn der kleine Finger die Zupfhand auf der Schalldecke abstützt; wir denken dabei an rhythmische Zupfmuster, wie sie in der Country-Musik verwendet werden. Machen Sie einfach keine Grundsatzentscheidung daraus: Versuchen Sie, den kleinen Finger wegzulassen, aber wenn es abgestützt besser geht, dann ist das in Ordnung.

Die Frage, wo die Saite gezupft oder angeschlagen wird, ist nicht pauschal zu beantworten. Rein ästhetisch gedacht, würde man das Zupfgeschehen über dem Schalloch ansiedeln wie bei der Gitarre. Dort funktioniert es auch besser als über dem Griffbrett. Beim Strummen hingegen ist zu bedenken, daß die Saite zu ihrer Mitte hin (12. Bund) kräftiger und voller klingt und daß der Arm, wenn er den Ukulelenkorpus einklemmt, ungefähr bis hierhin reicht. Je nach Position klingt die Ukulele ganz verschieden, so kann man etwa aus einer Sopran-Ukulele mit Tenorhals allein mit der Änderung der Position sehr unterschiedliche Klangvariationen (trocken oder topfig mit mehr Hall) herausholen. Das liegt daran, daß eine Saite nur dann sauber schwingt, wenn sie in der Mensurmitte gezupft wird. Geschieht dies an anderen Stellen, ergeben sich andere Schwingungsmuster, die mehr Obertöne mit sich bringen. Das ist gemeint, wenn von „Klangregistern“ die Rede ist. Eine Ukulele, die in der Nähe des Stegs mit dem Plektrum gespielt wird, klingt härter und metallischer. Solche Unterschiede kann man nutzen. Der Anfänger sollte sich vor allem auf die richtige Spielhaltung konzentrieren, aus der sich die Position auf der Saite nahezu zwangsläufig ergibt, und ein offenes Ohr für die Klangunterschiede an den verschiedenen Saitenabschnitten behalten.

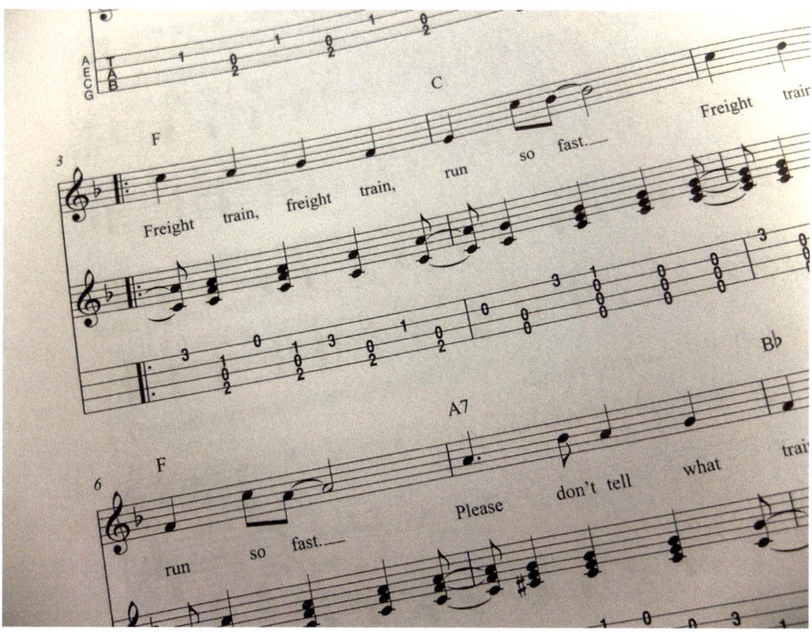

Zur Spielhaltung gehört auch ein halbwegs zuversichtlicher Gesichtsausdruck. Oft achtet man beim konzentrierten Spielen gar nicht darauf, wie man dabei guckt. Sie müssen kein Grinsen aufsetzen, und bei traurigen Balladen würde schon ein Lächeln unpassend ironisch wirken. Denken Sie einfach gelegentlich daran, daß Ihr Gesichtsausdruck auch ein Teil der Darbietung ist.

Worum geht es eigentlich beim Üben?

Wie so oft, gibt es nicht die eine Übungsmethode, die für jeden die beste ist. Jeder hat seine eigene Haltung und seinen universellen Spielstil. Aus diesem Grund sind die folgenden Punkte wieder grundlegende Hinweise, die jeder an sich selbst anpassen kann. Dabei ist es hilfreich, sein Spiel zu reflektieren und die richtigen Schlüsse zu ziehen: Was bringt mich weiter? Was hält mich auf? Was macht mir Spaß?

1. Beim Üben sollte man vor allem musizieren

Im Internet sind wir auf eine Lehrerin gestoßen, die zwar sehr gute Tabs anbietet, diese aber wie ein Computer herunterspielt. Monoton und kalt. Wieso sollte man so etwas können wollen? Viel besser ist es doch, so zu spielen, wie es ein Computer nicht kann. Mit Leidenschaft und Emotion. Daraus entsteht dann auch der eigene, individuelle Spielstil, der jeden einzelnen Spieler ausmacht. Musikmachen will gelernt sein. Daher ist es auch sinnvoll, die Noten einfach mal wegzulegen und stattdessen frei von der Leber weg irgendetwas zu spielen. Beginnen und beenden Sie daher jede Übungssitzung mit freiem Spielen. Hierfür eignen sich Lieder, die Sie bereits können, oder gleichmäßiges Spielen von ein paar zueinander passenden Akkorden. Hierbei können Sie neue Schlag- oder Zupfmuster üben. Das hat mehrere Effekte: Sie erfahren ihre eigene Musikalität, lockern Ihre Hände und bekommen mehr Routine. Danach gehen auch schwierigere Übungen etwas besser.

2. Regelmäßig üben – aber nicht krampfhaft!

„Wenig, aber öfter" gilt auch für die Ukulele. Wir haben uns sehr früh vorgenommen, jeden Tag ein bißchen zu üben, aber trotzdem nicht krampfhaft mindestens eine Stunde weiterzumachen. Es entsteht dann eine gesunde Mischung aus Spaß und Pflicht, die wir als sehr angenehm empfinden. Gerade Anfänger sollten nicht zu lange am Stück spielen, da die Finger schnell weh tun oder sich die ganze Hand verkrampfen könnte. Der Körper braucht zu Beginn etwas Zeit, sich auf die nötigen Bewegungen einzustellen und sie richtig ausführen zu können. Nach zwei Wochen bildet sich dann Hornhaut an den Fingerkuppen der Greifhand, was das Drücken sehr viel angenehmer macht. Beim Umstieg auf die richtige Haltung der Greifhand (Daumen hinter dem Hals) kann es zunächst zu einem Ziehen in der Hand kommen. Suchen Sie die optimale Haltung und muten Sie sich dabei nicht zu viel auf einmal zu.

3. Üben mit Freude

Üben sollte immer als Fortschritt und somit locker gesehen werden. Fehler passieren auch den besten Spielern und helfen uns, besser zu werden. Wer sich über einen Patzer aufregt, wird irgendwann keine Freude mehr am Üben haben. Daher sollte man darauf achten, immer eine positive Grundeinstellung der Ukulele gegenüber zu haben (natürlich auch gegenüber dem Publikum). Regelmäßige Verspieler können auch ein Hinweis auf ein zu schweres Programm sein. In dem Fall sollte man seinen Trainingsplan noch einmal überdenken. Zu große Schritte bringen nur unnötigen Frust. Auch der Übungszeitpunkt entscheidet mit über den Erfolg: Am besten übt es sich, wenn man wirklich Lust darauf hat. Es hat wenig Sinn, sich zwischen anderen Pflichten mit vollem Kopf zum Üben zu zwingen. Üben ist die Beschäftigung mit dem Instrument, und dazu sollten Sie in der richtigen Stimmung sein.

4. Auf das richtige Übungstempo achten

Ein neues Lied in der normalen Geschwindigkeit zu üben, erweist sich für den Anfänger als sehr schwierig. Auch bessere Spieler beginnen bei einem deutlich verminderten Tempo, um das Lied erst einmal kennenlernen zu können. Bei dieser Gelegenheit können praktische Anordnungen für die Finger gesucht werden, die schnelle Akkordwechsel ermöglichen. Beachten Sie, daß solche Angaben in guten Tabulaturen bereits enthalten sind. Die Geschwindigkeit eines Liedes kommt mit der Zeit automatisch, zu Beginn sollte man auf eine lockere und saubere Spielweise achten. Kann man das Lied dann schon etwas schneller, sollte man in der Qualität des Spiels allerdings nicht nachlassen.

5. Keine Fehler üben!

Die meisten Spieler würden bei einem Patzer im Lied unterbrechen und vor vorne beginnen, wovon Wilfried Welti allerdings abrät. Das Einzige, was man damit erreiche, sei, sich den Fehler anzutrainieren, da er wahrscheinlich noch öfter passieren würde.

Im Grunde unterstützen wir diese Ansicht, dennoch ist uns bei Robert Schumanns „Der fröhliche Landmann“ ein Fehler passiert, der uns so gut gefallen hat, daß wir ihn jetzt oft in das Lied einbauen.[21] Diese Herangehensweise beruht auf einer ähnlichen Philosophie wie die japanische Reparaturtechnik Kintsugi, bei der zerbrochene Keramikgegenstände mit goldenem Kleber repariert werden. Der Fehler wird so ein Teil des Stükkes und verschönert es. Die meisten Verspieler auf der Ukulele klingen aber wirklich nicht gut und sollten dementsprechend vermieden werden.

6. Lieder abschnittsweise lernen

Ein sehr guter Rat ist, in Päckchen zu üben. Zum Lernen ganzer Lieder hat es sich bewährt, die Tabulatur in mehrere Abschnitte zu unterteilen, die in sich eine geschlossene Einheit bilden, und sich mit jedem davon immer eine Woche lang zu beschäftigen. In dieser Woche sollten Sie die anderen Abschnitte nicht spielen. Dadurch lernen Sie die einzelnen Teile, bis sie gut sitzen – auch wenn es vielleicht zwei Wochen braucht. So können zum

21 Er besteht in einem zu frühen Drücken einer Saite, wodurch nicht nur ein D, sondern zuvor kurz ein C erklingt, was als Aufschlagbindung bekannt ist. Schumann selbst schrieb allerdings in den als Anhang veröffentlichten Musikalischen Haus- und Lebens-Regeln: „Betrachte es als etwas Abscheuliches, in Stücken guter Tonsetzer etwas zu ändern, wegzulassen, oder gar neumodische Verzierungen anzubringen. Dies ist die größte Schmach, die du der Kunst anthust.“

Beispiel der Refrain und die Melodie jeweils ein Abschnitt sein. Auch sich wiederholende Muster im Lied können mit verschiedenen Farben eingezeichnet werden. Das trägt dazu bei, sich ein Lied schneller merken zu können, da die Abläufe klar erkennbar sind. Zum Schluß fügen Sie die Teile zusammen und spielen das ganze Lied durch. Dann wird es vielleicht immer noch den einen oder anderen Patzer geben, aber bald können Sie es komplett spielen.

7. Auf den Takt achten

Ein paar kleinere Patzer sind weniger tragisch als ein schwankender Takt und werden vom Publikum vielleicht gar nicht bemerkt. Ein falscher Takt fällt sehr schnell auf. Daher sollte dem Takt viel Beachtung geschenkt werden. Er gibt dem Lied eine Struktur. Die Herausforderung dabei ist, den Takt und die Geschwindigkeit durchgehend zu halten und nicht einfache Stellen schneller zu spielen, weil man sie so gut kann. Je nach Taktart kann man mit dem Fuß mitwippen oder, wenn einem das zu auffällig ist, im Schuh nur die Zehen bewegen. In jedem Fall ist die Anschaffung eines Metronoms sinnvoll.

8. Reflektiert üben

Es kann nie schaden, sich auf Youtube Anleitungen guter Lehrer anzusehen. Außerdem hilft es sehr, sich gelegentlich zu fragen, ob die eigene Übungsmethodik funktioniert oder vielleicht nicht. In diesem Fall ist vielleicht ein anderer Ansatz richtig. Wenn Sie steckenbleiben, kann das auch an der falschen Ukulelengröße oder falscher Haltung liegen. Auch die gut gewählte Übungspause kann richtig sein. Kontrollieren Sie Ihren Erfolg, indem Sie Ihre Stücke aufnehmen oder filmen. Überprüfen Sie sich selbst. Falls Sie üben wollen, es aber heute nicht klappen will, dann legen Sie das Instrument weg und schauen Sie sich theoretische Sachen oder gute Anleitungen an. Oder klimpern Sie einfach einmal vor sich hin, das ist allemal besser als nichts.

Einen guten Einführungskurs finden Sie hier: www.ukulele-arts.com/lernen/solo-crashkurs

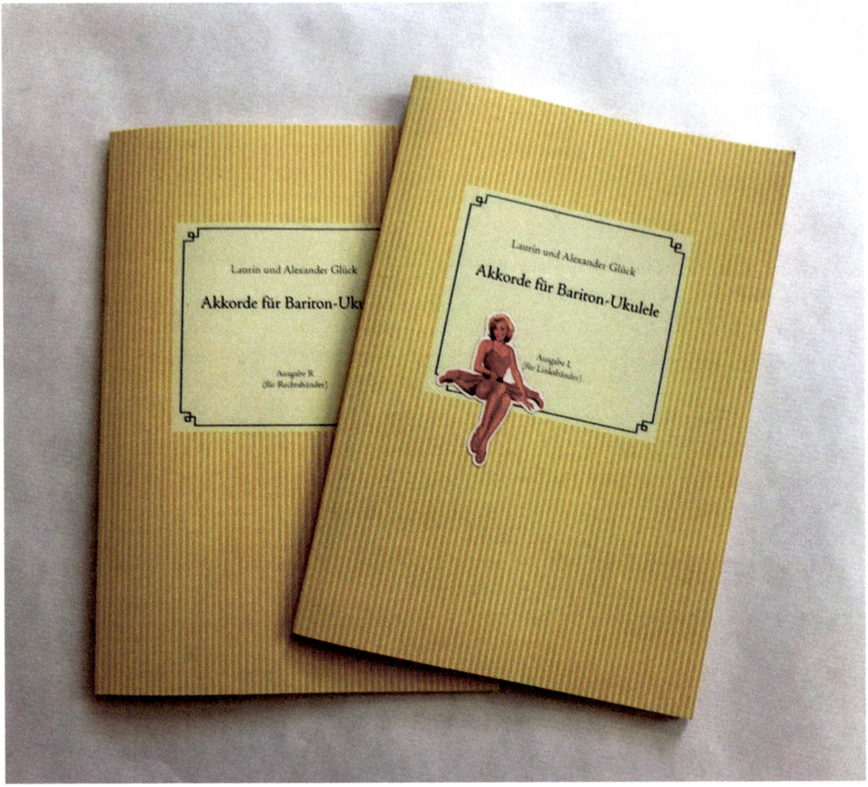

Akkorde lernen: Welche passen zusammen?

Wie schon erwähnt, kommt es beim Erlernen der Ukulele darauf an, was man will, in welche Richtung die Entwicklung also gehen soll. Für die meisten, die es damit versuchen, stehen Begleitakkorde am Anfang, weil sie praktisch sofort funktionieren. Für viele bleibt es dann dabei und sie verwenden die Ukulele ausschließlich oder überwiegend auf diese Weise. Das geht gut und gerade die kleineren Modelle sind da ganz in ihrem Element.
Die Frage ist nur: Welche Akkorde braucht man eigentlich dafür? Es gibt nämlich jede Menge. Allein für Dur-Begleitung gibt es zwölf davon, für

Moll ebenfalls, und dann gibt es noch andere Arten von Akkorden und von denen auch jedes Mal zwölf. Das sind also schon sehr viele, und wenn man sich da ein bißchen einliest, stellt man irgendwann fest, daß man all diese Akkorde auch noch auf verschiedene Arten spielen kann. Es gibt also mehrere C-Dur-Akkorde usw., insgesamt also eine uferlose Menge. Man kann nicht alle lernen. Die erste Frage ist also, welche so häufig vorkommen, daß man sie unbedingt können sollte. Das sind vielleicht acht bis zehn Stück, und damit kann man schon eine Menge anstellen. Die kann man sich heraussuchen und lernen, und genauso eignet man sich auch ein paar Spezialitäten an. Der Rest hängt vom jeweiligen Lied ab, man sucht sich also das heraus, was man gerade braucht.

Hier[22] finden Sie eine gute Übersicht über die wichtigsten Akkorde für Baritonukulele.

Die nächste Frage ist aber, wie man Akkorde gut kombinieren kann, etwa um eigene Lieder zu entwickeln. Das ist vergleichbar mit dem Sprechen: Je nachdem, wie wir etwas ausdrücken wollen, ändern wir die Stimme. Ein Satz klingt als Feststellung, als Befehl, als Mutmaßung oder als Frage jedesmal anders. Und der Reiz eines Liedes liegt in der Folge der Akkorde, die es enthält – auch als reine Melodie. Denn auch eine Melodie ist letztlich ein Akkord, nur daß seine Töne nicht zusammen, sondern nacheinander gespielt werden. Beim Akkordspiel nennt man das einzelne Zupfen Arpeggio, und eine Melodie kann eben von der einen in eine andere Tonart springen. Sie können das leicht ausprobieren, indem Sie abwechselnd C-Dur, D-Dur und G-Dur greifen und dabei ein bißchen auf den Saiten zupfen.

Daß bestimmte Tonarten zusammenpassen und andere nicht, hängt einerseits mit der Systematik der Tonleitern zusammen, also grob gesagt mit den Schwingungsverhältnissen, die harmonisch sind oder eben nicht. Andererseits hängt es mit unseren Hörgewohnheiten zusammen, die auf einer

22 https://baritoneukes.com/beginner-chords

jahrhundertelangen Musiktradition basieren. Und das Ganze folgt einem System, dessen Hintergründe man nicht zu kennen braucht, um es sich zu merken und damit zu arbeiten. Dabei geht es ganz einfach um die Abstände der Tonarten zueinander, die man mit den Abständen ihrer jeweiligen Grundtöne veranschaulichen kann. Die Akkorde passen immer dann gut zusammen, wenn sie einen bestimmten Abstand zueinander haben. Der Abstand zwischen C und G beträgt aufwärts drei Ganztonschritte und einen Halbtonschritt und abwärts zwei Ganztonschritte und einen Halbtonschritt. Wenn man nun beide Töne um einen Ganztonschritt erhöht, dann werden sie zu D und A. Deren Abstand zueinander ist genauso groß wie der zwischen C und G. Deshalb passen beide gleich gut zusammen. Man kann zwischen D-Dur und A-Dur sowie zwischen C-Dur und G-Dur wechseln und beides klingt gut.

In anderen Fällen passen die Akkorde aber nicht. Dann kann es besser sein, zwar den Grundton zu behalten, aber keinen Dur-Akkord, sondern einen Moll-Akkord zu spielen. Die folgende Tabelle gibt einen Überblick darüber. Man braucht nur von der unteren Zeile ausgehend nach oben zu gehen und sieht dann gleich, welche Akkorde man verwenden kann. Auf diese Weise lassen sich schnell ein paar gute Akkordfolgen entwickeln, die zu einem Lied werden können. Oder man klimpert sich entspannt auf dem Sofa durch solche Akkordreihen durch und probiert verschiedenes aus, denn es muß ja nicht immer gleich ein richtiges Lied sein.

Übersicht über passende Akkorde												
	C	C#	D	D#	E	F	F#	G	G#	A	Bb	H
verm	H	C	C#	D	D#	E	F	F#	G	G#	A	Bb
Moll	A	Bb	H	C	C#	D	D#	E	F	F#	G	G#
Dur	G	G#	A	Bb	H	C	C#	D	D#	E	F	F#
Dur	F	F#	G	G#	A	Bb	H	C	C#	D	D#	E
Moll	E	F	F#	G	G#	A	Bb	H	C	C#	D	D#
Moll	D	D#	E	F	F#	G	G#	A	Bb	H	C	C#
Dur	C	C#	D	D#	E	F	F#	G	G#	A	Bb	H

Mit dieser Tabelle, in der die harmonischen Kombinationen aus verschiedenen Akkorden dargestellt sind, und ein paar griffigen Schlagmustern kann man eigentlich schon sehr viel auf der Ukulele machen. Kombinieren Sie einfach den Dur-Akkord aus der untersten Zeile (1. Stufe) mit den beiden anderen Dur-Akkorden, so erhalten Sie z. B. C/F/G, E/A/H oder A/D/E. Das können Sie mit den entsprechenden Moll-Akkorden erweitern. Dadurch übt man ganz nebenbei genau diejenigen Akkorde, die man für das, was man gerade spielt, auch wirklich braucht.

Interessante Akkordfolgen, die man ganz leicht aus dieser Tabelle entwickeln kann, sind zum Beispiel diese (wobei die Stufenzahl jeweils durch den dort notierten Akkord ersetzt wird, ^{m} bedeutet Moll, ^{7} bedeutet Septakkord):

$1/6^{m}/4/5$
$2^{m}/5/1/6^{m}$
$1/2/4/1$ oder $1/2^{7}/4/1$
$1/3^{7}/6^{m}/4$
$5/1/4/5$
$1/3^{7}/4/5$
$1/4/6^{m}/5$
$4/5/1/1^{7}$

Man kann mehrere dieser Muster, sofern sie innerhalb derselben Spalte gespielt werden, miteinander kombinieren. Diese Akkordfolgen hat Abigail Flowers in einem ihrer Youtube-Videos vorgestellt (insgesamt zehn)[23]. Mehr in dieser Art finden Sie, wenn Sie nach „Ukulele chord progressions“ suchen.

Die Tabelle hilft aber auch, wenn man aus einer bekannten Melodie ein Arrangement mit Akkorden machen möchte. Das ist viel einfacher, als man zunächst denkt. Hierfür schreiben Sie zunächst lediglich die Melo-

23 https://www.youtube.com/watch?v=5Biuc0mcfvE

dietöne auf ein leeres Tabulaturblatt. Aus der Melodie kann man ableiten, in welcher Tonart das Lied geschrieben ist, und zu dieser Tonart können Sie anhand der Tabelle die dazu passenden Akkorde finden. Im nächsten Schritt geht es darum, aus diesen Akkorden eine passende Begleitung zu machen. Achten Sie dabei darauf, ob die jeweilige Melodienote auch in dem Akkord vorkommt. Das ist nicht zwingend erforderlich, aber es erhöht die Wahrscheinlichkeit, daß der Akkord an diese Stelle paßt. Achten Sie dabei vor allem auf die Hauptakkorde. Welche das sind, erfahren Sie gleich.

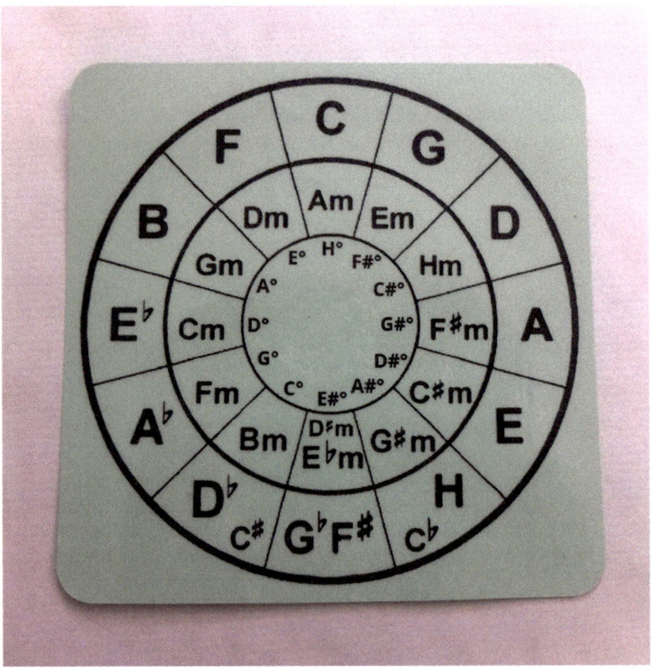

Wenn Sie sich mit dem Quintenzirkel beschäftigen oder ihn noch aus der Schule kennen, ist es noch leichter als mit der Tabelle: Suchen Sie eine beliebige Tonart auf dem Kreis, z. B. C-Dur. Dazu finden Sie links und rechts neben dem C die beiden passenden Dur-Tonarten F und G sowie im inneren Kreis die Paralleltonart A-Moll mit ihren beiden Nachbarn D-Moll und E-Moll. Diese sechs Tonarten passen zusammen bei C-Dur als Grundtonart. Dann fehlt Ihnen nur noch die nicht so wichtige verminderte Tonart der siebten Stufe, diese liegt einen Halbton unter der Grundtonart (in diesem Fall H). Am besten legen Sie den Quintenzirkel beim Üben auf den Tisch und probieren verschiedene Kombinationen aus.

Der begnadete und sehr sympathische Ukulelenbauer Marco Todeschini (Antica Ukuleleria) hat mir einmal anhand der GCEA-Stimmung geschildert, wie er vorgeht, um sich ein Lied für die Ukulele zu erschließen.[24] Das sieht sehr beeindruckend aus, ist aber im Grunde kein Hexenwerk. Er verwendet aus der Tabelle die 1., 4., 5. und 6. Stufe. Möchte man lieber andere Akkorde benutzen, nimmt man einfach eine andere Spalte. Statt C, F, G und Am wären es dann z. B. G, C, D und Em.

> „Ich spiele es nach Gehör um die Noten herum, die bereits im gerade gegriffenen Akkord vorkommen. Bei diesem Lied (Simon and Garfunkel: The Boxer) handelt es sich im Grunde um eine Mischung aus C, Am, F und G. Mein Trick besteht darin, zu versuchen, die Melodie in den Noten innerhalb jedes Akkords zu finden. Man lernt dabei langsam nur die Melodie, jedoch mit allen für einen bestimmten Akkordgriff erforderlichen Fingern – auch wenn sie für die Melodie gar nicht benötigt werden.
>
> Beispiel: Wenn ich die H-Note auf der 1. Saite im 2. Bund (0002) verwenden muß und weiß, daß es in diesem Teil des Liedes einen G-Akkord gibt, dann greife ich 0232, auch wenn ich eigentlich nur die letzte Note verwende. Natürlich befinden sich nicht alle erforderlichen Noten innerhalb des so eingesetzten Akkords, aber sie liegen nahe beieinander, z. B. einen oder zwei Bünde höher oder tiefer. Dann sollte man den gegriffenen Akkord beibehalten und nur den Finger ausstrecken, mit dem man die fehlende Note erreichen kann.

---

24 und zwar dieses hier: https://www.youtube.com/watch?v=pfAf88JnIOY

Sobald man die Melodie auf diese Weise gelernt hat, kann man aus den gegriffenen Akkorden weitere Noten in die Melodie streuen. Selbst wenn man sie zufällig auswählt, wird es jedesmal ziemlich gut passen, weil die Noten zu dem richtigen Akkord gehören. Je öfter man das macht, desto sicherer wird man die passenden Noten treffen. Das Ergebnis ist eine Melodie und ein Arpeggio, manchmal auch Akkorde, wenn man statt nur einer zusätzlichen Note gleich mehrere verwenden will. Das auf diese Weise entwickelte Lied kann dann noch weiter ausgebaut und verschönert werden.

Sobald Sie diese Sache ein wenig gemeistert haben, werden Sie feststellen, daß viele berühmte Lieder auf diese Weise mit drei oder vier Akkorden gespielt werden können, und selbst wenn man andere Akkorde verwendet (vielleicht A, D, E und F#m), kann man feststellen, daß mit der Ukulele alles viel einfacher ist, wenn es in das gleiche alte System aus C, F, G und Am transponiert wird. Das ist zwar nicht der anspruchsvollste Weg, aber es ist prima, wenn man das Gehirn ausschalten und sich mit der Ukulele auf dem Sofa entspannen will. Seien Sie also vorsichtig mit diesem Transponiere-alles-in-C-Trick, denn er ist sowohl nützlich als auch einschränkend."

Die Grundlagen der Harmonielehre – näher betrachtet

Was „gut" oder „schlecht" klingt, hängt von dem Zusammenwirken der Töne (=Akkorde) und dem Zusammenwirken der Akkorde (=Harmonien) ab. Dies ist an die Kultur und den Zeitgeschmack gebunden: Für die Zeitgenossen Bachs wäre schon die Musik Schuberts äußerst schwer zu ertragen gewesen, von der modernen Musik ganz zu schweigen. Europäische Musik ist anders aufgebaut als asiatische. Es gibt immer neue Einflüsse und Weiterentwicklungen, aber die Grundprinzipien der Harmonien sind tief verwurzelt. Und deshalb lassen sich in diesem Sinne „gute“ (also harmonisch passende) Kombinationen nach einem altbewährten System zusammenbauen. Dies wurde im vorangegangenen Kapitel gezeigt. Nun soll es darum gehen, die Hintergründe dieses Systems etwas besser zu verstehen.

Es gibt verschiedene Tonarten: Das eine Stück ist in C-Dur geschrieben, ein anderes in D-Dur, wieder ein anderes in G-Moll. Der Buchstabe gibt den Ausgangspunkt der Tonleiter an, auf der das jeweilige Stück gespielt wird. Durch Transponieren kann man aus einem Stück in C-Dur eines in D-Dur machen, indem man einfach jede Note um einen Ganztonschritt erhöht. Das Lied „funktioniert“ dann ganz genauso, aber es ist insgesamt eben um einen Ton höher. Diese Anpassung kann sinnvoll sein, wenn man mit anderen in einer Gruppe spielt oder wenn man dazu singt.

Auch beim Auffinden harmonisch passender Akkorde geht es um nichts weiter als um die Abstände zwischen ihnen, also um ihr Verhältnis zueinander. Das Verhältnis von G-Dur zu C-Dur ist genau das gleiche wie das von A-Dur zu D-Dur, denn es wurden lediglich beide Akkorde um einen Ganztonschritt erhöht. Es klingt höher, aber es paßt genauso zusammen. Was also paßt, hat nichts mit der Tonhöhe des Ganzen zu tun, sondern mit einem bestimmten, in unserer Musikgeschichte verwurzelten System. Zum Verständnis dieser Beziehungen zwischen den Akkorden ist der Quintenzirkel sehr hilfreich. Die Harmonik der meisten Lieder beruht auf den einfachsten Grundzügen dieses Systems, denn wir brauchen nur ganz wenige Akkorde, damit es schon nach etwas klingt.

Grundakkord (Tonika): Am wichtigsten ist der Akkord der Tonart, in der das Lied geschrieben ist: der Grundakkord, auch „Tonika“ genannt. Welche Tonart das ist, kann man anhand der Vorzeichen ermitteln, bei Tabulaturen steht sie oft auch dabei. In vielen Fällen kann man sie auch am ersten und letzten angegebenen Begleitakkord erkennen. Bei C-Dur ist das folglich der C-Dur-Akkord. Wenn wir sonst nichts haben, reicht der schon für die allereinfachste Begleitung aus.

Dominante: Aber viel besser klingt jede Begleitung, wenn noch ein zweiter Akkord hinzukommt, der das alles so ein bißchen spannender macht. Dieser zweite Akkord liegt stets vier Stufen über dem Grundakkord. Mit Abzählen kommt man zu G-Dur. Die beiden Akkorde (wie auch die Tonleitern) unterscheiden sich lediglich darin, daß bei C-Dur der Ton F vorkommt, bei G-Dur jedoch stattdessen ein F#. Dieser zweite Akkord wird „Dominante" genannt. Und dieses Pärchen macht schon eine Menge her.

Dominant-Septimakkord: Aber oft will man noch mehr Spannung aufbauen, dann nimmt man diesen Dominantakkord und verändert ihn ein bißchen, indem man einen zusätzlichen Ton auf der siebten Stufe (Septime) hinzufügt. Das kann eine kleine Septime sein (Bezeichnung G7) oder auch eine große (Gmaj7). Er wird „Dominant-Septimakkord" oder kurz „Septakkord" genannt. Solche Akkorde können die Spannung in einem Lied sehr deutlich erhöhen.

Subdominante: Ein weiterer passender Akkord liegt einen Ganzton unterhalb der Dominanten, in unserem Beispiel also F-Dur. Dieser Akkord, die sogenannte „Subdominante", liegt auf dem Quintenzirkel ebenfalls neben der Tonika, aber in der anderen Richtung. Das bedeutet, daß sich die Tonika zur Subdominante genauso verhält wie die Dominante zur Tonika. Damit kann man interessante Klänge in die Begleitung bringen. Und hier ist bereits das wesentlichste Handwerkszeug beisammen, nämlich die drei Hauptakkorde (Tonika, Dominante, Subdominante).

Moll-Akkorde: Es gibt aber noch einige andere passende Akkorde, vor allem die Tonika der jeweiligen Paralleltonart. Die Tonleitern von C-Dur und A-Moll sind in Bezug auf die in ihnen vorkommenden Töne völlig gleich, nur fängt die C-Dur-Tonleiter mit dem C an und die A-Moll-Tonleiter mit dem A, so daß sich nur die relative Position der beiden Halbtonschritte zum Grundton ändert. Zu jeder Dur-Tonart gibt es eine solche Paralleltonart in Moll, und ihr Grundakkord, die „Tonika-Moll-Parallele", paßt daher auch immer als Begleitakkord. Dieser hat auf dem Quintenzirkel dann auch seine beiden Nachbarn links und rechts, hier also D-Moll und E-Moll. Diese beiden Akkorde sind die beiden Parallelakkorde zu F-Dur und G-Dur, passen also auch.

Ordnen wir die so gefundenen Akkorde als Tonleiter an, so ergibt sich die folgende Reihe, und diese Reihe findet sich in der Tabelle im vorangegangenen Kapitel wieder:

1.) C: Tonika
2.) D: Moll-Subdominante
3.) E: Moll-Dominante
4.) F: Dur-Subdominante
5.) G/G7: Dur-Dominante oder Septakkord
6.) A: Moll-Parallclakkord

Aber warum passen diese benachbarten Akkorde so gut zusammen? Um das herauszufinden, müssen wir uns ansehen, worin sich die verschiedenen Tonarten eigentlich unterscheiden. Auf den Notenlinien gibt es dafür die Vorzeichen # und b. Immer wenn eines dieser Vorzeichen hinzukommt, landet man bei der nächsten Tonart. Ein einziger Ton wird also verändert: In der b-Reihe werden die Töne nach und nach um einen Halbton tiefer, in der #-Reihe werden sie höher.

Es ist hilfreich, die Dur-Tonleiter in zwei Päckchen mit je vier Tönen zu zerlegen: Aus der C-Dur-Tonleiter wird dann C-D-E-F und G-A-H-C. Beide Päckchen sind genau gleich aufgebaut, denn die ersten drei Töne liegen je einen Ganztonschritt auseinander und die letzten beiden nur einen Halbton. Wenn man nun aufwärts zur nächsten Tonart kommen will (es geht auch abwärts, wir sehen es gleich), so beginnt man die neue Tonleiter einfach mit dem ersten Ton des zweiten Päckchens, dem G. Hier haben wir dann G-A-H-C wie gehabt und als neues zweites Päckchen D-E-F-G. Und weil bei diesem zweiten Päckchen der Halbtonschritt an der falschen Stelle liegt, nämlich in der Mitte, müssen wir das F um einen Halbtonschritt erhöhen. Die richtige G-Dur-Tonleiter lautet nun G-A-H-C und D-E-F#-G mit dem Halbtonschritt an der richtigen Stelle. Der Anfangston des zweiten Päckchens ist stets die Dominante zum Grundton, und Sie erkennen schon, daß auf das G nun das D folgt.

C-Dur und G-Dur klingen gut zusammen, weil es nur einen kleinen Unterschied (F/F#) gibt, sie sich also sehr ähnlich sind. Aus dem gleichen Grund klingen auch alle anderen benachbarten Tonarten gut zusammen.

Gehen wir von der zerteilten C-Dur-Tonleiter aus nicht nach oben, sondern nach unten, kommen auch dort weitere Viererpäckchen. C ist die Dominante zu F. Die sich darunter bildende Tonleiter ist, in zwei Päckchen zerlegt, F-G-A-Bb und C-D-E-F. Hierfür mußte das H zum Bb gemacht werden, auch dies ist nur eine kleine Änderung, und deshalb passen auch F und C gut zusammen. Ist das Lied in F-Dur geschrieben, so ist F die Tonika und C die Dominante. Ist es in C-Dur, so ist C die Tonika und F die Subdominante.

Die Paralleltonarten, also z. B. C-Dur und A-Moll, passen deshalb sehr gut zusammen, weil sie aus den gleichen Tönen aufgebaut sind, allerdings auf den verschiedenen Grundtönen C und A: C-D-E-F-G-A-H-C ist die Dur-Tonleiter, A-H-C-D-E-F-G-A die Molltonleiter.

Das ganze Brett im Griff – mit verschiebbaren Akkorden

Man kann sich aber auch hier noch erheblich weiterentwickeln und das Griffbrett seines Instruments mit Akkorden erforschen. Denn beim Lernen der verschiedenen Griffe wird schnell klar, daß sich manche davon wiederholen. Vor allem die Akkorde, für die man alle vier Saiten greift, können ja an jeder beliebigen Stelle verwendet werden! Bei den anderen Akkorden, also bei denen mit offenen, nicht-gegriffenen Saiten, muß man sich nur vorstellen, daß diese offenen Saiten außerhalb des Griffbretts, am 0. Bund, gegriffen werden. Will man sie nun an einer anderen Stelle spielen, müssen die offenen Saiten dann eben auch gedrückt werden, und zwar so, wie es dem Ausgangsakkord mit dem 0. Bund entspricht.

Hierbei ist von verschiebbaren Akkorden die Rede. Wer sich einige von ihnen aneignet, der kann bald das machen, wofür man fortgeschrittene Spieler immer so bewundert, nämlich auf dem ganzen Griffbrett spielen. Das können die nur deshalb, weil sie verstanden haben, daß sie bestimmte Akkorde überall einsetzen können.

Man sollte aber auch wissen, daß es dann zwar die gleichen Griffe, aber natürlich andere Akkorde sind. Ein Beispiel: Schiebt man auf einer Baritonukulele den F-Dur-Akkord um einen Bund nach oben (also zum Schallloch hin), so wird daraus ein F#-Dur-Akkord. Noch einen Bund weiter, und er wird zu G-Dur, danach G#-Dur und so weiter. Das bedeutet, daß uns ein einziger Griff alle zwölf Dur-Akkorde bringt. Aus Gründen der Zweckmäßigkeit verwendet man allerdings auch noch andere Griffe, nämlich C, A, G, F und D (bezogen auf die Standardstimmung der Tenorukulele). Das System ist vom CAGED-System der Gitarristen abgeleitet (mit F statt E) und wurde nicht nur für Dur-, sondern auch für Moll- und andere Tonarten aufbereitet.

Die Griffe beziehen sich immer auf einen Grundton (in den Texten mit R für „root" bezeichnet), wodurch es möglich ist, beispielsweise den D-Akkord zu der Stelle zu schieben, wo sich das F# befindet, um dort einen F#-Dur-Akkord herauszubekommen. Man braucht sich dafür nur zu merken, wo sich im Akkord der Grundton befindet, also z. B. auf der 2. Saite, dann kann man diesen Ton auf dem Griffbrett „ansteuern" und hat dann dort den passenden Akkord. Ein großer Vorteil des Systems liegt auch darin, daß Sie nun für jeden Dur-Akkord sofort fünf Varianten parat haben, mit denen sich Ihr Musikstück abwechslungsreicher gestalten läßt. Wer auch nur einen kleinen Teil davon gelernt hat, kann damit seine spielerischen Möglichkeiten auf der Ukulele bedeutend erweitern. Hier gibt es drei Links zu Seiten, auf denen das sehr gut erklärt wird. Wenn Sie mit dem Akkordspiel klarkommen wollen, sollten Sie sich mit diesem Thema etwas gründlicher beschäftigen.[25]

---

25 http://ukulele-guitar.com/article/cagfd-caged-for-ukulele sowie https://rockclass101.com/understanding-and-applying-the-caged-method-on-ukulele

Eine sehr spannende Sache sind auch kleinere verschiebbare Akkorde aus nur drei Tönen, von denen die Dur-Akkorde mit einem vierten Ton zum Septakkord gemacht werden können. Solche Dreier-Akkorde können auch als Basis für weitere Akkorde verwendet werden. Lesen Sie sich die folgende kurze Übersicht und das verlinkte pdf-Dokument durch.[26]

Die Tonleiter auf dem Griffbrett

Und dann gibt es auch noch die Möglichkeit, Melodien zu spielen. Hierzu muß man wissen, wo welcher Ton zu finden ist. Das kann man auf verschiedene Arten lernen. Man kann sich jeden Bund einzeln anschauen und merkt sich, welche vier Töne dort liegen. Man kann aber auch jede Saite für sich betrachten und auswendig lernen, welche Töne auf ihr an den jeweiligen Bünden liegen (beides wird sehr vereinfacht, indem man sich lediglich die Töne der Bünde merkt, die mit Punkten markiert sind, und die dazwischen einfach abzählt, und dieser Lernaufwand ist wirklich zu schaffen).

Die folgende Tabelle zeigt, welche Töne Sie auf einer Tenorukulele an den mit Punkten markierten Bünden finden. Es sind die Töne C, D, D#, E, F, G, A, Bb und H. Interessant: Das G kommt auf jeder Saite an einem Punkt vor.

Nullbund	A	E	C	G
3. Bund	C	G	D#	Bb
5. Bund	D	A	F	C
7. Bund	E	H	G	D
10. Bund	G	D	Bb	F
12. Bund	A	E	C	G

26 http://ukulele-guitar.com/article/essential-moveable-chords

Ein drittes System besteht darin, sich zu jedem Ton seine Positionen auf dem Griffbrett zu merken, und da gibt es eine Überraschung: Das Muster, wie die jeweiligen Töne über das Griffbrett verteilt sind, wiederholt sich nämlich, es ist bei allen Tönen das gleiche! Wenn man sich also einprägt, wie die gleichnamigen Töne zueinander positioniert sind, dann reicht es im Grunde, wenn man weiß, wo ein bestimmter Ton auf einer der vier Saiten liegt. Die anderen Positionen ergeben sich dann von selbst. Probieren Sie alle drei Methoden, dann finden Sie bald heraus, welche für Sie die beste ist.

Entscheidend ist aber, daß wir Tonleitern spielen können. Der Ausgangspunkt ist hierfür natürlich die Dur-Tonleiter, und wenn man sich die einmal auf dem Griffbrett zusammensucht, stößt man auch wieder auf ein klares System. Vorher sollte man sich die Tonabstände zwischen den Saiten einmal genauer anschauen. Dafür setzen wir an dieser Stelle lineare Stimmung voraus, also mit tiefer vierter Saite. Die beiden äußeren Saitenpaare haben jeweils einen Abstand von fünf Halbtönen, wir können sie also ganz gleich betrachten: Was bei der 1. und 2. Saite gilt, das gilt so auch bei der 3. und 4. Saite. Lediglich zwischen diesen beiden Saitenpaaren gibt es einen anderen Abstand, nämlich von vier Halbtönen. Daher sind unsere Erkenntnisse von den äußeren Saitenpaaren nicht auf die beiden inneren Saiten übertragbar.

Wollen wir nun eine Tonleiter spielen, so werden wir zweckmäßigerweise auf der tiefsten oder der zweittiefsten Saite beginnen. Weil der Abstand zur jeweils nächsten Saite verschieden ist (einmal fünf Halbtöne, einmal vier), ergeben sich zwei verschiedene Bilder von den Punkten, wo jeweils die Töne unserer Dur-Tonleiter liegen. Aber egal mit welchem Ton man beginnt, bleibt das Muster doch jedes Mal gleich – fängt man auf der tiefsten Saite an, kommt das erste Muster heraus, bei der zweittiefsten das zweite. Unsere Dur-Tonleiter beginnt hier für die Übersichtlichkeit mit dem C. Mit anderen Mustern lassen sich Moll-Tonleitern spielen.

Muster 1:

1. Saite														
2. Saite		**A**		**H**	**C**								zum Schalloch	
3. Saite		**F**		**G**										
4. Saite		**C**		**D**		**E**								

Muster 2:

1. Saite		**A**		**H**	**C**									
2. Saite		**E**	**F**		**G**								zum Schalloch	
3. Saite		**C**		**D**										
4. Saite														

Macht man sich nun einmal die kleine Mühe, alle Töne zu markieren, die man für eine bestimmte Dur-Tonleiter braucht, so ergibt sich auf dem Griffbrett das folgende Muster:

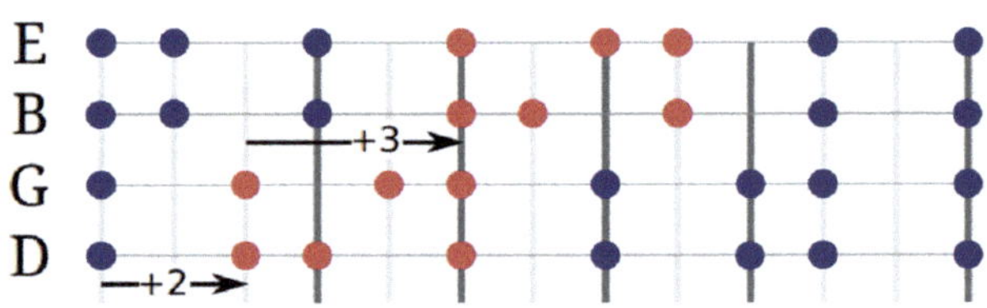

Und wenn man sich das genau ansieht, kann man feststellen, daß es aus lediglich zwei Teilen besteht, die einfach aneinandergestückelt werden. Das bedeutet, daß man sich im Melodiespiel mit lediglich diesen beiden Mustern vertraut machen muß, um beliebige Dur-Tonleitern von jedem Punkt aus spielen zu können. In dem nachstehend verlinkten Beitrag wird das genau erklärt, dazu gibt es praktisches Lernmaterial zum Ausdrucken.[27]

Um weiterzukommen, brauchen Sie aber gar nicht alle Töne einer Tonleiter, sondern nur die fünf wichtigsten. Eine große Vereinfachung ist daher durch das Lernen pentatonischer Skalen möglich. Es geht dabei, kurz gesagt, um vereinfachte Tonleitern aus nur fünf Tönen, die sich weitgehend

27 https://www.musiker-board.de/threads/artikel-noten-auf-dem-griffbrett-schnell-merken-meine-rot-blau-methode.458797

universell verwenden lassen. Sie bilden sozusagen das Grundgerüst des Tonsystems, ähnlich wie der Grundwortschatz die Vokabeln einer Fremdsprache enthält, die man für die meisten Situationen gebrauchen kann. Wenn Sie einige dieser Skalen auf der Ukulele beherrschen, können Sie damit bereits recht gut improvisieren, und das in vielen verschiedenen Musikstilen. Wir erklären das hier kurz. Die Entscheidung, ob Sie sich auf dieses System näher einlassen wollen, liegt ganz bei Ihnen.

Zur Erklärung und interessanten Anwendungsbereichen mit Beispielen siehe hier.[28]

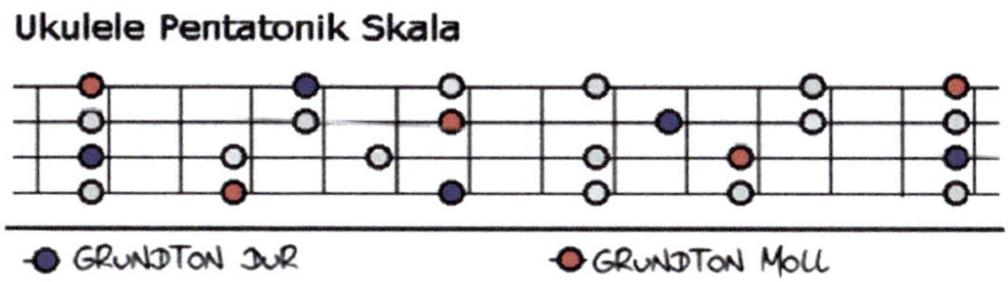

Die Graphik zeigt das Griffbrett der Ukulele. Links ist oben. Alle pentatonischen Töne sind mit Punkten markiert. Rote und blaue Punkte sind Grundtöne der einzelnen Tonleitern. Da man die Tonleiter höchstwahrscheinlich nicht nur auf einer Saite spielt, was höchst ineffizient wäre, kann man die Skala, wie unten abgebildet, in kleinere Bereiche unterteilen und auf der nächsten Saite weiterspielen. Z, M, R und K stehen wieder für Zeige-, Mittel-, Ring- und kleiner Finger, also den Finger, mit dem hier der Bund gedrückt wird. Möchte man eine Dur- oder Moll-Tonleiter, beginnt man bei einem blauen oder roten Punkt und spielt diesen und die nächsten vier Töne. Beginnt man bei einem roten G, spielt man also eine pentatonische G-Moll Tonleiter (siehe folgende Seite).

Der Clou an beiden vorgestellten Systemen liegt darin, daß man sie verschieben kann – sie funktionieren unabhängig davon, welchen Grundton Sie als Startpunkt wählen. Und darin liegt ihr besonderer Vorzug.

28 https://de.wikipedia.org/wiki/Pentatonik

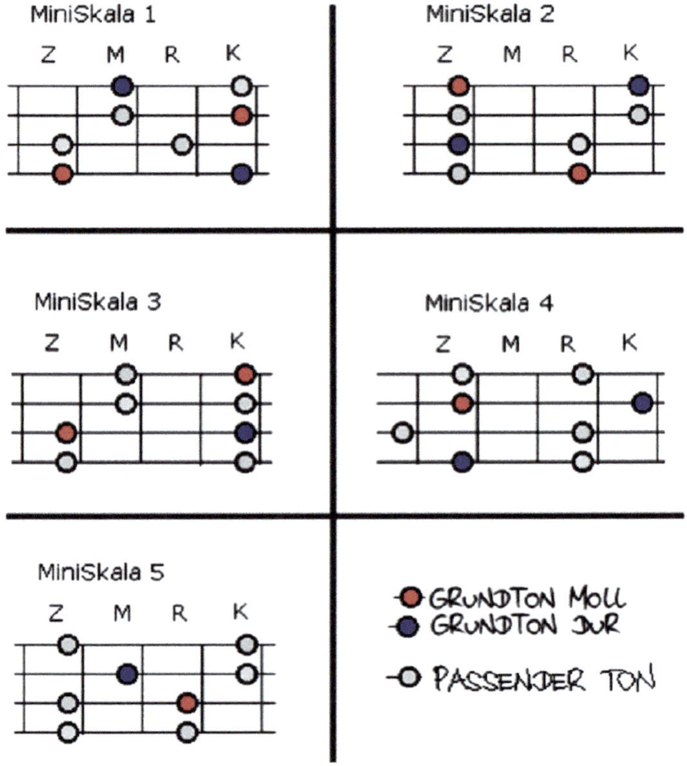

In diesem Zusammenhang lohnt es sich auch, einmal der Frage nachzugehen, warum die Punkte auf dem Griffbrett ausgerechnet am 5., 7., 10. und 12. Bund liegen – jedenfalls meistens. Diese Punkte bilden nämlich ebenfalls eine saubere Dur-Pentatonik, sofern man den dritten Bund als Grundton nimmt. Und was ist dann mit der offenen Saite unterhalb des dritten Bundes? Die paßt ebenfalls, denn sie liegt eine Oktave unter dem 12. Bund, wo diese Skala hingeführt hat. Nutzen kann man das für das Verschieben von Barré-Griffen wie auch für das Improvisieren mit einzelnen Tönen. Probieren Sie einfach einmal die genannten Bünde einer Saite aus. Die benachbarte Saite ist eine reine Quarte oder eine große Terz entfernt. Zu anderen Intervallen kommt man mit den entsprechend anderen Bünden. Auf diese Weise können Sie das System des Griffbretts nach und nach besser kennenlernen und irgendwann ganz durchschauen.

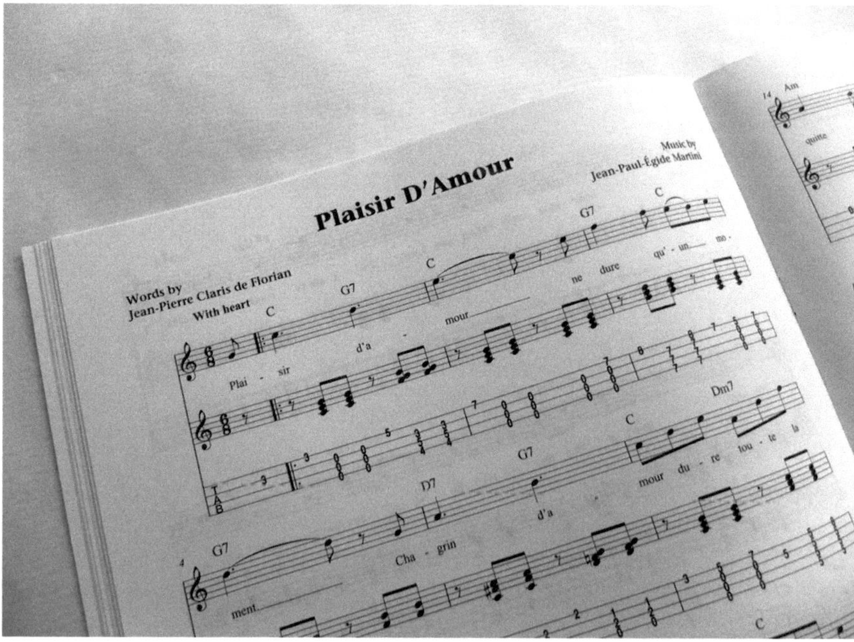

Vom Blatt spielen: Tabulatur und Notenschrift

Wie bereits weiter vorne im Buch geschildert, gibt es für die Ukulele zwei Systeme zum Aufschreiben der Lieder, nämlich Musiknoten und die Tabulatur. Während die Notenschrift genau festlegt, welche Tonhöhe und Dauer ein bestimmter Ton hat, gibt die Tabulatur genau an, wo und wie lange man den Ton auf dem Instrument spielt, unabhängig davon, wie hoch oder tief es gestimmt ist. Es gibt viele gute Gründe für das Verwenden von Tabulaturen:

- man kann sie auch ohne Notenkenntnisse sehr schnell verstehen und lesen
- sie geben Saite und Bund an, wodurch der Spieler besser geführt wird
- damit machen sie auch hochwertige Campanella-Arrangements möglich
- sie erlauben ein schnelles und richtiges Greifen der Akkorde

Die Notenschrift schreibt exakte Tonhöhen fest, die Tabulatur nicht. Für das Erlernen der Ukulele ist die allgemein gebräuchliche Notenschrift zu unlogisch und zu unpräzise, denn erstens haben wir es mit fünf Linien zu tun, aber mit vier Saiten, zweitens haben alle Töne in der Notenschrift den gleichen Abstand, auch wenn er in Wirklichkeit nur einen Halbton beträgt (e-f und h-c), und drittens gibt die Notenschrift zwar an, welcher Ton gespielt werden soll, aber nicht, wo er sich auf dem Instrument befindet. Denn im Gegensatz zum Klavier bietet ein bundiertes Zupfinstrument wie die Ukulele verschiedene Möglichkeiten, einen bestimmten Ton zu spielen. Will man nun nach Noten spielen, ergibt sich ständig das Problem, dies auf die bestmögliche Weise zu tun. In der Notenschrift ist das nicht angegeben. In einer auf das Instrument abgestimmten Notation ist es aber sehr wohl möglich. Das Internet ist voll von Tabulaturen für die Ukulele, aus denen man sich eine breite Auswahl interessanter Musikstücke auf jedem Niveau zusammenstellen kann. Damit kann man sich mehrere Jahre lang die Anfänge erschließen und dadurch schafft man auch die besten Voraussetzungen, um später vom Erlernen der Notenschrift zu profitieren. Möglicherweise ist aber ein tieferes Verständnis der Harmonielehre viel wichtiger als die Fähigkeit, ein bereits fertiges Stück vom Notenblatt abspielen zu können, gerade beim Musizieren mit der Ukulele. Man sollte mit den überlieferten Vorstellungen „ernsthafter“ Musikpädagogik vielleicht sehr viel entspannter umgehen.

Wer behauptet, Tabulaturen seien nur etwas für Anfänger oder für Leute, die für Noten zu doof sind, der ist nicht nur arrogant, sondern auch dumm: Schriftsysteme haben immer dadurch ihren Wert, daß sie ihren Zweck erfüllen. Es würde auch niemand behaupten, Schreibschrift sei nur etwas für Schulkinder und für Leute, die sich nicht auf Stenographie verstehen. Die Entwicklung der Notenschrift war eng mit dem Gesang verbunden, für die Instrumentalmusik wurde sie immer wieder als wenig geeignet bezeichnet. Zahlreiche Reformversuche bis in die neuste Zeit scheiterten an der Unbeweglichkeit der Musiker oder waren mit neuen Nachteilen behaftet. Demgegenüber war und ist die Tabulatur klar und eindeutig und erfreut sich daher bis heute großer Beliebtheit. Notenschrift hat Vorteile, aber die

Tabulaturschrift ist ihr in entscheidenden Punkten überlegen, und diese Vorzüge sollte man nutzen.

Tabulaturen gab es schon lange vor der heute so verbreiteten Notenschrift. Heute sind die meisten Musikstücke im Internet in dieser Notationsform zu finden – kein Wunder, denn dadurch lassen sie sich auch von Anfängern schnell nachspielen. Schon im 14. Jahrhundert waren sie sehr weit verbreitet und für Saiten- und Tasteninstrumente praktisch der Standard, bis weit ins 18. Jahrhundert war sie noch geläufig, erst im 20. Jahrhundert erfuhr sie eine Widerbelebung. Dies hing stark mit dem Aufkommen der E-Gitarre zusammen, bei der es einige Spieltechniken gibt, die sich mit Tabulaturen viel besser darstellen lassen. Noch viel populärer wurde die Tabulatur aufgrund der weiten Verbreitung von Liednotationen im Internet, was vor allem Anfängern sehr entgegenkam. Zahlreiche Musiker haben nur deshalb einen Einstieg gefunden, weil mit der Tabulatur ein sofort nachvollziehbares, einleuchtendes Notationssystem zur Verfügung stand.

Der wichtigste Vorzug der Tabulatur liegt in ihrer klaren Lesbarkeit, mit der ein sofortiges Umsetzen bis in die höchsten Lagen umstandslos möglich ist. Außerdem hilft die genaue Angabe der Spielposition sehr bei der Bewältigung des Griffbretts, auf dem die Töne nicht so logisch angeordnet sind wie auf einem Klavier – wobei noch hinzukommt, daß es dort jeden Ton eben nur einmal gibt, aber auf der Ukulele an mehreren Stellen. In der Tabulatur wird ganz eindeutig angegeben, was wo zu spielen ist, gestrichene Akkorde können samt Streichrichtung angegeben werden, ebenso Gleitfinger-Techniken, gebundene Tonfolgen und Flageolettöne. Nachteilig ist die Tabulatur erst dann, wenn es um das Zusammenspiel mit anderen geht. Hierfür braucht man eine allgemeingültige Notationsweise. Im Vorteil ist die Notenschrift auch in bezug auf die Angaben von Tonlängen und Rhythmen, allerdings gibt es viele Tabulaturen, bei denen die eingetragenen Zahlen mit Notenhälsen und Längenangaben versehen sind. Es kommt noch hinzu, daß die Notenschrift den Verlauf der Tonhöhe optisch sehr viel deutlicher wiedergibt, wogegen eine Tabulatur aus fortlaufenden Zahlenangaben besteht. Weil die Notenschrift auch ihre Vorteile hat, gibt es viele „zweigleisige“ Tabulaturen, auf denen ein herkömmlicher Notensatz parallel mitläuft.

Es ist immer die Frage, was einen persönlich am besten weiterbringt. Wer mit Tabulaturen gut zurechtkommt, hat keinen besonderen Vorteil vom Notenlesen. Wer sich hingegen mit anderen Musikern austauschen muß, sollte sich Notenkenntnisse aneignen, damit er sich eben auch in diesem Umfeld betätigen und weiterentwickeln kann.

Es ist jedoch auch möglich, auf beide Systeme zu verzichten und rein nach Gehör und mit gelernten Akkordgriffen zu spielen. Auch so kann man eine ganze Weile sein Auslangen finden. Die Hauptsache ist das Erzeugen von Musik auf dem Instrument, und dahin führen verschiedene Wege.

Genaue Erklärungen der verschiedenen Systeme hat Wilfried Welti zusammengestellt.[29]

Die besten Lehrer

Der Titel dieses Kapitels könnte den einen oder anderen etwas in die Irre führen. Mit den angeführten Lehrern kommt man als Anfänger sehr früh in Berührung. Sie sind vielleicht nicht unbedingt für jeden die besten, bieten aber ein breites Spektrum an Techniken und Musikstilen und erklären das, was sie vermitteln möchten, sehr gut. Als Anfänger sollte man sich bei der Lehrerauswahl immer fragen, ob einen dieser Lehrer weiterbringt und sich wirklich auf das konzentriert, was man erlernen möchte. Wer klassische Stücke lernen möchte, sollte in diesem Fall von Iso Herquist eher Abstand nehmen und sich stattdessen auf Samantha Muir fokussieren. Die einzelnen Lehrer haben auch vom Schwierigkeitsgrad her unterschiedliche Zielgruppen.

---

29 https://www.ukulele-arts.com/lernen/tabulatur-und-noten

Bevor man sich Techniken und Spielweisen eines Lehrers aneignet, ist es auch empfehlenswert, die Qualität des Lehrers einzuschätzen. Es gibt auf Youtube sehr gute, aber eben auch sehr schlechte Lehrer, die dann vielleicht andere Vorzüge besitzen. Auch hier ist die Lehrerin erwähnenswert, die Lieder als sehr gute Arrangements für die Ukulele gestaltet, sie aber wie ein Computer eintönig runterspielt. Auffallend war auch, daß sie die Begleitung genauso laut gespielt hat wie den Rest des Liedes, weshalb man die Melodie gar nicht mehr heraushören konnte.

Neben der Qualität sollte man auch das Niveau angemessen auswählen. Über- und Unterforderung bringen dem Anfänger gar nichts und führen möglicherweise nur dazu, daß er die Lust verliert. Allerdings sind kleine Herausforderungen immer sinnvoll. Die Sterne geben unsere subjektive Einschätzung auf einer Skala von 0 bis 5 wieder. Mit Charisma ist die persönliche Ausstrahlung und Authentizität gemeint, die immer sehr verschieden ausgeprägt sein kann.

Wilfried Welti

Internetseite: https://www.ukulele-arts.com
Youtube: „Wilfried Welti"

Spielniveau: *****
Didaktik: *****
Charisma: *****
Sprache: Deutsch

Unter den deutschen Lehrern ist Welti sicherlich einer mit höchster musiktheoretischer Sachkenntnis. Er bietet ausgesprochen hochentwickelte Arrangements zum kostenlosen Download und zum Kauf an. Auf seiner Internetseite behandelt er viele wichtige Themen rund um die Ukulele mit sehr hoher Sachkompetenz (z. B. temperierte Stimmung nach Gehör). Er veröffentlicht keine Erklärvideos, aber man kann ihm auf Youtube bei seinen Darbietungen zuschauen und zuhören. Welti verwendet ausschließlich rückläufige Stimmung und spielt nach eigenem Bekunden fast nur noch auf Sopranukulelen. In seinen Arrangements werden die Akkorde teilweise auch von unten nach oben gestrichen, was dem Spieler neue Varianten eröffnet. Sein Repertoire umfaßt überwiegend Klassik, Volkslieder und Traditionals.

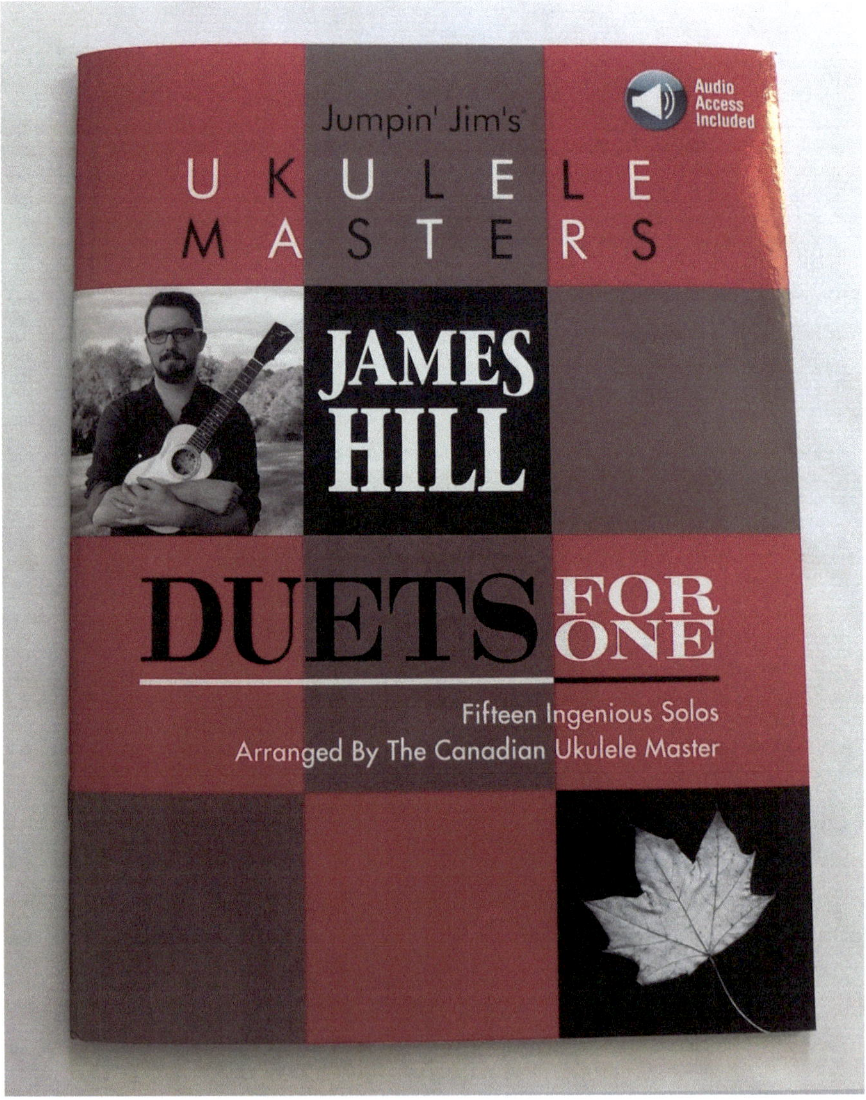

Helmut Bickel

Youtube: „Helmut Bickel“

Spielniveau: *****
Didaktik: ***
Charisma: *****
Sprache: Deutsch

„Isch bin der Helmut, isch komme aus Tirol.“ Wer den Tiroler Dialekt mag, ist bei ihm genau richtig. Er bietet eine große Auswahl verschiedenster Volkslieder, aber auch klassischer und moderner Musik. Die Tabs hängen bei jedem Lied hinter ihm auf einem großen Plakat an der Wand, wodurch man den Erklärungen gut folgen kann. Der Tiroler ist vor allem aufgrund seiner hochwertigen Arrangements empfehlenswert, manchmal gibt es sogar zwei für dasselbe Lied – dadurch gibt es alternative Zugänge zu den Stücken. Bickel ist außerdem ein begnadeter Solist, weshalb seine Videos auch dann sehenswert sind, wenn man das Stück nicht lernen will.

Iso Herquist

Internetseite: https://herquist.de, https://ukulele-workshops.de/archiv
Youtube: „Iso Herquist“

Spielniveau: ****
Didaktik: ***
Charisma: *****
Sprache: Deutsch

Der Däne Iso Herquist ist ein Musiklehrer in Frankfurt am Main und betreibt den gleichnamigen YouTube-Kanal. Seine Videos beinhalten unter anderem Vorstellungen diverser Ukulelen, aber auch Erklärvideos zu jazzigem Solospiel und Liedbegleitung. Dazu nutzt er fast ausschließlich das Strumming mit Sopranukulelen und verwendet teilweise etwas andere Methoden als die meisten Leute, aber eben auf einem sehr hohen Niveau. Abgesehen davon ist er auch ein sehr witziger Typ. Seine Vorzüge liegen darin, daß er die Leute ermuntert, die ausgetretenen Wege zu verlassen, und daß er auch Anfängern ein profundes Handwerkszeug vermittelt. Es gibt von ihm auch eine Reihe von Lehrbüchern.

Daniel Ward

Internetseite: https://danielward.net
Youtube: einiges auf „Ukulele" oder Suche: „Daniel Ward"
Freie Videos: https://danielward.net/video-lessons-and-other-links

Spielniveau: *****
Didaktik: *****
Charisma: *****
Sprache: Englisch

Der versierte Musiker, Komponist und Pädagoge Daniel Ward ist zu den besten Lehrern unserer Zeit zu rechnen, seine Spieltechnik ist ebenso wie seine Beherrschung lateinamerikanischer Stile absolute Spitze. Als Lehrer pflegt er einen klaren, konzentrierten Stil, er wirkt stets freundlich zugewandt und verzichtet völlig auf den saloppen Humor mancher Kollegen. Seine Unterrichtsinhalte sind intensiv und lehrreich. Er holt eine Menge Wissen aus dem Bereich der klassischen und der Flamenco-Gitarre herüber. Daniel Ward bewegt sich souverän in vielen Stilen der Weltmusik und kann in ihnen auch improvisieren und komponieren, als Pädagoge blickt er auf über 25 Jahre Erfahrung zurück. Mit seinen Lehrbüchern und unterstützenden Videos können sich schon fortgeschrittene Anfänger wesentlich verbessern. Seine Lehrwerke „Arpeggio Meditations" und „Melodic Meditations" vermitteln ausgezeichnete Übungen, mit denen man die Fertigkeit seiner Spielhand ganz erheblich verbessern kann.

James Hill

Internetseite: https://www.uketropolis.com
Youtube: „James Hill"

Spielniveau: *****

Didaktik: *****
Charisma: *****
Sprache: Englisch

Der Großmeister aus Kanada teilt eine Menge von seinem Wissen auf seinem YouTube-Kanal. Er erläutert teilweise sehr spezielle Sachverhalte, z. B. Sonderstimmungen, in seiner ruhigen und genauen Art – darunter ist auch eine zweiteilige Anleitung zum Erlernen seiner legendären Interpretation von „Billie Jean" in mehreren Stimmen (zusammen ca. 17 Minuten). Das Besondere an James Hill ist, daß er die Grenzen der Virtuosität ausdehnt, vor allem mit der zweistimmigen Spielweise. Er hat dabei einen Blick für Details, so etwa für den „besten" Ukulelenakkord oder Jazz. Unter den Online-Lehrern gehört er fraglos zu den vielseitigsten. Man sollte sich die Chance, bei ihm in die Schule zu gehen, keinesfalls entgehen lassen.

Abigail Flowers

Internetseite: https://www.abigailflowersmusic.com
Youtube: „Abigail Flowers"

Spielniveau: ***
Didaktik: *****
Charisma: ***
Sprache: Englisch

Zu welchem Lehrer man neigt, hat auch mit dem persönlichen Geschmack zu tun, und die weiche, freundschaftliche Art von Abigail Flowers ist sicher ein passendes Beispiel dafür. Ihre Videos sind vor allem für Anfänger sehr zu empfehlen, weil sie sehr strukturiert vorgeht und die Dinge sehr genau erklärt. Beispielsweise hat sie in einem Video zehn verschiedene Kombinationen von Akkorden vorgestellt, aus denen sich sehr schnell verschiedenste Lieder machen lassen. Wer mit ihrem Stil gut zurecht kommt und Englisch kann, wird ihre Videos mit großem Gewinn ansehen können.

Mike Lynch (Ukulele-Mike)

Internetseite: http://www.ukulelemikelynch.com
Youtube: „Michael Lynch“

Spielniveau: ****
Didaktik: *****
Charisma: *****
Sprache: Englisch

Mike Lynch war unser erster Lehrer und wir verdanken ihm die erste Orientierung im Chord-Melody-Bereich. Mike Lynch war ein wirklich großer und geduldiger Lehrer, sein breites Spektrum an Lehrvideos und Tabulaturen wird seit seinem Tod von der Familie verwaltet. Sehr sehenswert sind die Videos, in denen er einzelne Lieder genau erklärt. Seine Tabulaturen sind einzeln oder in vielen verschiedenen Zusammenstellungen zu günstigen Preisen zu bekommen. Die hochwertigen Arrangements sind für Anfänger wie Fortgeschrittene geeignet und machen jedes Stück zu einem Leckerbissen.

Stuart Fuchs (Ukulele Zen)

Internetseite: https://www.stufuchs.com
Youtube: „Ukulele Zen“

Spielniveau: *****
Didaktik: *****
Charisma: *****
Sprache: Englisch

Ukulele Zen ist der Name des YouTube-Kanals von Stuart Fuchs aus den USA, der seit mehr als 25 Jahren Ukulele spielt. In dieser Zeit hat er zusammen mit Symphonieorchestern gespielt, Ukulele-Workshops abgehalten und zeitweise an einer Universität Musik unterrichtet. Auf YouTube findet man bei ihm ein breites Angebot verschiedenster Erklärvideos (viel Blues und Jazz) und allgemeiner Tips. Stuart Fuchs hat, ähnlich wie Daniel Ward, eine sehr freundliche, angenehme und positive Art, beide strahlen immer eine angenehme Ruhe und Ausgeglichenheit aus und wirken auf den Zuschauer sehr inspirierend. Sein Angebot richtet sich an fortgeschrittene Spieler, weil eine bestimmte Fertigkeit vorausgesetzt wird. Stuart Fuchs zeigt aber auch, daß man auf diesem Instrument schwierige Sachen bewältigen kann. Er verwendet den Ausspruch, daß die Fehler eigentlich deine Freunde sind. An Dingen wie diesem zeigt sich seine starke Anbindung an den Zen-Buddhismus.

Samantha Muir

Internetseite: https://samanthamuir.com
Youtube: „SamMuir Ukulele“

Spielniveau: *****
Didaktik: *****
Charisma: *****
Sprache: Englisch

Sie kommt von der klassischen Gitarre und ist die wichtigste Vermittlerin der klassischen Gitarrenliteratur (Sor, Carulli) für die Ukulele. Das merkt man ihrer Spielweise sofort an. Die immer ruhig und bescheiden auftretende Grande Dame unseres Faches hat eine Menge klassischer Stücke für die Ukulele arrangiert und man kann ihren Darbietungen auf YouTube zusehen und zuhören. Außerdem hat sie sehr gute Lehrvideos veröffentlicht, an denen man nebenbei auch gut erkennen kann, welchen großen Vorteil das Verwenden eines Gurts hat.

In ihrem Beitrag zur Einleitung dieses Handbuchs beschreibt Samantha Muir ihren eigenen Zugang zu diesem Instrument. Sie schildert in diesem Text, wie sie bestimmte Eigenheiten der Ukulele reflektiert, und sie erklärt ihr persönliches Anliegen, dem Instrument die Welt der Klassik zu erschließen.

Matt Dahlberg

Internetseite: www.mattukulele.com
Youtube: „Matt Dahlberg“

Spielniveau: *****
Didaktik: *****
Charisma: *****
Sprache: Englisch

Zusammen mit Samantha Muir und Daniel Ward gehört Matt Dahlberg zu den eher anspruchsvollen Lehrern. Er verarbeitet aktuellere Musik in seinen Chord-Melody-Arrangements, wie beispielsweise „Bridge Over Troubled Water“. Die Tabs werden während der Erklärung nach und nach im Video eingeblendet, für eine Übersicht des ganzen Liedes muß man meistens etwas bezahlen.

Christopher Davis-Shannon (Tin Man)

Internetseite: https://www.thetinman.co
Youtube: „Christopher Davis-Shannon“

Spielniveau: *****
Didaktik: *****
Charisma: *****
Sprache: Englisch

Dieser Freund der Swing-Musik der 20er bis 40er Jahre bringt die Raritäten und Leckerbissen aus dieser Zeit gleich dutzendweise. Er weiß auch viel über die Hintergründe der jeweiligen Stücke. Von ihm kann man sehr profitieren, vorausgesetzt, daß man diese Art von Musik mag. Er bietet Tabs zum Kauf an und hat seine eigene Saitenmarke lanciert. Er verwendet ausschließlich die rückläufige Stimmung.

Phil Doleman

Internetseite: www.learntheukulele.co.uk
Youtube: „Phil Doleman“

Spielniveau: *****
Didaktik: *****
Charisma: *****
Sprache: Englisch

Sehr gute Anleitungen liefert Phil Doleman in leicht verständlichen und gut strukturierten Videos, die viele sehr positive Kommentare bekommen. Auf seinem Kanal und seiner Internetseite findet sich etliches, was einen weiterbringt. Dabei hat er auch eine ruhige, sehr angenehme Art ohne die betonte Flapsigkeit, die sich anderswo vielleicht etwas störend bemerkbar macht. Ein sehr empfehlenswerter Lehrer, der einen breiten Stoff präzise vermittelt.

Carl Bludts (Daddystovepipe)

Internetseite: www.daddystovepipe.com
Youtube: „daddystovepipe“

Spielniveau: *****
Didaktik: *****
Charisma: *****
Sprache: Englisch

Hier geht es um Bluesmusik auf sehr hohem Niveau. Auf der Internetseite gibt es einen kleinen kostenlosen Teil, der vielleicht zum Kauf anderer Einheiten anstiftet. Carl Bludts tritt selbst nur unter seinen Pseudonym in Erscheinung. Wer sich auf der Ukulele mit dem Blues befassen will, kommt um diese Koryphäe praktisch nicht herum. Sehr zu empfehlen.

Roger Ruthen

Internetseite: pdfminstrel.wordpress.com

Spielniveau: *****
Didaktik: k. A.
Charisma: k. A.
Sprache: Englisch

Roger Ruthen besitzt keinen eigenen YouTube-Kanal und ist in diesem Sinne auch kein Lehrer, stellt auf seiner Internetseite aber eine große Auswahl von qualitativ hochwertigen Tabulaturen auf verschiedensten Niveaus bereit. Die Genres umfassen großteils klassische und traditionelle Stücke, aber auch Popmusik bis in unsere Zeit. Wer auf der Suche nach einem bestimmten Lied ist, sollte hier vorbeischauen und auch von der Suchfunktion Gebrauch machen. Die Lieder sind alle kostenlos verfügbar.

Barry Maz

Internetseite: www.gotaukulele.com

Spielniveau: k. A.
Didaktik: k. A.
Charisma: *****
Sprache: Englisch

Er ist eigentlich kein Lehrer, aber wir führen ihn in dieser Übersicht auf, weil man von seinen Veröffentlichungen sehr viel lernen kann. Barry Maz betreibt die Seite www.gotaukulele.com, auf der er laufend sehr ausführliche Ukulelentests veröffentlicht. Er bietet damit einen sehr guten Überblick für jeden, der sich mit einer Kaufentscheidung trägt. Auf der Seite gibt es auch zu vielen anderen Themen rund um die Ukulele wertvolle Informationen, etwa über Saiten oder Ukulelen-Mythen. Er findet auch deutliche Worte, wenn es um Klischees geht: Sind Ukulelenspieler immer gut gelaunt? Wie steht es um die Behauptung, bestimmte Stücke sollten nicht auf der Ukulele gespielt werden? Ist Massivholz besser als Laminat?

6. Pflege und Wartung

Allgemeine Hinweise (Kasten)

Obwohl Ukulelen im Vergleich zu anderen Instrumenten nur sehr wenig Pflege benötigen, sollte man sich doch folgende Punkte zu Herzen nehmen, wenn man an seinem Instrument lange Freude haben möchte.

Luftfeuchtigkeit

Die optimale Luftfeuchtigkeit liegt zwischen 40 und 60 %, wobei höhere Werte besser sind als niedrigere. Geringe Abweichungen sind, wie auch kurzzeitige stärkere Abweichungen, kein Problem. Die Luftfeuchtigkeit spielt bei sehr hochwertigen Instrumenten eine größere Rolle.

Lagerung

Je nach klimatischen Gegebenheiten sollte das Instrument in einer Tasche, einem Koffer oder in einem Klimaschrank gelagert werden. Die Temperatur und die Luftfeuchtigkeit sollten sich im normalen Bereich befinden. Eine zu geringe Luftfeuchtigkeit kann mit Befeuchtern ausgeglichen werden.

Wartungsarbeiten

Nach jahrelangem Spielen können an der Ukulele Verschleißerscheinungen wie durchgespielte Bünde auftreten (was normalerweise sehr lange dauert). Solche Defekte sollte der Hersteller oder ein Gitarrenbauer beheben, da so etwas im Eigenversuch meistens nichts wird.

Griffbrettpflege

Das Griffbrett kann zum Beispiel beim Saitenwechsel dünn eingeölt werden. Bei uns hat sich farbloses Babyöl als sehr geeignet erwiesen, das mit einem Duftöl noch etwas aufgepeppt werden kann. Auch gelegentliches Reinigen des Griffbretts ist durchaus sinnvoll.

Schonende Behandlung

Wer speckige Stellen auf dem Korpus vermeiden möchte, kann mit einem aufgelegten weichen Tuch spielen. Zu harsche Spielweise und unachtsames Weglegen schaden auf die Dauer ebenso wie Wasser, Schmutz und Küchendunst. Normaler Gebrauch ist etwas anderes als roher Umgang. Ein hochwertiges Instrument verdient Wertschätzung.

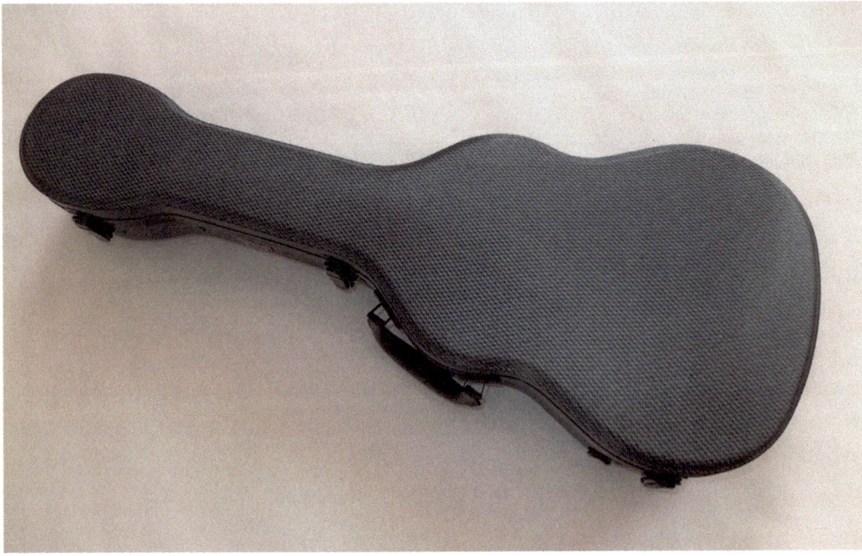

Aufbewahrung

Die Suche nach einem geeigneten und passenden Koffer gestaltet sich fast ebenso schwierig wie die nach dem Instrument. Zunächst mißt man dem Thema keine besondere Bedeutung bei, läuft los und kauft sich einen Koffer, der für die entsprechende Ukulelengröße ausgelegt ist. Erst dann stellt man fest, daß er zu groß ist. Es gibt einige Eigenschaften, die den Koffer zum Fehlkauf machen können:

- Abmessungen: Wenn der Innenausschnitt zu groß oder zu klein ist, paßt das Instrument nicht gut hinein. Manchmal versucht man mit einem Klettband zur Fixierung des Halses Abhilfe zu schaffen.

- Optik: Die Tweed-Modelle von Kala und Stagg sind nicht jedermanns Sache, schicke Hartschalenkoffer sind manchmal recht teuer. Der alte, klassisch schwarze Instrumentenkoffer ist noch immer eine sehr gute Wahl, sofern er innen gut ausgestattet ist.
- Polstermaterial: Oft wird dafür Styropor verwendet. Das ist prima, solange man keine Dellen hineindrückt. Und das geht leider sehr schnell. Außerdem paßt sich Styropor nicht an die Größe des Instruments an (höchstens durch Wegdrücken). Wesentlich besser ist weicher Schaumgummi, der nachgibt, aber immer wieder seine Form findet.
- Ausdünstungen: Manchen chinesischen Koffern sagt man nach, daß sie so stark riechen, daß sich das sogar auf die Ukulele überträgt. Hier kann wochenlanges Auslüften helfen.
- Gut und günstig sind die Hartschalenkoffer aus geformtem Textilmaterial, wie sie z. B. von Kala unter der Bezeichnung „Charcoal“ angeboten werden. Sie sind innen superweich gepolstert und abschließbar.

Bei der Anschaffung des Koffers gilt eigentlich, was auch schon zur Wahl des Instruments geschrieben wurde: Beschränken Sie sich auf einen und investieren Sie in seine Qualität. Die Annahme, daß jedes Instrument einen eigenen Koffer braucht, ist falsch: Ein gut ausgesuchter Bariton-Koffer nimmt auch eine Tenorukulele noch sicher auf, und für die Konzertgröße läßt er sich leicht mit einem weichen Flanelltuch auspolstern. Falls Sie gar keine Baritonukulele verwenden, kommen Sie mit einem guten Tenor-Koffer auch für Konzert- und Sopranukulelen aus. Normalerweise wird man unterwegs nur ein Instrument mitführen, zuhause können Ukulelen aber auch ohne Koffer gut und sicher aufbewahrt werden. Wer mit mehreren Ukulelen verreist, gehört eben zu denen, die mehrere Koffer (oder einen großen) brauchen. Von einem Koffer für 120 Euro haben Sie mehr als von zwei für das gleiche Geld.

Sehr empfehlenswert sind die am Hals ein bißchen lang dimensionierten Koffer von Koki'o (Fa. RISA) sowie die Ukulelenkoffer von Kala, hier vor allem der „Charcoal“-Hartschalenkoffer mit ungemein weichem Langplüsch-Innenbezug. Die Modellreihen „Tweed“ und „Checker Case“

mit eingebautem Feuchtigkeitsmesser werden nicht mehr angeboten, möglicherweise wird es irgendwann interessante Nachfolger geben. Die genannten Bariton-Koffer von RISA werden ebenfalls aus dem Sortiment genommen.

Als Alternative zum Koffer gibt es auch viele verschiedene Transporttaschen, die öfters unter der Bezeichnung „Gigbag“ angeboten werden. Sie eignen sich mindestens genauso gut zum Transport wie ein Koffer, wenn sie dick gepolstert sind und eine wetterfeste Oberfläche haben. Ihr Vorteil liegt darin, daß es bei ihnen nicht so sehr auf den einen oder anderen Zentimeter ankommt, weil sie sich mehr oder weniger an die Form des Instruments anpassen. Bei verschiedenen Ukulelen gibt es solche Taschen kostenlos dazu. Es ist also sinnvoll, sich schon beim Kauf des Instruments mit der Aufbewahrung auseinanderzusetzen und den Händler danach zu fragen. Er kann Ihnen auch sagen, in welchen Koffer oder welche Tasche diese oder jene Ukulele hineinpaßt.

Zwischen dem harten Koffer und diesen Taschen gibt es auch noch Stoffkoffer mit fester Innenpolsterung. Für was Sie sich entscheiden, hängt auch vom beabsichtigten Verwendungszweck und von Ihren Vorstellungen ab, vielleicht möchten Sie die Tasche auf dem Rücken tragen oder auf dem Motorroller befestigen können. Man kann sich viele Situationen vorstellen, in denen eine Tasche vorteilhaft wäre, in anderen ist ein Koffer die bessere Wahl. Achten Sie auf jeden Fall vor dem Kauf auf die Innenmaße, damit Ihr Instrument möglichst genau hineinpaßt. Etwas universeller sind dabei rechteckige Koffer ohne Formausschnitt. Möglicherweise passen die elektrischen Baritonukulelen von Honni Music sehr gut in die ABS-Formkoffer, die man von der Firma RISA für deren elektrische Tenorukulelen bekommen kann. Die Honni-Baritons haben aufgrund des sehr tief angesetzten Saitenhalters ungefähr Tenor-Abmessungen. Allerdings muß man sorgfältig prüfen, ob der Koffer wirklich hoch genug ist. Am Kippschalter kann es richtig eng werden. Wenn Sie Beschädigungen vermeiden wollen, sollten Sie den Schalterknopf abschrauben. Da die Honni-Ukulelen Einzelanfertigungen sind, können Sie bei Ihrer Bestellung auch nach einer etwas flacheren Bauform fragen, dann sind Sie auf der sicheren Seite. Unter dem Gitarrenhals kann man auch gleich das Verbindungskabel unterbringen. Auch für andere Modelle, zu denen man keinen passenden Formkoffer finden kann, kann sich ein Blick auf die rechteckigen Koffer als sinnvoll erweisen.

Da die genauen Innenmaße dieser Koffer sogar beim Hersteller teilweise nur nach mehreren Anläufen schwer zu bekommen sind, bringen wir sie hier:

RISA-ABS-Formkoffer für elektrische Tenorukulele: Innenmaße 72 x 23 x 5,5 cm. Im Deckel befindet sich eine Polsterbahn von 2 cm Höhe, daneben beträgt die lichte Höhe laut dem Inhaber von www.ukeshop.de 7 bis 7,5 cm, laut der Gitarrenabteilung von Thomann 8 cm. Allerdings könnte der recht dicke Hals der Honni-Ukulelen zum Problem werden, denn schon die flacheren Risa-Ukulelen sitzen stramm in dem Koffer.

Koki'o-Rechteckkoffer für Tenorukulele: Innenmaße 71 x 23 x 7 cm. Auch hier befindet sich im Deckel eine Polsterbahn, wahrscheinlich ist die lichte Höhe neben ihr etwa 9 cm. Daher kann man zusätzlich zur Ukulele auch noch ein Kabel oder ein paar Lernunterlagen im Koffer unterbringen.

Sollten Sie mit dem bestellten Koffer nicht zufrieden sein, vertrauen Sie nicht unbedingt darauf, daß jeder Händler mitdenkt, so geschehen beim Kauf und Umtausch eines Tweed-Koffers aufgrund deutlicher optischer Mängel. Man bekommt sofort ein Etikett für die kostenlose Rücksendung, aber dazu gibt es keinen Vorschlag für sinnvollen Ersatz. Bei den großen Kistenschiebern unter den Versandhändlern wird niemand auf die Idee kommen, Ihnen eine Alternative anzubieten, sondern man wird einfach den Kaufpreis erstatten und Sie stehen wieder da, wo sie vor der Bestellung waren. Kümmern Sie sich im Reklamationsfall unbedingt selbst um ein anderes Modell und lassen Sie die Ware dann einfach austauschen.

Wandhalterung

Wer die Ukulelen nicht alle herumliegen lassen möchte oder sie nur aus rein optischen Gründen an die Wand hängen möchte, hat im Grunde zwei Möglichkeiten: Man kann eine Schnur oder ein Lederband um die Kopfplatte wickeln und an einem einfachen Nagel befestigen, oder man besorgt sich fertige Wandhalter aus Holz oder Kunststoff. Solche Wandhalter können auch leicht selbst gebaut werden, indem man zwei runde Holzstäbe im richtigen Abstand senkrecht an einer Holzplatte befestigt. Unterschiedliche Ukulelen-Größen machen aber auch unterschiedliche Wandhalter erforderlich. Diese sollten also so gewählt werden, daß möglichst viele der eigenen Ukulelen darin Platz finden könnten.

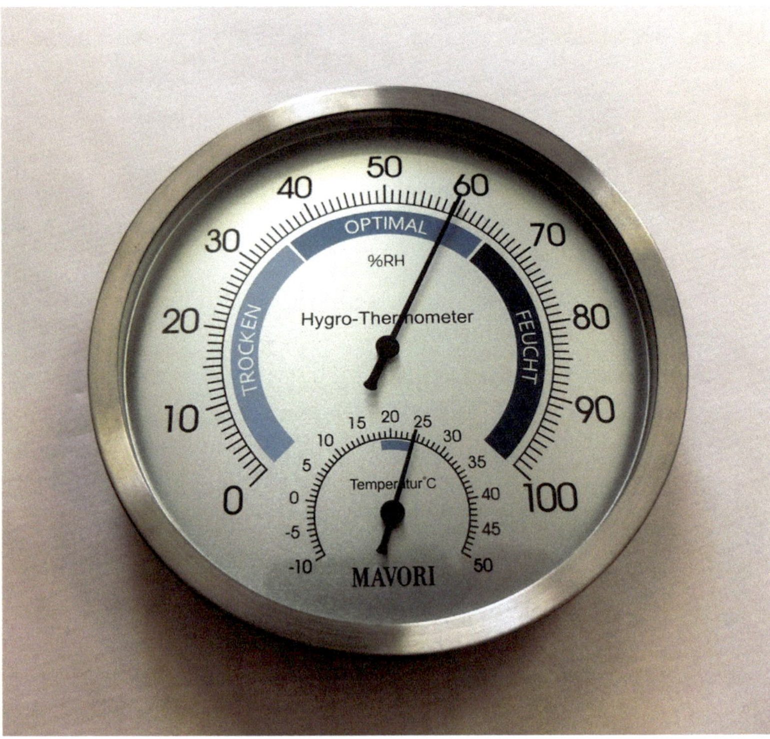

Luftfeuchtigkeit / Klimaschrank

Wenn die Luftfeuchtigkeit in unserem Wohnzimmer schon nur noch knapp über 30 % liegt, dann sind es im Klimaschrank immer noch 49 %. Dabei handelt es sich um einen einfachen Holzschrank aus dem Jugendstil ohne jede Elektrik. Es steht lediglich ein Hygrometer darin. Wird es innen zu trocken, genügt ein feuchter Lappen auf einer Schale. Die Aufhängung der Ukulelen an der Wand erscheint dagegen etwas riskant. Räumen Sie einfach einen passenden Holzschrank mit Türen frei und messen Sie darin die Luftfeuchtigkeit. Ein Koffer oder eine Tasche schützen die Ukulele ebenfalls vor kurzfristigen Klimaschwankungen.

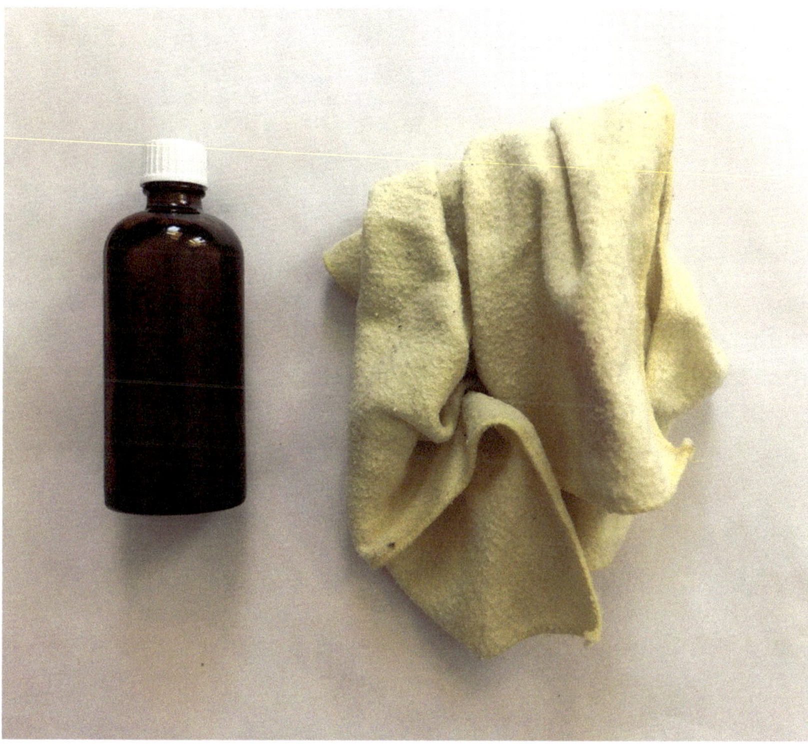

Reinigung

Gleich zu Beginn ist uns aufgefallen, daß Ukulelen im allgemeinen sehr wenig Reinigung benötigen. Lediglich der Hals der elektrischen Ukulele wird vom Spielen ein bißchen dunkel, aber das gehört zum Spielen dazu. Der Bereich der Schalldecke zwischen Steg und Schalloch wird je nach Lagerung unter den Saiten mit der Zeit etwas staubig, kann aber mit einem Tuch gereinigt werden. Hochglanz-Ukulelen sind etwas anfälliger für Verschmutzungen; gerade Fingerabdrücke sind auf dem Lack bis zur Reinigung immer sehr gut sichtbar. Das sollte beim Kauf bedacht werden. Hochglanzlack kann sehr gut mit einem trockenen, weichen Lederläppchen oder einem Stück Stoff abgerieben werden, nicht zu fest, dafür öfter, damit keine Kratzer entstehen. Bei einem Saitenwechsel ist sowieso eine Generalreinigung zu empfehlen, bei der unter anderem das Griffbrett geölt werden kann und das ganze Ding wieder flott gemacht wird.

Die Ukulele unterwegs

Auch die wohlklingendste Ukulele bringt nicht viel, wenn man sie nicht unterwegs benutzen kann. Es ist daher wichtig, die passende Ausrüstung für einen sicheren Transport anzuschaffen. Zum Schutz der Ukulele ist ein Hartschalenkoffer am besten geeignet. Beliebt sind aber auch Taschen, die in verschiedenen Ausführungen erhältlich sind. Hierbei sollte man auf die richtige Größe, eine stabile Bauweise und eine dicke Polsterung achten. So eine Unterbringung hat natürlich auch zuhause ihren Wert, da die Ukulele stoß- und staubsicher verstaut werden kann und Temperatur und Luftfeuchtigkeit im Koffer weniger starken Schwankungen unterliegen. Um die richtige Luftfeuchtigkeit aufrechtzuerhalten, sind ein Hygrometer und ein Luftbefeuchter für die Ukulele sinnvoll. In einem nicht zu warmen Wohnraum, in dem sich Zimmerpflanzen befinden, wird man meistens die richtigen Klimaverhältnisse vorfinden. Besonders im Winter muß man aber darauf achten, daß die Luft durch häufiges Lüften nicht zu trocken wird. Zu trockene Luft führt eher zu Schäden als zu feuchte Luft. Geringfügige und nur kurzzeitige Schwankungen sind kein Problem, der optimale Bereich liegt zwischen 40 und 60 % relative Luftfeuchtigkeit.

Falls man in widrigen Verhältnissen unterwegs ist, sollte man über die Anschaffung einer Ukulele aus Laminat oder sogar Kunststoff nachdenken, da so ein Instrument nicht so anfällig gegenüber Klimaschwankungen ist.

Defekte beheben (Kintsugi)

Unter Kintsugi versteht man eine japanische Reparaturtechnik, bei der nicht versucht wird, den Schaden zu verstecken, sondern ihn extra hervorzuheben und dem Objekt so eine neue Schönheit zu geben. Die Technik geht angeblich auf Ashikaga Yoshimasa, einen Shōgun des 15. Jahrhunderts, zurück, der seine Teeschale zerbrach und zur Reparatur nach China schickte, mit deren Ergebnis er allerdings nicht zufrieden war. Er bat japanische Kunsthandwerker, seine Schale mit einer ansehnlicheren Methode zu reparieren. Das Ergebnis war Kintsugi. Verwendet wird dazu der Lack Urushi, der mit Gold oder Silber-Pigmenten gemischt wird. Mit diesem Urushi wird das Objekt geklebt. Danach wird die Bruchstelle poliert. Das Verfahren ist bei Ukulelen nicht wirklich erprobt.

Kintsugi kann uns aber eine Möglichkeit eröffnen, mit kleinen Gebrauchsspuren an der Ukulele sehr viel entspannter umzugehen. Die meisten von ihnen spielen für den Klang des Instruments überhaupt keine Rolle, aber sie können uns an eine bestimmte Situation, Reise, Begegnung oder ähnliches erinnern. Dellen und Schrammen belegen, daß das Instrument verwendet wurde. Das kann Anlaß sein, den einen oder anderen von ihnen mit etwas Goldlack auszumalen. Aus dem „Defekt" wird damit ein besonderes Detail der Geschichte dieser Ukulele. Man kann sich auch die gute Lebensregel vergegenwärtigen, nach der es nicht aufs Besitzen ankommt, sondern auf das Erleben. Die gibt es auch als Wanddekoration: „Collect moments, not things". Und gerade dieser Gedanke scheint sich mit der Ukulele bestens verbinden zu lassen!

7. Der eigene Weg

Das Erlernen eines Musikinstruments ist eine sehr persönliche Angelegenheit. Wir suchen die Anleitung durch gute Lehrer, weil sie uns den richtigen Weg zeigen und unsere Fehler korrigieren können. Den Weg muß aber jeder selbst gehen. Deshalb ist es wichtig, sich darüber Klarheit zu verschaffen, was uns weiter voranbringt oder hinderlich ist und was gut funktioniert oder schlecht. Das betrifft Fragen der Spieltechnik und des gewünschten Musikstils, nicht minder aber die Lerntechnik und Spielweise. Der eine wird erfolgreich damit, alles vom Blatt zu spielen. Für den anderen erweist es sich als besser, die Stücke auswendig zu lernen. Für Ihren persönlichen eigenen Weg zur Ukulele sollen die folgenden Überlegungen die eine oder andere Anregung geben.

Auswendig lernen oder vom Blatt spielen?

Auswendig oder vom Blatt zu spielen, hängt auch vom Zweck ab. Spielt man nur für sich, ist vom Blatt zu spielen kein Problem. Auswendig zu spielen, wirkt in der Gruppe immer etwas lässiger. Außerdem ist es ratsam, ein kleines Repertoire verschiedenster Lieder zu haben, die man auswendig sehr gut kann, da man über kurz oder lang in Situationen kommen wird, bei denen das nützlich ist. Beispielsweise möchte man in einem Musikgeschäft oder bei Freunden eine Ukulele ausprobieren, dann kann man das mit einem Stück machen, das man genau kennt und bei dem man genau weiß, wo die Schwierigkeiten liegen. Kann man nur vom Blatt spielen und vergißt im Urlaub die Noten zuhause, steht man auch nicht so toll da. Wer sich beim Auswendiglernen schwertut, kann die Lieder mit farbigen Stiften in Abschnitte unterteilen. So kann man beispielsweise vier Wochen lang jeweils ein Viertel des Liedes spielen und diese Teile zum Schluß zusammenfügen. Eine weitere Möglichkeit besteht darin, sich wiederholende Teile wie Melodie und Refrain des Liedes zu markieren, um so mit der Struktur besser zurechtzukommen.

Zweite Ukulele?

Eine weitere Ukulele kam für uns immer nur in Frage, wenn sie deutliche Unterschiede oder Verbesserungen besaß. Wir würden uns nicht eine zweite Bariton kaufen, nur weil sie aus einem anderen Holz gefertigt ist. Mit Akazie spielt es sich genauso wie mit Mahagoni oder Ahorn oder Fichte, es bringt also rein spielerisch keinen Vorteil und wird einen nicht weiterbringen. Wir haben uns für die zweite Bariton entschieden, weil sie elektrisch ist und diese Spielweise Vorteile gegenüber der akustischen besitzt. Danach kamen Tenor und Sopran in Frage, da diese bei Reisen von Vorteil sind. Auch eine besonders billige Ukulele kann sinnvoll sein, wenn sie beispielsweise für Motorradfahrten verwendet wird, bei denen man nicht unbedingt die Kiwaya mitnehmen möchte.

Wieviel üben?

Viel zu üben ist bei jedem Instrument sinnvoll, wenn man auf ihm etwas erreichen möchte. Bei uns hat sich etabliert, nicht an einem Tag fünf Stunden und am nächsten Tag nicht, sondern fast jeden Tag ein bißchen zu üben. Das können zwei Stunden oder auch nur 15 Minuten sein. Natürlich kann nicht jeder zwei Stunden Ukulele in seinen Tag einbauen, aber man sollte trotzdem darauf achten, daß man übt, sooft es geht. Man kann im Wohn- oder Schlafzimmer eine Übungsukulele aufhängen, die man gleich zur Hand hat, wenn man etwas Zeit zum Üben hat.

Was üben?

Klar ist es toll, wenn man ein Stück endlich kann und dann wochenlang nur noch dieses eine Stück spielt. Aber man will ja nicht auf ewig ein Anfänger bleiben, man möchte weiterkommen und sollte sich deshalb immer neue Herausforderungen suchen und versuchen, sie zu bewältigen. Beim Üben ist auch Vielfalt immer ein guter Gedanke. Nur Strummen ist langweilig und nur Fingerpicking auf Dauer etwas anstrengend. In eine Übungsroutine kann beides eingebaut werden. Uns fiel beim Üben auch schwer, immer mit dem schwierigsten Lied zu beginnen, man muß ja in der Hand erst einmal locker werden und sollte daher mit etwas Einfachem beginnen.

Nicht zu viel Firlefanz

Beim Kauf unserer ersten Ukulelen war uns wichtig, daß möglichst viel des Geldes direkt in den Klang geht. Aus diesem Grund haben wir auf Vollholz geachtet und auf übermäßige Verzierungen sowie Gurtknöpfe und Tonabnehmer verzichtet. Sind diese Dinge vorhanden, wird entweder die Ukulele teurer oder es muß irgendwo gespart worden sein. Gespart wird dann in den meisten Fällen an der Verarbeitungsqualität. Statt Vollholz ist dann häufig Laminat zu finden (gut verarbeitetes Laminat gibt es natürlich auch), die Bünde stehen am Hals seitlich etwas über oder die Rosette um das Schalloch ist nicht ganz mittig.

UAS: Ukulele Aquisition Syndrome

In Foren ist immer wieder vom UAS zu lesen, dem „Ukulele Aquisition Syndrome“, womit der Drang zum Kauf weiterer Ukulelen gemeint ist. Tatsächlich kann man schnell an sich selbst beobachten, daß der Wunsch nach einem Instrument nicht unbedingt durch den Kauf gestillt wird. Entweder sammeln sich dann immer mehr Instrumente an oder es entsteht eine Art Fluktuation, weil man die gekauften Instrumente immer wieder als unzulänglich empfindet und durch andere ersetzt. Das kann für einen selbst mühsam werden, weil man damit irgendwie nie fertig wird, es kann aber auch auf das soziale Umfeld merkwürdig bis störend wirken, wenn kein stimmiger Zusammenhalt des Spielers mit seinem Instrument erkennbar wird und immer wieder etwas anderes ins Haus kommt. Eine gute Möglichkeit, ein beginnendes UAS in den Griff zu bekommen, besteht in gründlicher Reflexion. Dabei sollen die folgenden Denkanstöße helfen.

1. Traditionell verwendet ein Musiker ein Instrument, nämlich sein Instrument. So hielten es die Minnesänger, fahrende Gesellen, Wandervögel und auch noch zahlreiche Musiker unserer Zeit. Es ist zunächst überhaupt nicht erforderlich, einem gut ausgesuchten und eingestellten Instrument noch ein weiteres zur Seite zu stellen. Denn je länger man es spielt, desto besser kommt man damit zurecht, und es ist auch häufig die Rede davon, daß sich der Klang des Instruments mit fortschreitendem Gebrauch verbessert.

2. Wie bereits an anderer Stelle gezeigt, kann es sinnvoll sein, das ganze Geld, das man für den Instrumentenkauf vorgesehen hat, in ein einziges Instrument zu stecken. Das sollte dann das sein, das wirklich gut paßt, von der Größe bis zum Halsprofil und zur Besaitung und Kompensation. Daraus ergibt sich, daß man vielleicht mehrere Versuche braucht, bis man dieses ideale Instrument gefunden hat, und es kann auch sein, daß nach einigen Jahren ein anderes Instrument das bessere ist. Das sind vernünftige Gründe für einen Wechsel, also sollte man diesen dann auch durchführen.

3. Optische Merkmale wie Holzart, Maserbild, Dekoration und Dinge dieser Art sind für die Qualität und Eignung des Instruments unmaßgeblich und daher kein Grund für einen Wechsel. Das bedingt aber auch, daß man sich vor dem Kauf gründlich überlegt, ob einem das Instrument wirklich gefällt. Wenn es an das ernsthafte Musizieren geht, spielt die Dekoration ohnehin fast keine Rolle mehr, wohl kaum ein richtiger Ukulelenspieler erfreut sich an seinem Instrument aufgrund der Abalone-Verzierungen. Die klanglichen Unterschiede zwischen verschiedenen Holzarten sind nicht besonders groß, durch den Wechsel der Saiten kann man normalerweise mehr bewirken. Man braucht sich deshalb nicht von irgendwelchen Zuschreibungen zum Kauf eines weiteren Instruments verleiten zu lassen. Beliebte Zuschreibungen sind zum Beispiel „optimale Projektion" und „definierter Klang". Beide sind völlig nebulös und sagen rein gar nichts aus. Auf www.klangfarbe.com ist vom „amtlichen Ukulelensound" die Rede. Die Wirklichkeit sieht so aus: Intonation, Lautstärke, Resonanzfähigkeit, Obertöne. Das war's.

4. Sehr wohl spielen aber Unterschiede der Größe und des Saitensystems eine Rolle, was auch zu einer neuen, zusätzlichen Anschaffung führen kann. Ein Beispiel: Zu einer Baritonukulele kann man aus mehreren Gründen eine Tenor- oder Konzertukulele kaufen, nämlich aufgrund des insgesamt höheren Klangs und des für manche Griffe praktischeren Griffbretts mit kleineren Bundabständen. Zusätzlich bietet es sich an, zu der linearen Besaitung der Baritonukulele das neue Instrument mit einer nicht-linearen (rückläufigen) Besaitung auszustatten. Dadurch kann man seine Möglichkeiten erheblich erweitern und sich eine ganze Menge Arrangements für dieses System erschließen.

5. Wenn es nicht um die Besaitung, sondern nur um die Tonlage geht, kommt auch der Kapodaster ins Spiel. Das ist eine kleine Klammer, mit der man die Saiten der Ukulele an einem bestimmten Bund abdrückt. Dadurch ist alles zum Beispiel fünf Halbtöne höher und aus einer Baritonukulele wird direkt eine linear gestimmte Tenorukulele. Und dabei hat man auch noch den Vorteil des großen Korpus, dessen Klangfülle dieser Kapodaster-Tenor sehr zugute kommt. Aber es gibt auch zwei Nachteile, denn jetzt stimmen nicht mehr die Markierungen auf dem Griffbrett, mit denen man den dritten, fünften, siebten, zehnten und zwölften Bund schnell erkennen soll. Da muß man ein bißchen umdenken, was aber machbar ist. Gravierender ist der Umstand, daß der Hals zum Korpus hin dicker und breiter wird, man bekommt daher mit dem Kapodaster nicht das perfekte Tenor-Spielgefühl heraus. Wenn man es nur gelegentlich braucht, mag es sicher reichen, aber wenn man sich mit der zweiten Größe genauso ernsthaft und intensiv beschäftigen will wie mit der ersten, ist der Kauf eines zweiten Instruments sinnvoll und richtig. Man kann dann auch die Instrumente zwischen den Stücken wechseln oder auch wochenweise, wenn man sich abwechselnd auf beiden verbessern will.

6. Braucht man ein drittes Instrument? Ja, wenn die ersten beiden teuer waren und man gerne bei Regen wandert und dann eine Ukulele mitnehmen will. Die sollte dann einfach und billig sein, und sie kann sich von der zweiten wiederum durch die Besaitung unterscheiden (linear gegenüber

nicht-linear oder andere Stimmung). Es kann auch sein, daß man unbedingt gerne elektrisch spielen will. Allerdings kann man dann zum Beispiel eine akustische Baritonukulele mit einer elektrischen Tenorukulele erweitern und kommt dann ebenfalls mit zwei Instrumenten aus.

Neben der Abwägung dieser Aspekte und der persönlichen Überlegungen ist es auch sehr hilfreich, sich Grenzen zu setzen, was die Anzahl oder die Gesamtkosten betrifft. Mit maximal drei Ukulelen kann man auf jeden Fall sein Auslangen finden, damit sind auch verschiedene Größen und Stimmungen möglich. Wer sich mehr kauft, befindet sich dann schon im Sammlerbereich. Für Menschen, die sich im normalen Rahmen musikalisch entwickeln wollen, sind zwei Ukulelen auf jeden Fall ausreichend, und auch eine einzige kann langfristig genug sein, wenn es die richtige ist.

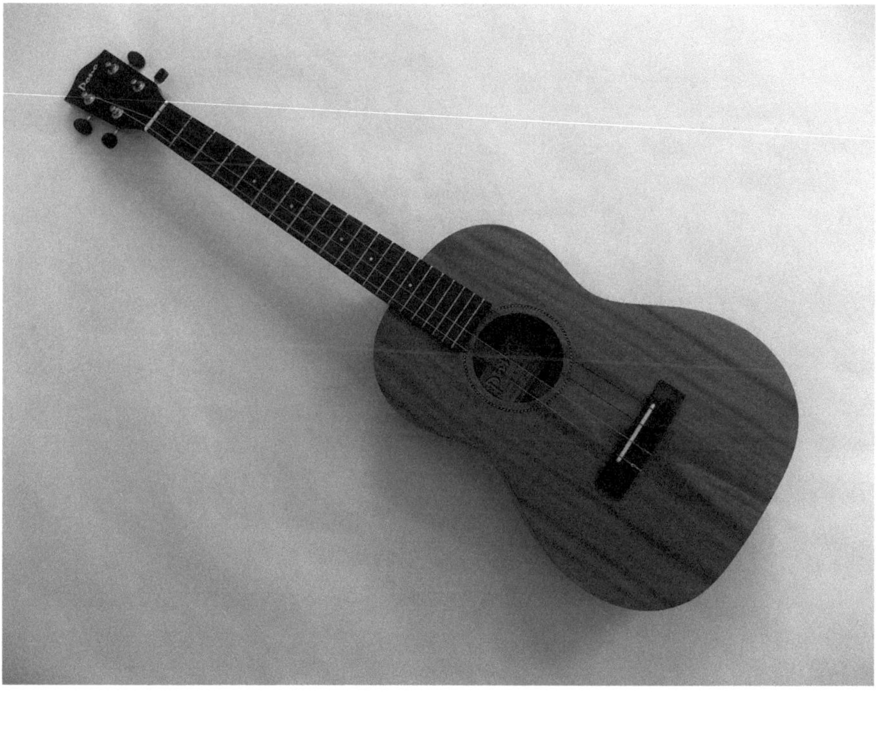

Konkrete Empfehlungen

Die Qual der Wahl: Wir haben weiter oben im Buch im Zusammenhang mit den verschiedenen Varianten und Herstellern der Ukulelen auf Aspekte hingewiesen, die für die Auswahl des eigenen Instruments wichtig sind. Wie man sich entscheidet, ist eine sehr persönliche Sache, bei der das subjektive Empfinden und die Passung des Instruments zu den eigenen Vorstellungen, der Anatomie und Spielweise entscheidend sind. Am besten probieren Sie verschiedene Instrumente aus, möglichst lange und intensiv. Achten Sie dabei unbedingt darauf, ob die jeweilige Größe so gehalten werden kann, daß Sie keine Schwierigkeiten haben, die Bünde in der richtigen Handhaltung zu greifen. Das steht und fällt mit einer stabilen Position der Ukulele. Die Hand, mit der Sie die Akkorde greifen (bei Rechtshändern die linke, bei Linkshändern die rechte) ist nicht zum Festhalten der Ukulele gedacht, sie soll sich frei über den Hals bewegen können. Wenn die Ukulele für einen festen Sitz am Körper, gehalten vom jeweils anderen Arm, zu klein ist, dann wird das nicht funktionieren. Daher ist für die Auswahl des Instruments die richtige Spielhaltung von maßgeblicher Bedeutung.

Trotzdem suchen manche Leser konkrete Empfehlungen. Die kommen in diesem Abschnitt, sie setzen aber voraus, daß Sie die dabei ausgeführten Aspekte berücksichtigen. Wenn Tenor einfach nichts für Sie ist, bringt Ihnen eine Tenor-Empfehlung nichts. Bei unseren Empfehlungen gehen wir von unseren eigenen Erfahrungen aus, die zu einem guten Teil – aber eben nicht vollständig – übertragbar sind. Wir versuchen die Vorzüge der hier genannten Modelle deshalb allgemein zu halten und dabei immer auch auf Einschränkungen und mögliche Nachteile hinzuweisen.

Für den Einstieg und auch noch danach: Konzert- oder Tenorgröße, eine achtsaitige Ukulele (wie an anderer Stelle ausführlich beschrieben) ist besonders vielseitig und kann leicht auf vier Saiten umgestellt werden, sie ist aufgrund dieser vielen Möglichkeiten ideal für Versuche in verschiedenen Richtungen. Achtsaitig gespielt hat sie einen hinreißenden

Klang. Empfehlung: V2-T8 „Sun“ von Baton Rouge. Sie ist sehr preiswert, sehr gut und gut eingestellt, macht sofort viel Spaß und kann später noch als Zweitinstrument gute Dienste leisten. Alternative: Eine Sopran „Longneck“ (mit Konzert- oder Tenormensur) oder die Konzertgröße von Brüko. Wunderbare Qualität mit Schulinstrument-Flair, immer brauchbar und mit einem Spielgefühl, das einen guten Einstieg garantiert. Auch die kann man später noch gut brauchen. Sopran ist empfehlenswert aufgrund ihrer milden Saitenspannung: Brüko oder Famous FS-1 (von Kiwaya), letztere zeigt, was man aus gutem Laminat herausholen kann. Wenn es günstiger sein soll, schauen Sie sich die X1-Serie von Enya an, die aus sehr dichtem Laminat hergestellt wird.

Für möglichst viele Situationen: Flache Tenorukulele von Leho oder Kala, möglichst mit Massivholz, idealerweise Fichte. Eine flache Konzertukulele ist „zu wenig“. Die flache Tenorgröße kann überall dabei sein und sie eignet sich für alle Stile. Die Frage ist nur, ob Ihnen sowas nicht zu flach ist. Deshalb ausprobieren. Kaufen Sie keine Kunststoffukulele, wenn Sie nicht wirklich wassernah unterwegs sind. Vor allem teurere Modelle rechtfertigen kaum ihren Preis.

Für klassische Musik und Zupftechniken: Konzertukulele von Pono, Millar oder Ohana, matt. Damit machen Sie höchstwahrscheinlich nichts falsch. Die seitlichen Stimmschrauben sind Geschmackssache. Eine deutlich bessere, aber auch wesentlich teurere Konzertukulele ist die KTC-1 von Kiwaya. Nach dieser brauchen Sie voraussichtlich keine andere mehr. Sehr guter Klang, perfekte Einstellung mit besonders hochwertigen Mechaniken, traumhaft zu spielen. Kiwaya-Ukulelen haben in den Laminatversionen sehr dünne Schalldecken, die sich bei zu hoher Saitenspannung vielleicht verziehen können, und sie sehen ziemlich unspektakulär aus. Die kompensierte Stegeinlage ist nur für Rechtshänder wirklich optimal. Auch hier können Brüko-Ukulelen empfohlen werden. Ein sehr heißer Tip ist die Marke Millar aus Taiwan. Die Sopran-Longneck mit Schalldecke aus Engelmannfichte ist so laut wie so manche Tenor!

Für eine gitarrennahe Spielweise: Baritonukulele von Pono, matt. Die Vorzüge teurerer Instrumente sind nicht immer ganz nachvollziehbar, dieses Instrument reicht wirklich lange über das Anfangsstadium hinaus. Die verstellbare Halseinlage erlaubt eine genaue Anpassung. Mit guten Saiten von Thomastik-Infeld weit mehr als nur zufriedenstellend. Alternative: Ein handgebautes Instrument von Antica Ukuleleria, das man direkt vom Hersteller kauft, der natürlich auch Sonderwünsche berücksichtigt. Es gibt mehrere attraktive Bautypen, wobei „Libero“ ziemlich schick aussieht.

Elektrische Ukulelen: Ein Instrument von „Honni Music“ vermittelt einen guten Einstieg, enthält aber nicht gerade die besten Komponenten und ist teilweise etwas grob gebaut, wenn auch sehr hübsch gestaltet. „Sparrow“-Ukulelen sehen da schon deutlich besser aus, kosten aber deutlich mehr und klingen nicht unbedingt besser. Elektrische Ukulelen von „RISA“ haben einen sehr guten Ruf, sind aber nur für Rechtshänder erhältlich. Finger weg von „Bohemian Oil“-Blechukulelen.

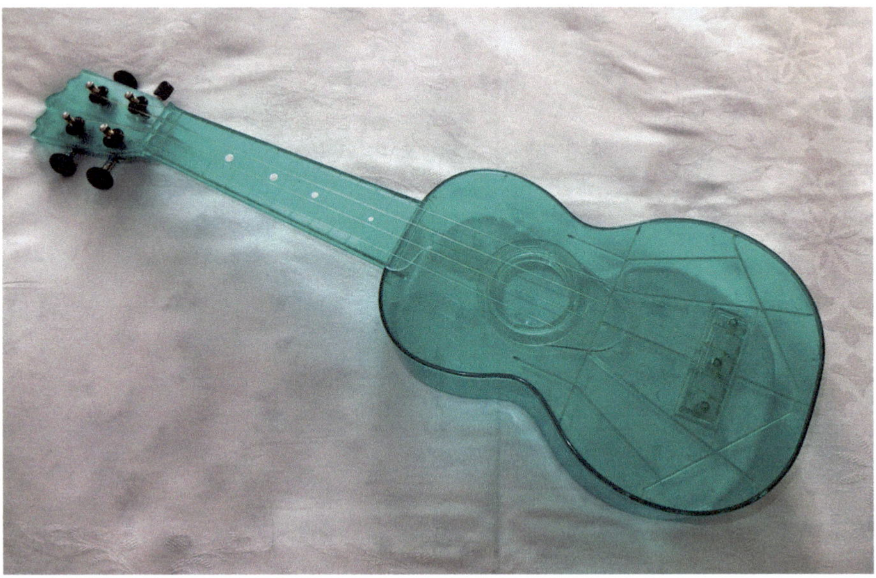

Für Regenwetter, Kanutour oder Dusche: Plastikukulele von „Koki'o“ (RISA) in verschiedenen Farben, unter den Plastikukulelen hat sie das beste Preis-Leistungs-Verhältnis, allerdings sind Plastikukulelen keine ernsthaften Musikinstrumente. Bei diesem Modell ist die Saitenlage so hoch, daß das Spielen nicht wirklich leicht von der Hand geht. Es gibt auch welche mit Holzdecke auf Plastikkorpus. Ist so etwas schlechter als eine „richtige“ Ukulele aus Holz? Ja, auf jeden Fall! Aber man kann sie immer noch mitnehmen, wenn alle anderen zuhause bleiben. Wenn es nicht regnet, kann man mit dem billigen Ding interessante Sonderstimmungen ausprobieren, wobei auch eine kurzfristige Überspannung keinen Schaden anrichtet. Und falls doch, baut man sie zu einem Vogelhäuschen oder einer Wandlampe um. Ein weiterer sinnvoller Einsatzzweck ist das Üben wilder Schlagmuster, ohne daß man auf die Ukulele Rücksicht nehmen muß.

Wenn man mal etwas anderes will: Die Sopranino-Größe von Antica Ukuleleria eröffnet dem, der schon alles kennt, nochmal einen anderen Zugang. Unter den Edelinstrumenten würden wir die Marken „Wunderkammer“ sowie die höchstens noch gebraucht zu findenden Instrumente von Ken Timms empfehlen. Ein Taropatch der alten Art ist von Kiwaya erhältlich, jedoch zu einem im Vergleich zum normalen Konzert-Modell unverhältnismäßig hohen Preis. Als Reiseukulele hat sich bei uns die recht laute Ohana SK-30L etabliert, die aus einem Soprankorpus mit Tenormensur (!) besteht. Das ist weit mehr als nur ein Gag. Sie ist sehr handlich (ihre Länge entspricht der einer Konzertukulele), bietet mächtig viele Bünde auf dem Griffbrett und besticht durch einen sehr individuellen, im besten Sinne eigenartigen Klang. Sie richtet sich eigentlich an Leute, die den typischen Sopran-Klang schätzen, aber das großzügige Tenor-Griffbrett bevorzugen. Wir haben festgestellt, daß der Klang ziemlich viel Hall hat und daß einige Töne ziemlich scharf und topfig klingen, vor allem, wenn man sie in der Mitte der Mensur spielt. Man kann auch sagen, sie klingt komplex. Das alles geht sehr in Richtung „Vintage“ und macht da, wo es paßt, einen starken und sehr reizvollen Effekt. Dem etwas eingeengten Klang des Sopran-Körpers kann man mit einer tiefen G-Saite etwas mehr Fundament geben, was sich hier als vorteilhaft erweist. Im Freien, auf Wanderungen und Reisen ist dieses Exemplar voll in seinem Element.

Wenn man hingegen klassische Stücke im Haus möglichst präzise und klar spielen will, sollte man zu einer anderen Ukulele greifen, auf der sich die Töne sehr viel sauberer und klarer spielen lassen.

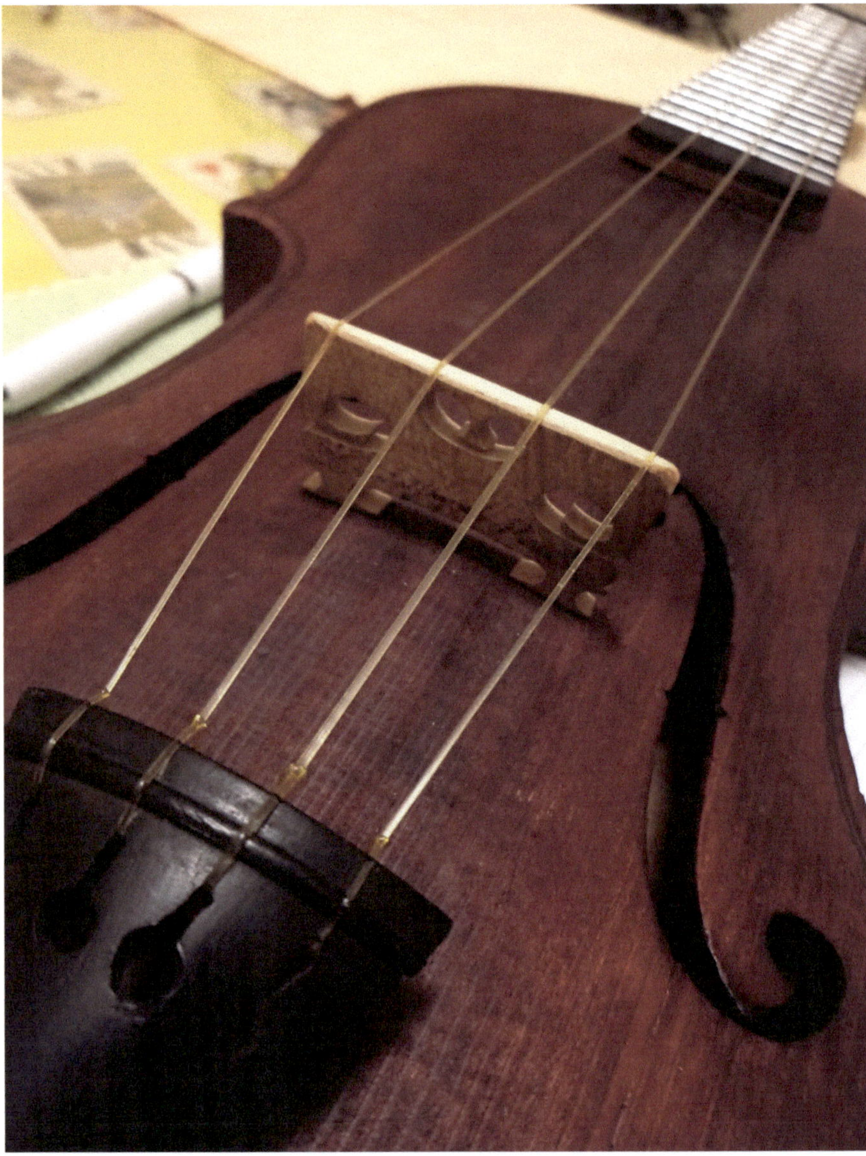

Eine Ukulele im Selbstbau

Eine spannende Alternative zu immer weiteren Anschaffungen kann ein Selbstbauprojekt sein. Sie kommen damit zu einem Instrument, mit dem Sie wirklich etwas verbindet und das weitgehend an Ihre persönlichen Wünsche angepaßt ist. Solche Ukulelen entstehen zum Beispiel in speziellen Baukursen unter fachkundiger Anleitung.

Auf der Seite www.kloster-ukulelen.de kann man sich über diese Selbstbau-Kurse unter der Leitung von Dirk Jungbluth informieren. Hierbei fällt positiv auf, daß man seine Wünsche und Vorstellungen weitgehend umsetzen kann und daß heikle Arbeitsschritte von der Kursleitung übernommen bzw. vorbereitet werden. Auf diese Weise wird praktisch ausgeschlossen, daß das Selbstbauabenteuer im Mißerfolg endet. Jeder geht nach dem Kurs mit einer selbstgebauten Ukulele nach Hause, die ihm auch wirklich zusagt.

Wenn Sie den langen Anfahrtsweg und die hohen Begleitkosten solcher Seminare vermeiden wollen, dann können Sie es auch im Alleingang versuchen. Dann können Sie auch abseitige Ideen verwirklichen, ohne Sinn und Zweck vor dem Kursleiter vertreten zu müssen. So etwa die Kombination aus Ukulelenhals und Geigenkorpus, die wir in der folgenden Anleitung vorstellen. Die Grundprinzipien sind schnell erklärt: Es soll alles in allem kostengünstig sein, aber gut werden. Verzichten Sie trotzdem auf minderwertige Komponenten. Und man sollte möglichst keine funktionierenden Instrumente opfern, denn es gibt viele kaputte, die durch die Weiterverarbeitung wieder funktionsfähig werden. Somit ist der Selbst-Umbau auch eine gute Möglichkeit der Wiederherstellung, oder, nach dem herrschenden Zeitgeschmack formuliert, des Upcyclings. Die Verarbeitung eines alten Geigenkorpus ist sozusagen der Klassiker, aber Sie können auf den einschlägigen Online-Marktplätzen immer auch nach anderen geeigneten Instrumenten Ausschau halten, so zum Beispiel nach Gamben, Fiedeln, Kniegeigen, Waldzithern, Wandergitarren, Cistern, Lauten usw.

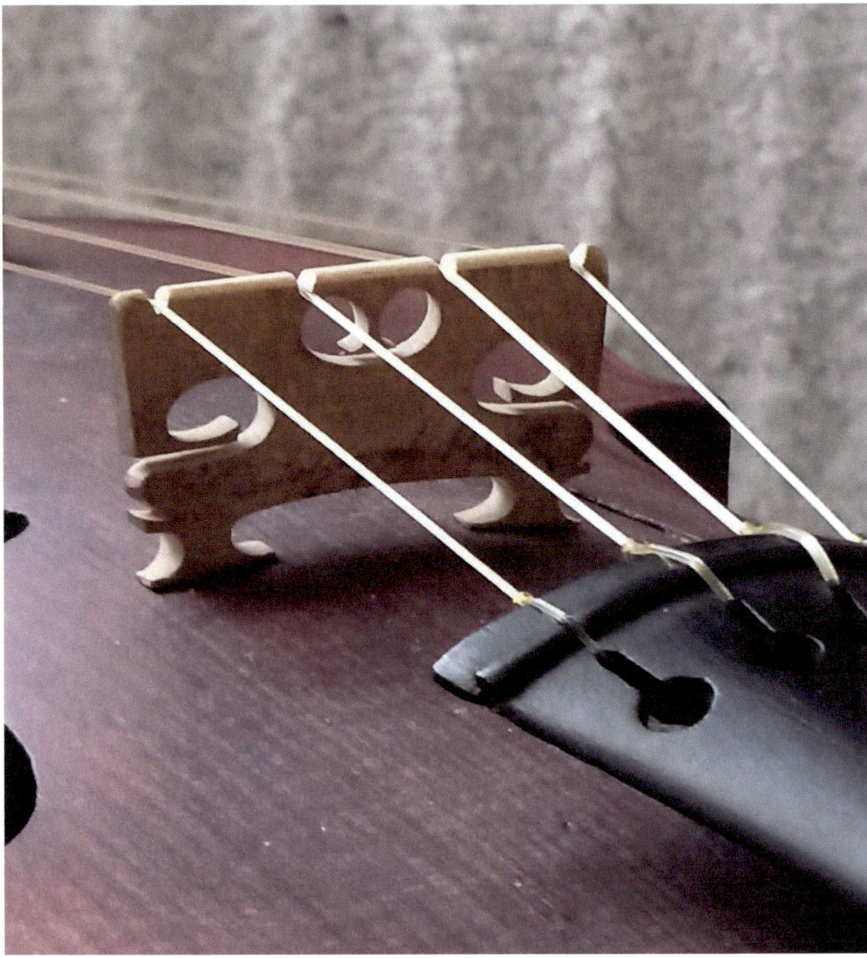

Ganz ohne zugekaufte Ergänzungen geht es aber auch nicht, es sei denn, Sie finden nicht nur eine kaputte Geige, sondern auch noch die passende kaputte Ukulele. Falls nicht: Hals und Griffbrett kann man im Internet bestellen, für höhere Qualität kann man sich auch an einen Ukulelenhersteller wenden. Der Anfänger sollte diese Teile fertig kaufen, weil er am Selbstbau vermutlich scheitern wird. Auch die übrigen Arbeiten sind schon anspruchsvoll genug.

Vor dem Beginn der eigentlichen Arbeiten sollte man seine Einkaufsliste zusammenstellen. Man benötigt Klemmen oder Zwingen für das Zusammenleimen des Geigenkorpus, allerdings kann man sie auch behelfsmäßig aus zwei Brettchen, einer Schraube und einer Flügelmutter selbst bauen. Außerdem braucht man Stimmwirbel. Hierfür sind die Wittner-Feinstimmwirbel in der passenden Größe für Ukulelen die beste Wahl, weil sie nicht nur sehr gut aussehen, sondern auch ein besonders leichtes und schnelles Stimmen ermöglichen. Man kann sich aber auch für andere Mechaniken entscheiden. Man benötigt einen Steg sowie einen Sattel aus geeignetem Material. Hals und Griffbrett wurden schon erwähnt, dazu braucht man dann auch noch eine Geige. Auf Internet-Handelsplätzen findet man mit ein bißchen Geduld ein geeignetes älteres Exemplar für 40 Euro. Mehr sollte man dafür nicht ausgeben, schon gar nicht sollte man ein gutes, funktionierendes Instrument ausschlachten.

Es ist sehr wichtig, daß das Griffbrett von der Größe her zur Geige paßt, denn der Steg, auf dem die Saiten aufliegen, muß ungefähr zwischen den Kerben der f-Löcher stehen – nicht tiefer und auch nicht höher. Ein Tenor-Hals paßt ziemlich gut zu einer 4/4-Geige. Sie können auch einen längeren Hals verwenden, aber dann müssen Sie ihn so an die Geige ansetzen, daß das Mensurende wiederum zwischen die f-Löcher kommt. Wenn Sie wissen wollen, wo die Mensur Ihres Griffbretts aufhört, dann messen Sie einfach die Länge vom Sattel bis zum 12. Bund, der immer genau in der Mitte der schwingenden Saite liegt. Diese Strecke legen Sie einfach am 12. Bund an, verdoppeln sie also und landen so an dem Punkt, auf dem sich dann der Steg befinden wird. Und der kann eben bei einer Geige nur an der beschriebenen Stelle liegen, da sie sonst nicht richtig klingt.

Die Geige wird geöffnet, denn zur Befestigung des Halses muß man an ihrer Innenseite arbeiten. Im Internet wird gelegentlich dazu geraten, sie zu erhitzen. Dies gilt nur für neue Geigen aus Fernost, die mit Heißkleber gebaut wurden. Gute und vor allem ältere Geigen werden durch Knochenleim zusammengehalten, und dem kommt man mit Erhitzen nicht bei. Man pinselt die Fuge, die man öffnen will, mit warmem Wasser ein und wartet ab. Nach einiger Zeit ist der Leim weich und man kann mit einem flachen Messer die Decke oder den Boden abheben. Es ist nicht nötig, beide Platten abzunehmen, aber es ist unabdingbar, auch den Hals abzunehmen.

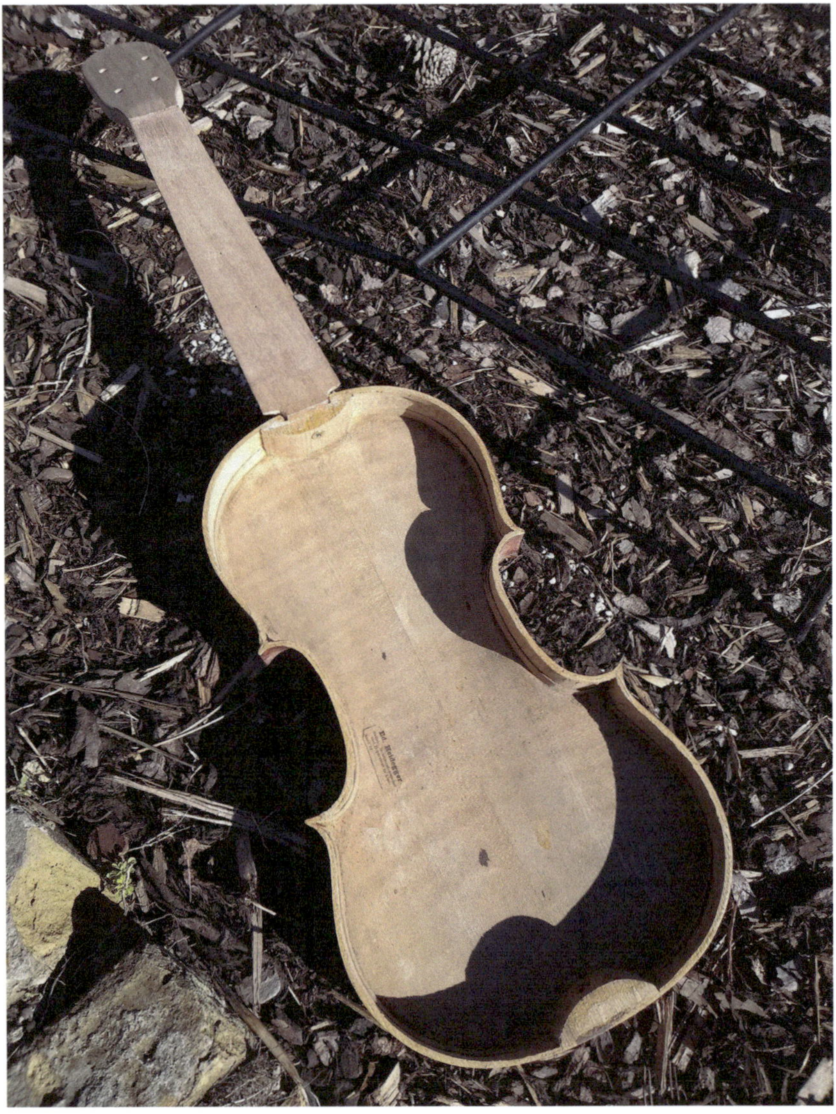

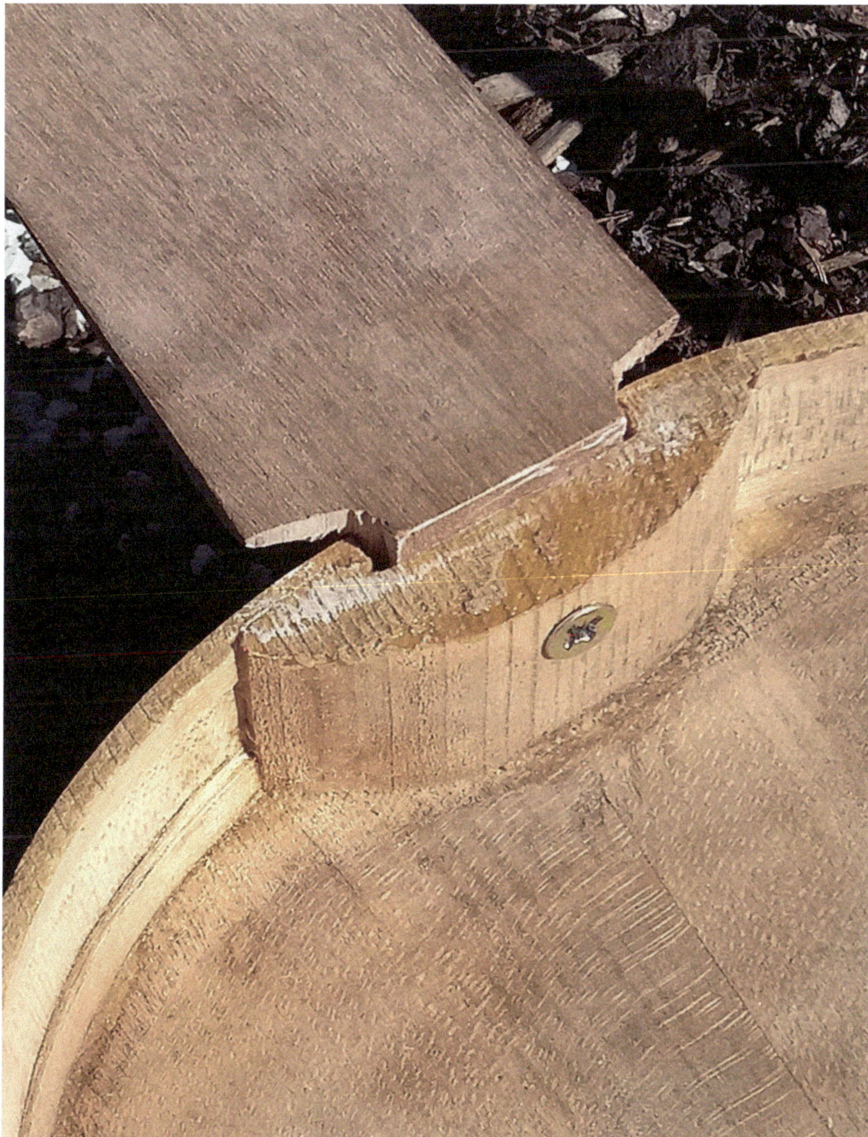

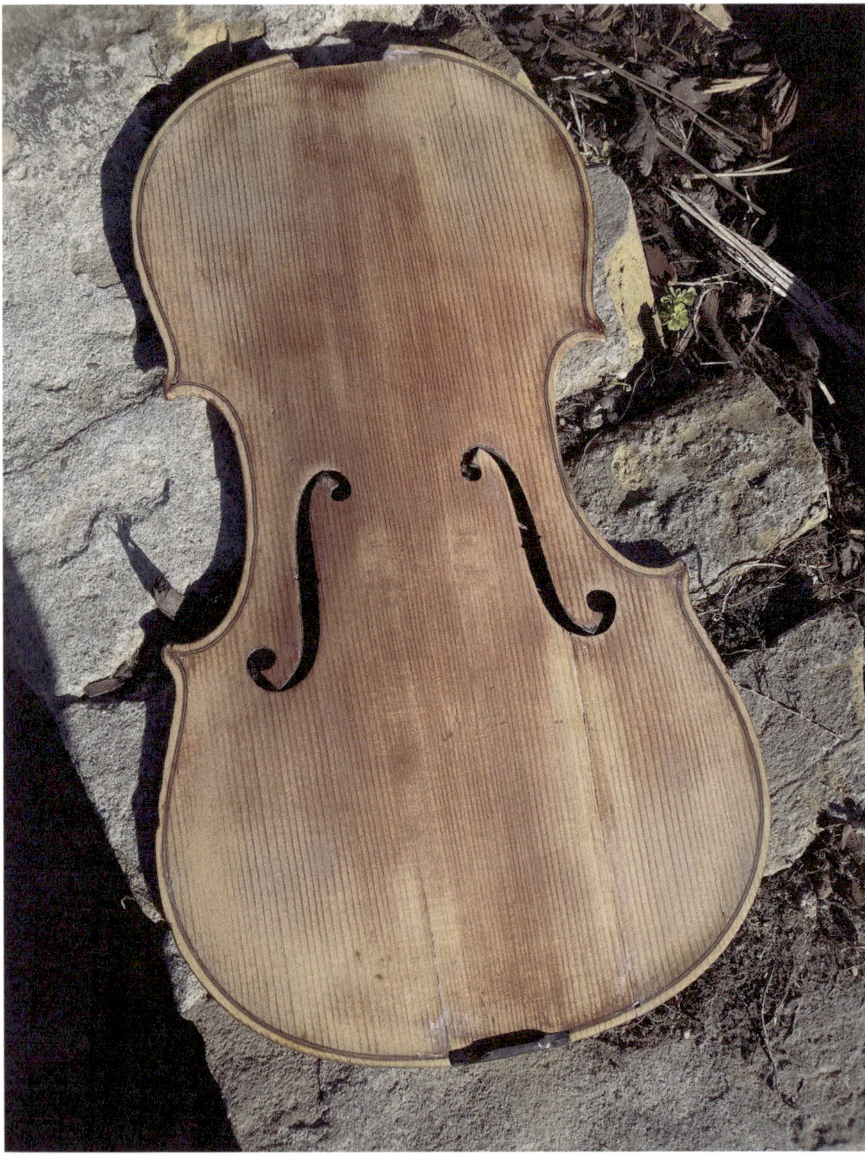

Auf diese Weise bekommen Sie einen Korpus ohne Hals, und nun wird einfach der Ukulelenhals daran befestigt. Dabei ist zu beachten, daß der Hals natürlich gerade angesetzt werden muß, außerdem dürfen die Saiten später nicht zu hoch über dem Korpus liegen. Genau wie bei der Geige montieren wir das Griffbrett später so, daß es über dem Korpus schwebt. Die genaue Position wird durch mehrmaliges Abschleifen der Kontaktflächen präzise eingerichtet, und wenn alles paßt, kann man den Hals an den Korpus kleben (und dann nochmal genau überprüfen) und später mit zwei Holzschrauben von innen sichern. Auf der anderen Seite wird der Saitenhalter befestigt. Zur Überprüfung des Griffbretts legt man dieses zunächst lose auf den Hals und spannt zwei bis vier Saiten auf, mit denen man sich einen Überblick verschaffen kann, ob eine Steg- und Sattelkompensation nötig sein wird. Eventuell ist jetzt nämlich noch etwas am oberen Ende des Griffbretts abzuschleifen. Sofern man später einen verschiebbaren Nullbund einsetzen will, sollte man hier ausreichend Platz lassen. Ist alles in Ordnung, wird das Griffbrett sauber angeklebt und alle Flächen und Übergänge versäubert. Wo es nötig ist, kann man jetzt auch Sprühlack einsetzen. Zuletzt wird das Instrument besaitet und richtig eingestellt.

Geigenkenner fragen sich jetzt, wo der Stimmstock geblieben ist. Dieses kleine Hölzchen ist für eine Geige ungemein wichtig, weil es die Schwingung der Decke auf den Boden überträgt und dafür genau an der besten Stelle stehen muß. Steht er falsch, kann sich ein Stimmriß bilden. Allerdings sind die Schwingungen beim Geigenspielen ganz anders als beim Zupfen, nämlich wesentlich stärker und wesentlich länger. Durch Resonanzen können sie erheblich verstärkt werden und das setzt dem Holz dann unmittelbar zu. Verwendet man einen Geigenkorpus für ein Zupfinstrument, ist jeder Einzelton immer sehr viel kürzer und wechselt sich sofort mit anderen ab. Ein gut gesetzter Stimmstock kann auch hier den Klang verbessern, aber wenn er fehlt, wird das wahrscheinlich nicht zu Schäden führen. Die richtige Position ist übrigens etwas versetzt unter dem Fuß des Stegs, bei dem die höchste Saite liegt.

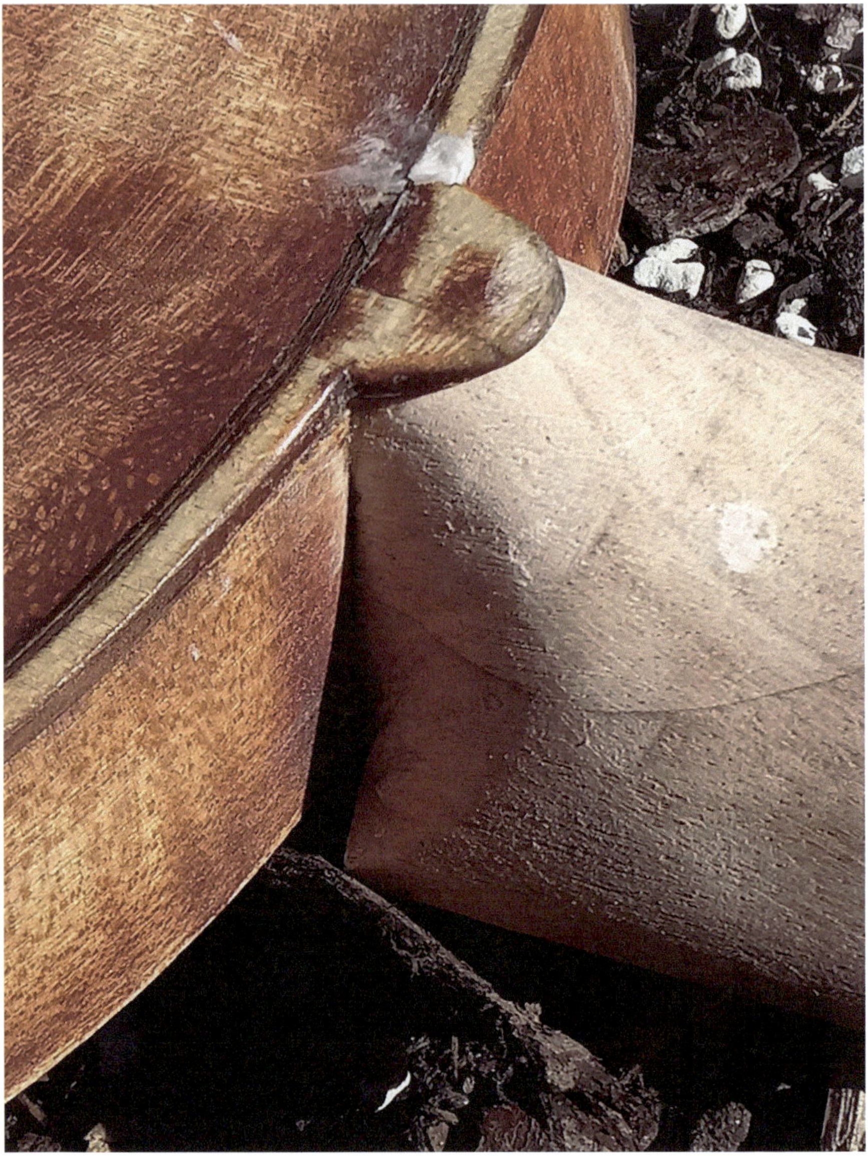

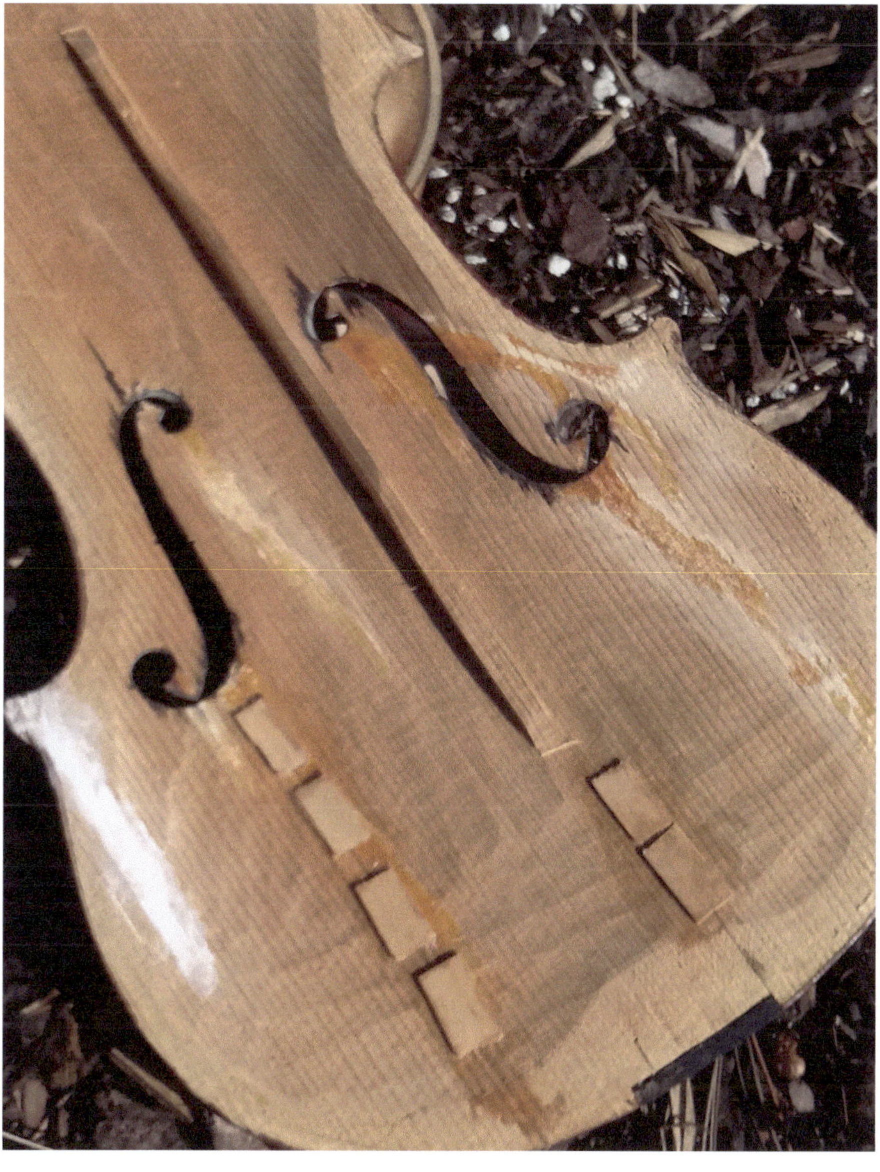

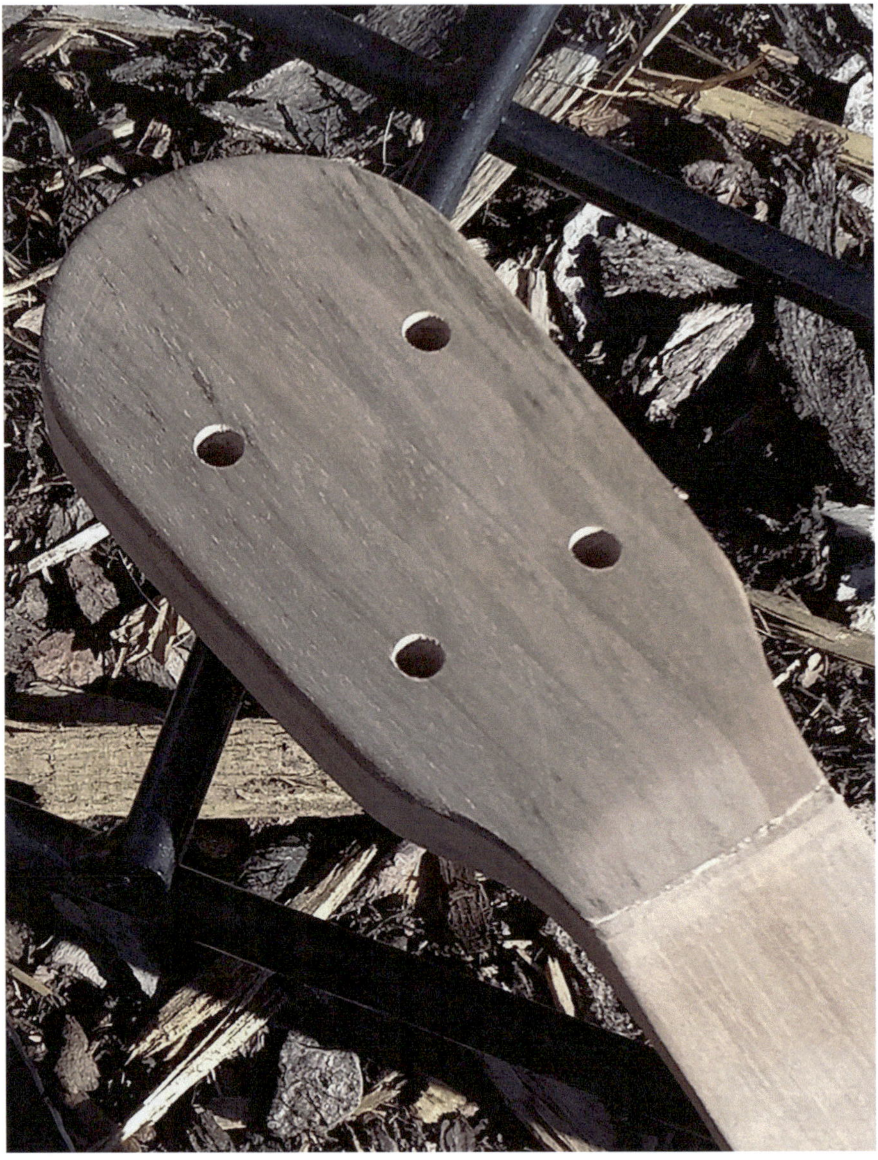

Den Geigensteg passen wir an, indem wir seine Höhe verringern und die Oberkante durch eine dünne Schicht aus Bein verstärken. Diese Auflage ist härter als das ursprüngliche Holz, außerdem bildet sie eine durchgehende Oberkante, die nicht gegeben wäre, wenn man den Steg einfach nur abschleifen würde. In vielen Fällen legt man dadurch nämlich ein Loch in der Stegmitte frei. Die richtige Höhe muß durch sorgfältiges Messen ermittelt werden. Auf die Oberkante wird anschließend mit Zweikomponentenkleber ein passendes, noch etwas größer belassenes Stück Bein geklebt. Nach ausreichender Aushärtung wird die Oberkante auf die richtige Höhe heruntergeschliffen und danach mit Schleifpapier (Körnung 1200) poliert. Zuletzt werden im richtigen Abstand Kerben eingeschliffen, damit die Saiten an der richtigen Position liegen.

Wir haben unsere Geigen-Ukulele zunächst mit Goldin-Saiten von Hannabach bespannt, was zu einem wirklich begeisternden Ergebnis geführt hat. Dabei hat sich schnell herausgestellt, daß das Griffbrett jenseits des ersten Bundstäbchens etwas zu lang war. Statt es abzuschleifen, haben wir aus einem Stück Ebenholz einen verschiebbaren Nullbund (ein auf einer Seite abgeflachtes Holzstäbchen) angefertigt und dort oben unter die Saiten geklemmt. Er dient nun ohne weitere Umstände zur Kompensation am Sattel. Wie an anderer Stelle in diesem Buch erklärt, wird zunächst der Steg richtig positioniert, danach vergleicht man die Tonabweichung im ersten Bund und im Nullbund und verschiebt das Stäbchen so, daß es möglichst keine Abweichungen mehr gibt.

Nach einiger Zeit haben wir die Saiten gewechselt und die Geigen-Ukulele mit den tiefen Pyramid-Saiten ausgestattet, die eigentlich für Baritonukulelen gedacht sind. Es ist für das alte Instrument gar nicht so schlecht, daß die Saitenspannung nun etwas geringer ist als auf einer Baritonukulele (die Stimmung ist genauso, nämlich kellertiefes GCEA), und damit haben wir nun einen Baß, mit dem sich eine hoch gestimmte C-Ukulele sehr gut begleiten läßt. Auch für das Melodiespiel eignet sich dieses Instrument sehr gut. Der Klang dieser Saiten ist sehr warm und rund, das ganze Instrument vibriert, es vermittelt ein völlig neues Spielgefühl, erfordert allerdings eine angepaßte, etwas behäbigere Spielweise. Mit den Wittner-Feinstimmwirbeln kann man auch diese sehr tiefen Saiten ganz feinfühlig stimmen. Das selbstgebaute Instrument spielt sich bauartbedingt nicht ganz so flüssig wie eine normale Ukulele, aber im Baßregister ist man ohnehin etwas betulicher unterwegs, weshalb jetzt alles optimal zusammenpaßt.

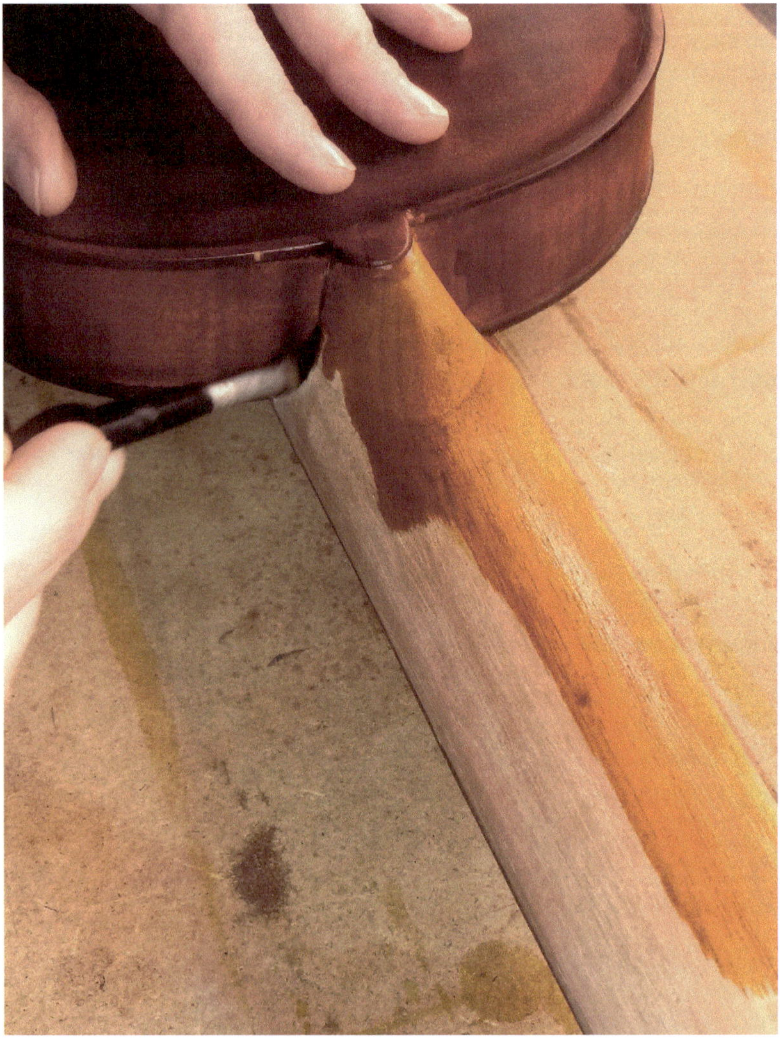

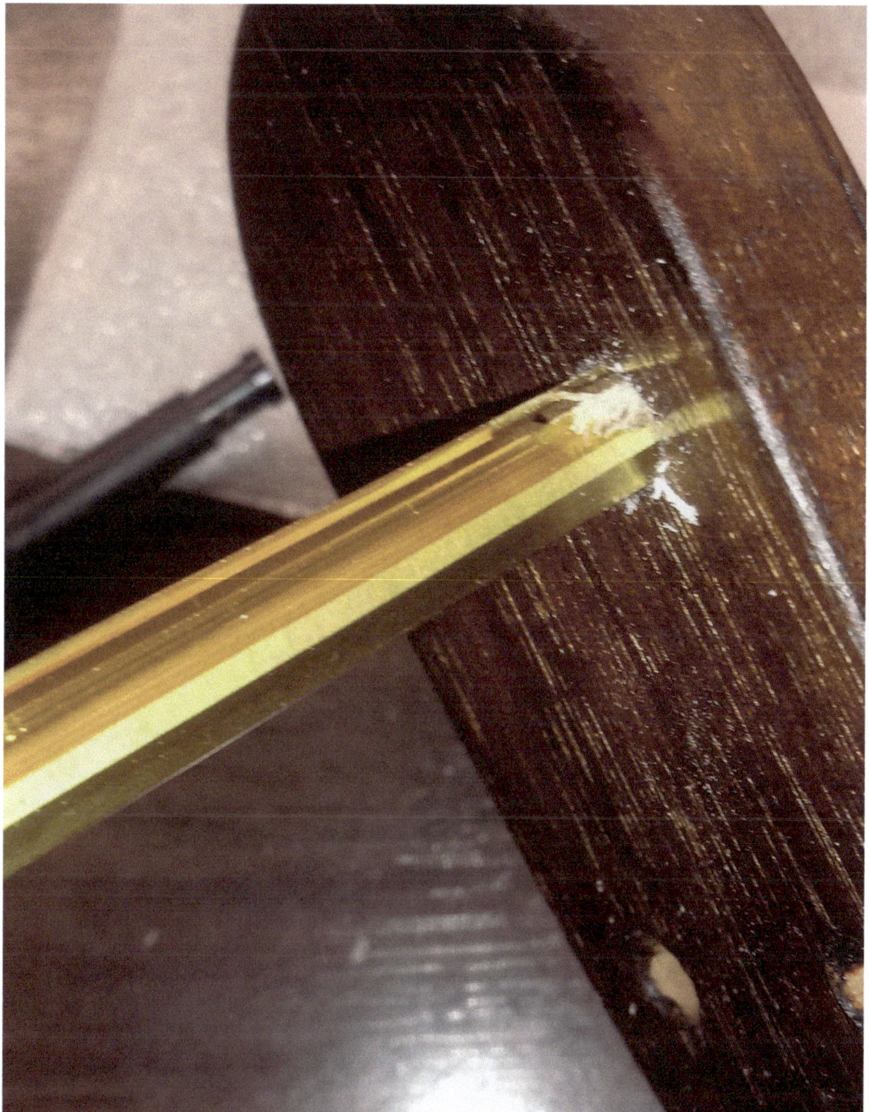

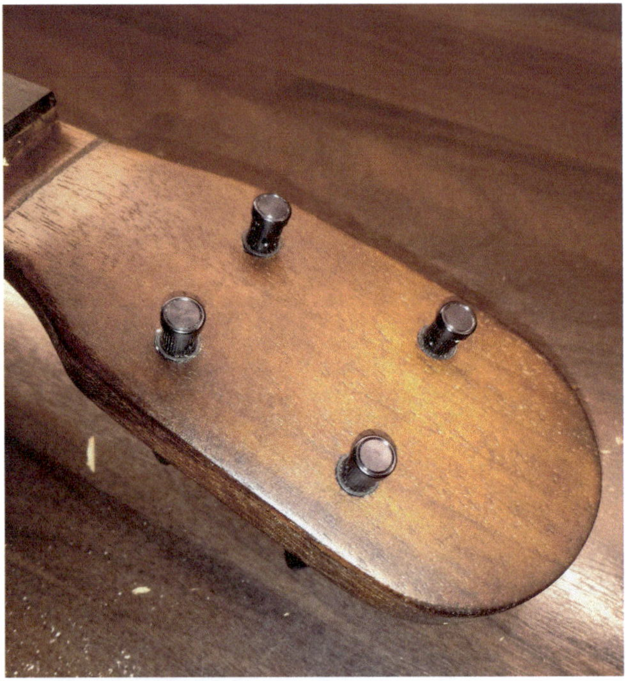

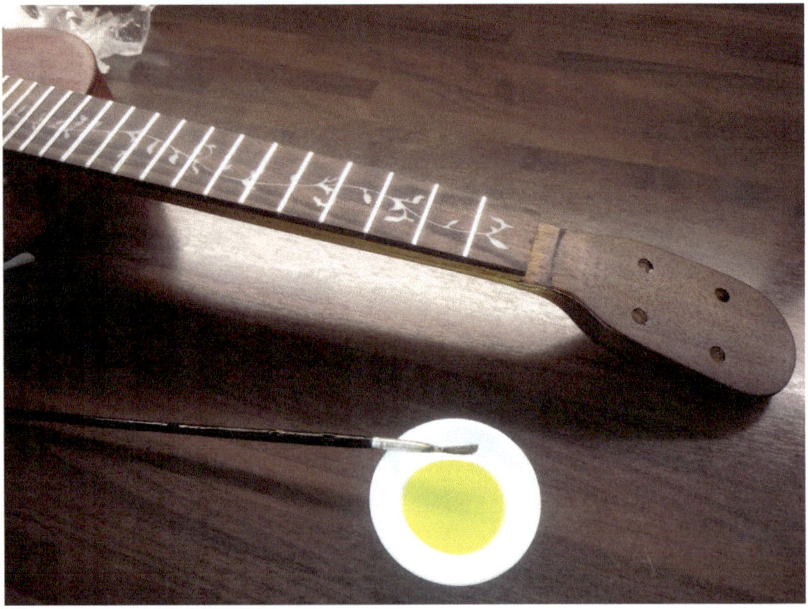

Wie steht es um Hawaii?

Reden wir mal über Hawaii: Ich wußte gar nicht, daß es so großartig ist.
Ich suche mir ein Hula-Hula-Girl aus,
noch bevor mein Boot anlegt,
Jeder macht es auf Hawaii.

Nun, sie hat es hier und hat es dort:
Ihre Lippen sind rot, ihre kleinen Füße nackt.
In der Nähe ist sie zaghaft, aber mir ist das egal,
Denn jeder macht es auf Hawaii.

Und wenn ich Hawaii verlasse, wenn ich das alte Waikiki verlasse,
Dann nehme ich mein Hula-Hula-Mädchen
und bringe es zu mir nach Hause,
Denn jeder macht es auf Hawaii.

Sie hat zwei hübsche Beine mit Grübchenknieen,
zwei braune Arme, die zu drücken verstehen,
Eine perfekte Form, dabei bin ich schwer zufriedenzustellen,
Aber jeder macht es auf Hawaii.

Jimmie Rodgers, 1929

Nun, diese gesungene Zote sagt eine Menge aus, aber das darin erkennbare Problem ist keineswegs auf amerikanische Lüstlinge begrenzt, in deren Augen Hawaii-Mädchen generell Freiwild waren und sind. Man kann den Text darüber hinaus auch als treffende Metapher auf die inzwischen weltweit grassierende Tendenz sehen, Hawaii als Selbstbedienungsladen für kulturelle Versatzstücke und entspanntes Lebensgefühl anzusehen. Man könnte sagen: Jeder macht es *mit* Hawaii. Dabei sind natürlich auch diejenigen zu finden, die sich in Metoo-Manier über besungene Übergriffigkeiten echauffieren, dabei aber überhaupt nicht bemerken, daß sie selbst auf einer anderen Ebene genauso agieren – unter anderem, indem sie ein von Klischees bestimmtes vermeintliches Hawaii-Bild tradieren (oder als

Ukulelenhändler geschäftlich ausbeuten) und sich eventuell auch noch als moralisierende Beschützer der Indigenen aufspielen. Soviel Selbstüberhöhung muß schon sein, leider geht sie oft mit einiger Dummheit einher, mindestens mit Ignoranz, fast immer mit einem Blick von oben herab. Nur wenig von dem, was wir über Hawaii zu wissen glauben, stimmt wirklich – meistens trifft es hingegen zu, wenn wir unseren Landsleuten unterstellen, sich fremde Kulturen auf etwas herablassende Weise erschließen zu wollen.

Nicht jeder, der sich eine Ukulele umhängt, ist Hawaii-Experte. Man sollte es schon aus Achtsamkeit unterlassen, einzelne Wörter aus der hawaiischen Sprache zu gebrauchen, um sich damit den entspannten Insulanern anzuverwandeln – an solchen Wörtern kann man leicht erkennen, daß ihr Benutzer sie aus irgendwelchen Gründen nötig hat. Allerdings ist Hawaiisch eine vom Aussterben bedrohte Sprache, weshalb ihre Bewahrung sehr wichtig ist. Und natürlich ist es immer richtig und Ausdruck von Wertschätzung, sich als Besucher (!) nach seinen Möglichkeiten in die Sprache des Gastlandes vorzutasten. Man kann sich auch damit befassen, diese Sprache zu erlernen! Aber wenn sich zwei Deutsche an einem Regentag in Mannheim mit „Aloha“ anreden, ist es einfach nur peinlich.

Wer sich mit der Ukulele beschäftigt, trifft früher oder später auf Elemente der Kultur Hawaiis. Das Exotische ist stets faszinierend, es regt uns zum Träumen an, insbesondere die Südsee. Wir wissen zunächst nicht, wie wir mit dieser Sehnsucht richtig umgehen können. Phantasie ist eine gute Sache, sie führt aber oft von der Wirklichkeit weg. Wenn wir Hawaii besser kennenlernen wollen, sollten wir versuchen, mehr über die realen Dinge zu erfahren. Dann merken wir schnell, daß es auf Hawaii ziemlich massive Probleme gibt: Mehr und mehr Menschen leiden unter den Folgen falscher Ernährung, die Landwirtschaft ist weitgehend kaputt, große Grundflächen werden von reichen Amerikanern aufgekauft und abgesperrt, die Unabhängigkeitsbewegung ist uneinig und dabei auch noch chancenlos, die Menschen versuchen Geld zu verdienen und so mancher zwingt sich ein Lächeln auf, obwohl ihm der Aloha-Spirit vielleicht schon vergangen ist. Touristisch übererschlossene Gegenden sind nie wirklich authentisch, man spielt eben mit, weil man Geld für Heizung und Essen braucht.

Der vorgeführte Hula-Tanz mit Bastrock und Blumenkette und der Tiroler Heimatabend mit gespielter Gaudi unterscheiden sich hauptsächlich darin, daß es in der Südsee für viele ums Existenzminimum geht, während die Tiroler durchgehend bestens abgesichert sind und sich den Quatsch leisten können. Weder als Tourist noch als Ukulelenspieler sollte man an Hawaii und seine Menschen die ziemlich unpassende Erwartung stellen, mit allem zufrieden zu sein. Das allein wäre bereits ein großer Schritt in die richtige Richtung.

Die folgenden unvollständigen Informationen können vielleicht dazu anregen, sich ein bißchen in die Situation dieser Inselgruppe einzulesen. Die seit Jahren aktive Unabhängigkeitsbewegung, die hauptsächlich von den Nachkommen der ursprünglichen Inselbevölkerung getragen wird, setzt sich aus verschiedenen politischen Gruppen mit unterschiedlichen Zielen zusammen. Wer sich mit der Ukulele beschäftigt und sich dadurch auch einen Teil des beliebten „Aloha-Lebensgefühls“ holt, sollte auch aufmerksam gegenüber der geschichtlichen und politischen Situation der Inselgruppe sein. Fangen wir bei ein paar historischen und aktuellen Fakten an.

Erstens: Hawaii wurde aus strategischen Gründen besetzt und annektiert, und da sich der militärische Standortvorteil der Inseln seither nicht geändert hat, ist eine Chance auf Loslösung aus den USA eigentlich gar nicht vorhanden. Andererseits erleben die USA seit einiger Zeit ihre eigene wirtschaftliche und gesellschaftliche Überspannung und könnten in den kommenden Jahren innenpolitisch fragil und weltpolitisch unbedeutend werden. Da regelmäßig hohe Transferleistungen nach Hawaii fließen, könnte sich die Idee durchsetzen, die Inseln in die Unabhängigkeit zu entlassen und dadurch dieses Geld einzusparen.

Zweitens: Unsere Vorstellungen von der Kultur und den Bewohnern Hawaiis sind, Hand aufs Herz, zu einem ganz überwiegenden Teil von populären Klischees und dem Südseekitsch amerikanischer Kinofilme geprägt. Die Inselgruppe ist für die Amerikaner der Entspannungs-Sehnsuchtsort eines Urlaubsresorts mit Flatrate-Sex. Zahlreiche Soldaten waren oder sind dort stationiert, betuchte Leute kaufen sich schicke Anwesen mit großem Grundstück, nicht selten wird es ummauert und damit den Hawaiianern, denen Grundbesitz traditionell fremd war, entzogen. Verkitschte Lieder wie „Ukulele Lady“ oder das eingangs zitierte „Everybody does it in Hawaii“ stellen die einheimischen Frauen als so etwas wie für jeden verfügbare, musizierende Stranddekoration dar. Auch die militärische Nutzung der Insel ist nicht im Sinne der indigenen Bevölkerung, weil sie Hawaii zu einem vorrangigen und sehr exponierten Angriffsziel macht. Trotzdem tut man in weiten Teilen der Ukulelen-Szene so, als würde das Hawaii-Leben nur aus Musikgeklimper und Aloha-Lächeln bestehen. Ja, die Hawaiianer zeichnen sich oft durch eine gewisse positive Lässigkeit und Leichtigkeit aus, die gerade uns deutsche Schwergemüter überaus beeindrucken, wie auch die Polynesier auf Tahiti und anderswo. Wir sollten aber schon aus Respekt zugeben, daß wir meistens nicht so sind: Hören Sie sich nur einmal das Geschrei auf deutschen Straßenkreuzungen an. Auch mit einer Ukulele in der Hand sind wir nicht automatisch so wie sie. Viele tun so, aber bei den Recherchen zu diesem Buch konnten wir auch feststellen, daß gerade die vorgeblich entspanntesten Typen bei der einen oder anderen Provokation die Maskerade hinschmeißen. Probieren Sie es aus!

Drittens: Die weltweite Ausbreitung der Ukulele war kein Anliegen der Hawaiianer, denn sie wurde zunächst von Reisenden mit nach Hause genommen, sodaß Ernest Ka’ai schon 1916 feststellte, sie sei von Angehörigen aller Völker gespielt worden. Später wurde sie maßgeblich durch US-Soldaten im Rahmen von Kriegseinsätzen und Besatzungen verbreitet, unterstützt durch amerikanische Musik und Filme. Nicht viel in dieser Welle stammte von Hawaiianern: Sie machten den Anfang, wurden aber bald durch Fremde wie Jimmie Rodgers übertönt. Wichtige Großhersteller, vor allem die weltweit bekannte Marke Martin, wurden auf dem amerikanischen Festland gegründet, wogegen die traditionellen Hawaii-Ukulelen in kleinen, familiengeführten Werkstätten entstanden – und heute noch entstehen. Aufgrund ihrer extrem hohen Preise erreichen diese Instrumente jedoch nicht den Massenmarkt, der vor allem von minderwertiger Chinaware überschwemmt wird. Deren Verpackungen sind dann wiederum mit klischeeüberfrachteten Südseebildern dekoriert. Das ist einfach nur kaltes Geschäft und trägt in dieser Spielart auch viel zum zweifelhaften Ruf des Instruments bei.

Viertens: Hawaii war und ist ein Einwanderungsgebiet, schon die Polynesier wanderten dort ein. Zuvor waren die Inseln wohl unbewohnt. Die Geschichte der Ukulele hängt sehr eng mit portugiesischen Einwanderern und kolonialer Fremdbestimmung zusammen: Etwa um dieselbe Zeit wurde mit Unterstützung der USA die letzte Königin, Lili'uokalani, gestürzt, fünf Jahre später folgte die Annexion durch die USA. Diese Entwicklung ist eng verbunden mit der Amerikanisierung von Kultur und Gesellschaft. Der Kulturimperialismus dauert bis heute an, gleichzeitig wurde und wird die eigentliche Kultur Hawaiis verzerrt, verkitscht und vereinnahmt. Prüfen Sie bei sich selbst, welche Assoziationen Wörter wie „Hawaii", „Hulatanz" oder „Aloha-he" auslösen. Sehr viel von dem, was wir darüber denken, ist nicht authentisch. Und die Ukulele ist natürlich auch kein originär polynesisches Instrument, sondern – wenn man so will – zunächst einmal eine Begleiterscheinung kolonialistischer Ausbeutung und anschließend die Visitenkarte des neuen, amerikanisch geprägten Hawaii.

Die Frage der Unabhängigkeit Hawaiis hat teilweise auch mit den Emanzipationsbestrebungen amerikanischer Indigener zu tun, allerdings verwahren sich die Hawaiianer zu Recht gegen eine Gleichsetzung mit anderen indigenen Völkern Amerikas, weil dies auf die Anerkennung der Annexion hinauslaufen würde. Die Loslösung aus den USA würde auch nicht direkt die Probleme lösen, mit denen Hawaii zu kämpfen hat. Beispielsweise liegt die Landwirtschaft am Boden: Versuche, den Anbau der traditionellen Tarowurzel wiederzubeleben, sind auf kleine Flächen begrenzt, auf denen die Ernte dann auch noch von einer Schneckenart, die von gedankenlosen Terrarienbesitzern in die Natur ausgesiedelt wurde, vermindert wird. Eine von Nicht-Indigenen betriebene Unabhängigkeitsbewegung sieht das zukünftige Hawaii als Steueroase. Die Pläne sind ganz verschieden – man sollte auch bedenken, daß ein unabhängiges Hawaii sofort die Begehrlichkeiten der nächsten Militärmacht auf sich ziehen würde, und dies dürfte absehbar China sein.

Möglicherweise ist der Vorschlag von Alfred de Zayas aus dem Jahre 2013 bedenkenswert, Hawaii und Alaska wieder auf die Liste der nicht selbstregierten Territorien zu setzen. Die Sache liegt beim UN-Menschenrechtsrat.

Diese Hinweise sollen keinem die Freude an der Ukulele trüben, sie gehören aber erwähnt, wenn man sich mit einem Instrument beschäftigt, das so eng zu einer bestimmten Inselgruppe gehört. Das soll dazu beitragen, Hawaii, seine Menschen und ihre Kultur besser zu verstehen und wertzuschätzen. Wenn Sie die Ukulele einmal zur Seite legen, ist eine gute Gelegenheit, sich über die aktuelle Situation dieser Menschen zu informieren. Vielleicht bringt das auch den einen oder anderen derjenigen, die Ukulelenspieler pauschal für liebenswürdige Menschen halten, auf den Gedanken, daß man den Hawaiianern auch einmal etwas zurückgeben kann, wenn man schon auf ihrer vermeintlichen Kulturtradition surft.

Glossar

Akkord: Mehrklang aus verschiedenen Tönen, die dafür harmonisch zusammenpassen sollen. Die Töne des Akkords können gleichzeitig oder nacheinander gespielt werden.

Arpeggio: Gebrochener Akkord, die Töne werden nacheinander gespielt. Durch die ständige Wiederholung von einem oder mehreren Akkorden entsteht auf einfache Weise eine fortlaufende, rhythmische Melodie.

Barré: Griffweise, bei der ein ausgestreckter Finger auf mehrere Saiten gedrückt wird. Barrés sind am Anfang etwas schwierig. Ein leicht gewölbtes Griffbrett macht sie etwas leichter.

Bundreinheit: Aus physikalischen Gründen kann eine niedergedrückte Saite nicht überall die optimale Tonhöhe erreichen, sondern meist nur eine Näherung. Wenn die Saite über alle Bünde nur eine sehr geringe Abweichung von diesem Optimum aufweist, ist das Instrument bundrein. Allerdings hängt das auch von der verwendeten Saite und möglicherweise auch von der Dämpfung der Schalldecke ab.

Bünde: In das Griffbrett eingesetzte erhabene Stäbchen, durch welche die schwingende Länge der Saite verkürzt wird. Dadurch wird der Ton höher. Normalerweise liegen benachbarte Bünde im Abstand eines Halbtonschritts auseinander. Da hierfür die Verkürzung um einen bestimmten Anteil an der Saitenlänge nötig ist, werden die Bundabstände zum Schallloch hin immer kleiner.

Campanella: Bei dieser alten Spieltechnik werden aufeinanderfolgende Töne nicht auf derselben Saite gespielt, sondern auf verschiedenen. Durch das Nachklingen der Töne entsteht ein hübscher Effekt, der an Glöckchen erinnert.

Chord-Melody: Ein Arrangement, bei dem die Melodie mit einigen Begleitakkorden gemischt ist. Solche Stücke wirken komplexer und interessanter als einfache Melodiestücke.

Doppelchörig: Mit gedoppelten gleichen Saiten wird ein kräftigerer, vollerer Ton erzeugt. Doppelchörige Ukulelen haben acht Saiten (vier Saitenpaare) in jeweils genau gleicher Tonhöhe. Im Text wird eine Spielweise als quasi doppelchörig bezeichnet, die aus gedoppelten Tönen zusammengesetzt ist (Primen).

Einstellung: Instrumente müssen genau eingerichtet werden. Hierfür werden die Saitenlage eingestellt und Steg und Sattel bearbeitet, um das Instrument möglichst bundrein zu machen. Außerdem werden die Saiten auf die gewünschte Tonhöhe gestimmt.

Flageolett: An bestimmten Punkten kann die Saite durch leichtes Auflegen eines Fingers und Anzupfen dazu gebracht werden, auf mehreren Abschnitten gleichzeitig zu schwingen. Der bekannteste dieser Punkte liegt beim 12. Bund, also in der Mitte der Mensur. Mit dieser Technik lassen sich höhere Töne erzielen, als von der Anzahl der Bünde vorgegeben ist. Flageolettöne klingen außerdem länger aus als gegriffene Töne nach dem Loslassen.

Griff (greifen): Um Akkorde zu spielen, müssen die Saiten an bestimmten Bünden niedergedrückt und dann angeschlagen oder gezupft werden. Dazu lernt man zu den benötigten Akkorden die jeweiligen Griffe. Mit „Greifen“ wird das Drücken dieser Griffe bezeichnet.

Größe: Ukulelen gibt es in verschiedenen Größen, aufsteigend heißen sie Sopranissimo, Sopranino, Sopran, Konzert, Tenor und Bariton. Hieran schließt sich die noch größere Tenorgitarre an. Zur Unterscheidung der Größen wird die jeweilige Mensur angegeben (siehe dort).

Vier-/fünfchörig: Bezeichnung für ältere Lauten mit vier oder fünf Chören zu jeweils zwei oder drei Saiten. Die Saiten eines Chors werden zusammen gegriffen und angeschlagen. Nach dieser Definition ist die achtsaitige Ukulele eigentlich vierchörig.

Haltung (richtige): Die Ukulele sollte bei gerader Sitzhaltung auf den Beinen aufliegen und mit dem Unterarm der Spielhand fixiert werden. Der Daumen der Greifhand wird auf den Rücken des Halses gelegt.

Interferenz/Schwebeton: Wenn zwei Töne zusammen klingen, addieren sich ihre Schwingungen zu einem Zweiklang. Liegen zwei fast gleiche Töne sehr dicht beisammen, kann man aus dieser Überlagerung einen Schwebeton hören, der zum genauen Stimmen genutzt werden kann, weil er bei exakt gleicher Frequenz beider Töne verschwindet.

Intonation: Feinabstimmung der Tonhöhe. Sie ist aufgrund folgender Probleme immer ein Kompromiß. Musikalisch: In der reinstufigen Stimmung klingen manche Akkorde unrein, und wenn man sie rein stimmt, werden dafür andere unrein. Physikalisch: Durch das Niederdrücken der Saite ändern sich ihre Länge und ihre Spannung, was die Höhe des jeweiligen Tons beeinflußt. Materialtechnisch: Manche Saiten verhalten sich hinsichtlich ihrer Feinabstimmung besser oder schlechter als andere. Bautechnisch: Ungenauigkeiten bei Sattel, Steg und Bünden führen zu Abweichungen der Töne, die nur in begrenztem Maße ausgeglichen werden können..

Kammerton: Dies ist ein festgelegter Referenzton, normalerweise ein A mit 440 Hz. Er ist wichtig, wenn mehrere Instrumente zusammen gut klingen sollen. Mit einem tieferen Kammerton wird das ganze Instrument tiefer gestimmt. Historisch hat sich der Kammerton etwa um einen Halbtonschritt nach oben entwickelt (Barock 415 Hz, Klassik 430 Hz, Romantik 438 Hz).

Kompensation: Die Saiten verhalten sich aus physikalischen Gründen musikalisch nicht völlig korrekt, sie können an bestimmten Bünden zu hoch oder zu tief klingen. Dies läßt sich in gewissem Rahmen ausgleichen, indem man die Mensurlänge geringfügig ändert. Hierfür werden Sattel und

Stegeinlage verändert, um die Länge der frei schwingenden Saite zu ändern.

Laminat: Unter Druck und Hitze verklebte Materialschichten, in verschiedenen Qualitäten erhältlich. Als Laminat wird landläufig auch dickes Sperrholz bezeichnet. Gutes Laminat kann deutlich bessere Eigenschaften aufweisen als schlechtes Sperr- oder Massivholz.

Lineare Stimmung: Die Saiten sind ihrer Tonhöhe entsprechend aufsteigend angeordnet, neben der tiefsten liegt die nächsthöhere usw.

Mensur: Die Länge der freischwingenden Saite, gemessen zwischen Sattel und Steg. Die Mensurlänge ist ausschlaggebend für die Größenbezeichnung der Ukulele.

Metronom: Ein kleiner Automat, der optisch oder akustisch einen bestimmten Takt anzeigt. Einige Metronome markieren mit zusätzlichen Glockenschlägen bestimmte Takte. Es gibt zahlreiche mechanische und elektronische Modelle.

Mojo: Ursprünglich ein magisches Schutzamulett afrikanischen Ursprungs, hier im Sinne der Magie eines gut gebauten Instruments verwendet.

Notation: Schriftsysteme für das Aufschreiben von Musikstücken zum Zweck des Nachspielens. Relevant ist hier vor allem die Tabulatur. Eine andere Notationsweise ist die bekannte Notenschrift.

Oberton: Mitklingender Bestandteil eines Tons. Hierbei mischen sich Klangbestandteile aus verschiedenen Quellen, z. B. der Schwingung des Instruments und der anderen Saiten. Harmonische Obertöne haben normalerweise ganzzahlige Vielfache der Grundfrequenz.

Plektrum: Kleines Plättchen aus Horn, Zelluloid oder einem anderen

Kunststoff, neuerdings auch aus Holz, Leder oder Filz, mit dem die Saiten angezupft werden, um einem bestimmten Klang zu erzeugen.

Projektion: Im übertragenen Sinne sehr subjektive Bezeichnung für die nicht meßbare Präsenz bzw. Wahrnehmbarkeit eines Instruments in der Gruppe, im engeren Sinne die Abstrahlung des Tons, im psychologischen Sinne die Zuschreibung eigener Wünsche oder Emotionen auf andere Personen oder Gegenstände.

Resonanz: Verstärktes Mitschwingen der Ukulele, Nachklang. Das Ausklingen der Saiten wird mit Sustain bezeichnet, allerdings werden beide Begriffe häufig auch von Händlern verwechselt, zumal beide Effekte bei der Ukulele nicht scharf abgegrenzt werden können.

Rückläufige Stimmung (re-entrant, wiedereintretend): Hierbei liegt die Tonhöhe der in linearer Stimmung tiefsten Saite eine Oktave höher. An der Stelle der tiefsten Saite liegt somit die zweithöchste. Dies hat erhebliche Auswirkungen auf den Klang der gespielten Musik. Das Stück muß für die jeweilige Stimmung eingerichtet sein.

Saiten: Zum Erzeugen von Tönen ist die Ukulele mit Schnüren bespannt, die traditionell aus Naturdarm, heute jedoch aus Nylon oder speziellen Werkstoffen hergestellt werden. Die Qualität und Gleichmäßigkeit der Saiten wirkt sich auf den Klang aus.

Saitenlage: Die Höhe der Saiten über dem Griffbrett, gemessen von der Oberkante des Bundstäbchens bis zur Unterkante der Saiten. Je nach technischen und musikalischen Gegebenheiten sollte sie über dem 12. Bund etwa 2,5 bis 3 mm betragen. Eine höhere Saitenlage wirkt gegen das Schnarren der Saiten, macht aber das Spielen anstrengender und verschlechtert die Bundreinheit.

Sattel: Obere Begrenzung der frei schwingenden Saite am Kopf des

Instruments, meist aus Knochen oder Kunststoff, seltener aus Holz. Mit einem vorgelagerten Nullbund läßt sich der Sattel kompensieren.

Steg(einlage): Untere Begrenzung der frei schwingenden Saite auf der Schalldecke unterhalb des Schallochs, meist aus Knochen, Kunststoff, Holz, historisch auch aus Messing. Durch Schleifen der Stegeinlage kann man die Saiten kompensieren.

Stimmechanik: Drehknebel, die über die Drehung einer Achse zur Spannung der jeweiligen Saite führen, die dadurch auf einen bestimmten Ton gestimmt werden kann. Bei Ukulelen werden oft direkte Mechaniken ohne Übersetzung verwendet, bei größeren Modellen Winkelmechaniken.

Stimmung: Die Saiten werden nach festgelegten Systemen gespannt, weil dadurch das Greifen der Akkorde und somit das Spielen vereinheitlicht ist. Man unterscheidet generell lineare und rückläufige Stimmung (siehe dort) sowie die hawaiianische und die deutsche Stimmung. Die Höhe der Stimmung wird mit der Tonhöhe der dritten Saite bezeichnet (C-Stimmung: GCEA). Es gibt zahlreiche alternative Stimmungen, mit denen sich der Klang der gespielten Musik verändern läßt.

Stimmwirbel: Durch die Kopfplatte gesteckte und dort stramm eingedrehte Knebelpflöcke aus Hartholz (meist Ebenholz), mit denen die Saiten gespannt werden, bei Streichinstrumenten bis heute und (auch aus anderen Hölzern) bei historischen Ukulelen weit verbreitet.

Taropatch: Achtsaitige Ukulele in Konzertgröße, doppelchörig gestimmt und von lauterem, vollerem Klang.

Hersteller- und Händlerverzeichnis

Antica Ukuleleria
Marco Todeschini
Villaggio San Gaetano 9
37021 Bosco Chiesanuova
Verona, Italien
Internet: www.anticaukuleleria.com
Email: info@anticaukuleleria.com

APC Instrumentos Musicais Lda
Rua do Sol 40
4705-454 Braga
Portugal
Internet: www.apc-instruments.com
Email: geral@apc-instruments.com

Aquila Corde Armoniche srl
Via Aviano 20
36030 Caldogno-rettorgole-cresole VI
Italien
Internet: www.aquilacorde.com
Email: aquila@aquilacorde.com

Baton Rouge
Reinhardt GmbH
Schleifmühleweg 82
72070 Tübingen
Internet: www.batonrougeguitars.com
Email: mail@batonrougeguitars.com

Boutikazik
229 Rue François Mitterrand
62232 Vendin-lès-Béthune

Frankreich
Internet: www.boutikazik.com
Email: contact@boutikazik.com

Brüko
Hubert Pfeiffer
Flugplatzstraße 27
97318 Kitzingen
Internet: www.brueko.de
Email: info@brueko.de

Brunswick
Internet: www.brunswickguitars.com

Bugle Ukulelen
Volker Grass Ukulelenbau
Horn 8
42699 Solingen
Internet: www.bugle-ukulele.de
Email: info@bugle-ukulele.de

Christian Stoll
In der Marschbach 5
65529 Waldems
Internet: www.stollguitars.de
Email: post@stollguitars.de

Cordoba
Córdoba Music Group
Attn: Legal
1455 19th St.
Santa Monica, CA 90404
Vereinigte Staaten
Internet: www.cordobaguitars.com

G. S. Monroe
G.S.Monroe Luthier
4110 Timberlake Rd W
Lakeland, FL 33810
Vereinigte Staaten
Internet: www.gsmonroe.com
Email: gsmfolkmusic@gmail.com

Gear4Music
Gear4music GmbH
Lahnstraße 27
45478 Mülheim an der Ruhr
Internet: www.gear4music.de
Email: info@gear4music.de

GEWA music GmbH
Oelsnitzer Straße 58
08626 Adorf
Internet: www.gewamusic.com
Email: info@gewamusic.com

GRENOSI – Gregor Nowak Stringed Instruments e.U.
Gregor Nowak
Stuwerstraße 29/1
1020 Wien
Österreich
Internet: www.grenosi.com
Email: info@grenosi.com

Gute Ukulele
Andreas David
Schnackenburgstr. 6
12159 Berlin
Internet: www.gute-ukulele.de
Email: info@gute-ukulele.de

Hannabach GmbH
Musiksaiten
Sonnenweg 6
84546 Egglkofen
Internet: www.hannabach.com
Email: info@hannabach.com

Honni Music
Internet: www.honnimusic.com
www.etsy.com/de/shop/HonniMusic
Email: ab.sh@internode.on.net

Kala (siehe auch Warwick GmbH)
Internet: www.kalabrand.com

Kiwaya (siehe RISA)
Internet: www.kiwayasbest.com

Koki'o (siehe RISA)

Korg
Musik Meyer GmbH
KORG & MORE
Industriestraße 20
35041 Marburg
Internet: www.korg.com
Email: info@musik-meyer.de

Leho
Internet: www.lehomusic.com
Email: service@lehomusic.com

Musikhaus Sedlmeyr
Stadtplatz 44
86551 Aichach
Internet: www.musikhaus-sedlmeyr.de
Email: info@musikhaus-sedlmeyr.de

Ohana
2446 N Palm Dr
Signal Hill, CA, 90755-4007
Vereinigte Staaten
Internet: www.ohana-music.com

Ortega
Roland Meinl Musikinstrumente GmbH & Co. KG
Musik-Meinl-Straße 1
91468 Gutenstetten
Internet: www.ortegaguitars.com

Pono (siehe auch Boutikazik, Gute Ukulele)
401 North Cane Street A-10
Wahiawa, Hawaii 96786
Vereinigte Staaten
Internet: www.ponoukuleleco.com
Email: jkitakis@gmail.com

Pyramid Saiten- u. Stimmpfeifenfabrik Junger GmbH
Sudetenstraße 41-43
91088 Bubenreuth
Internet: www.pyramid-saiten.de
Email: pyramid@junger.de

RISA Musical Instuments GmbH
Pferdsbachstraße 31
64823 Groß-Umstadt

Internet: www.ukulele.de
Email: info@ukulele.de

Rob Collins
Unit 2, Windsor Works
Victoria Road
Hebden Bridge, HX7 8JX
UK
Internet: www.tinguitar.com
Email: rob@tinguitar.com

Sparrow Instruments LLC
1215 W Main Street
Richmond, VA 23220
Internet: www.sparrowukulele.com
Email: sparrowukulele@gmail.com

Thomastik-Infeld GmbH
Diehlgasse 27
1050 Wien
Österreich
Internet: www.thomastik-infeld.com
Email: info@thomastik-infeld.com

VOX (siehe auch Korg)
Internet: www.voxamps.com
Email: support@voxamps.de

Warwick GmbH & Co Music Equipment KG
Gewerbepark 46
08258 Markneukirchen
Internet: shop.warwick.de
Email: info@warwick.de

Wittner GmbH & Co. KG
Bühlbergstraße 5
88316 Isny im Allgäu
Internet: www.wittner-gmbh.de
Email: wittner@wittner-gmbh.de

Wunderkammer Instruments
Internet: www.wunderkammerinstruments.co.uk

Me. Tom Ziegenspeck
Mangelgasse 18
07407 Rudolstadt
Internet: www.ziegenspeck-ukulele.de
Email: ziegenspeck-ukulele@mail.de

Zoundhouse Dresden GmbH & Co. KG
Meschwitzstraße 6
01099 Dresden
Internet: www.zoundhouse.de
Email: info@zoundhouse.de